# 职业教育本土化的历程

韩 兵◎著

教育部人文社会科学研究青年基金项目资助

『中国近代职业教育本土化研究（1862—1937）』（17YJC880031）之最终成果

知识产权出版社

全国百佳图书出版单位
——北京——

图书在版编目（CIP）数据

职业教育本土化的历程 / 韩兵著 . —北京：知识产权出版社，2019.12
ISBN 978-7-5130-6599-3

I.①职… Ⅱ.①韩… Ⅲ.①职业教育—教育史—研究—中国—近代 Ⅳ.① G719.29

中国版本图书馆 CIP 数据核字（2019）第 250686 号

责任编辑：王颖超　　　　　　　责任校对：王　岩
文字编辑：赵　昱　　　　　　　责任印制：刘译文

## 职业教育本土化的历程

韩　兵　著

| | |
|---|---|
| 出版发行：知识产权出版社有限责任公司 | 网　　址：http：//www.ipph.cn |
| 社　　址：北京市海淀区气象路 50 号院 | 邮　　编：100081 |
| 责编电话：010-82000860 转 8655 | 责编邮箱：wangyingchao@cnipr.com |
| 发行电话：010-82000860 转 8101/8102 | 发行传真：010-82000893/82005070/82000270 |
| 印　　刷：北京嘉恒彩色印刷有限责任公司 | 经　　销：各大网上书店、新华书店及相关专业书店 |
| 开　　本：720mm×1000mm　1/16 | 印　　张：19 |
| 版　　次：2019 年 12 月第 1 版 | 印　　次：2019 年 12 月第 1 次印刷 |
| 字　　数：308 千字 | 定　　价：98.00 元 |

ISBN 978-7-5130-6599-3

# 自　序

　　加快构建中国特色现代职业教育体系是我国当下重点发展战略之一，应该讲既然我国正积极打造中国品牌的产业组群，那么必须有与之相配套的职业教育体系作为技术和人才支撑，才能保证各类产业快速、有力、持续向前驰骋。谈到职业教育与产业的配套，便不得不正视这些问题，即职业教育如何适应本地的实情？如何保证所培养的学生能够充分就业？又如何有效地服务于经济产业的发展？……要想回答这一系列问题，最核心的就是解答职业教育本土化这个问题。将职业教育本土化这个问题说清楚了，其他问题也就迎刃而解了。这个问题也是当今职业教育改革的重点之一。

　　职业教育本土化作为一种历史演进过程在洋务运动时期就开始了。到了清末民初，许多教育家及教育行政官员均意识到职业教育应该遵循中国的特有情形，以适应特殊的社会需要，一些人著书立说表达自己对于如何使职业教育本土化的看法。就此，职业教育本土化成为整个中国教育近代化轨迹中极为鲜明的一条辙痕。

　　职业教育本土化是有其内涵和本质的，并且纵观整个近代中国，本土化也是有不同的发展阶段的。从制度层面来讲，每次政府出台新学制，无疑增强了职业教育本土化的色彩。制度本土化的同时，职业教育的载体也在本土化。职业学校作为职业教育的载体，其中的教师、学生、教材、经费、专业、课程、授课方式及管理模式等一系列要素也在转变，使得职业学校更加本土化。职业教育理论在本土化的进程中与办学实践的互动也愈来愈多，契合度越来越高。

职业教育本土化的程度，第一个最直观的体现就是全国及某个区域内职业学校的数量和质量。与本地实际结合较好的职业学校，自然会生存并发展，反之就会萎缩并被淘汰掉。第二个就是学生的就业率和从业构成。一所职业学校培养出的学生有很高的就业率，且学生所从事的行业与所学专业是对口的，学有所用，那就说明这个学校专业的开设与课程的传授是与本地的产业构成相匹配的。第三个是职业教育与当地产业的对接。如果二者对接较为紧密，职业教育自然会为本地产业进步及经济发展提供强大的动力。

实事求是地讲，中国近代职业教育本土化程度从总体上看还是很有限的，究其原因，本土化受到诸多条件的制约。政局是否平稳、战乱灾害、经费的多寡、产业的兴衰以及社会观念等都对职业教育本土化产生巨大影响。

对于上面的这些专题，本书均在不同程度从各种角度试图进行探讨和阐释，怎奈心有余而力不足，作者的科研水平有限，很多预期的研究目标没能很好地完成，确实有待深入和系统的研究。尽管如此，该成果的出版倘若能够为职业教育研究者和教育热心人士提供些许的借鉴和帮助，那么也就实现其应有价值了。

是为序。

韩　兵

2019 年 7 月

# 目  录

# 第一章　职业教育本土化的含义

说到教育的起源，它自从人类存在就开始出现了。人类作为一种群体性动物从最初就以社会的形式组织起来，有了社会组织便会有社会关系，那么在这种社会关系当中就发生了教育活动。当然最原始的教育也仅限于年长者向年幼者传授渔猎、畜牧及耕种等基本生活技巧，此时它仅是一种客观存在的活动，还谈不上是一种制度。在这种教与学过程中，年长者没有意识到自己是教师，年幼者更不知道自己是学生，一切都是从做中教、从做中学，但这种原始的教学方法却是教学做合一的。"文化没有或是很不发达的社会里，本没有所谓教育、政治、经济、宗教的分门别类。这些分门别类，是在文化较高的社会才有的。因为文化愈进步，则分工愈繁复。人们因为精神时间的有限，不得不把文化来分门别类，使能对于某一门，或一类上，能够专精。于是有的叫作教育，有的叫作政治，有的叫作宗教、经济，等等。"❶

这种教学做合一的教学方式，后来逐渐演变为学徒制，这种制度一直到工业革命之前，都扮演着非常重要的角色。然而，工业革命爆发后，社会又进入了"一个新的阶段，生产方法发生了变化，社会关系也跟着变革。为了适应这种新的社会关系，一般人普遍的需要较高的知识，于是教育普及问题，也随着发生。所谓教育普及，不是简单的将旧日的教育下降至平民，便算了事。它是一个新需要，需要新的内容，新的形式，它一方面须有统一的精神，同时又得适应各色各样人的需要"❷。为了满足这种新需要，近代的新教育便应势而生。

---

❶　陈序经：《教育的中国化和现代化》，《独立评论》1933 年总第 43 期。
❷　宋连岑：《漫谈教育中国化问题》，《教战》1941 年第 5~6 期。

# 第一节　中国近代职业教育概述

## 一、时代与社会对于职业教育的呼唤

职业教育并非是凭空出现的，它的出现要有一定的时代及社会背景，也可以反过来讲，当时代发展到一定阶段、社会发展到一定程度，那么必然要求发展职业教育。现代职业教育的出现，源自于工业革命促使"大批职业出现，早期仅仅被看作谋生手段的工作，开始作为一种受到人们充分重视的、需要专门训练的职业了。职业在社会中的地位转变直接导致社会职业观念的转型，人们开始关心职业地位，认可劳动者在社会中的贡献，并且从国家政治观念中重视职业及其从业者，同时开始考虑如何通过职业和工业教育培养和训练劳动力"❶。

就近代中国来看，尽管这一时期各个帝国主义国家依仗各类不平等条约中的特权向中国搞资本输出、压榨中国的民族产业，但中国近代的民族产业还是有一定的生存与发展空间。举例来讲，1914—1918 年第一次世界大战的爆发，使欧洲的列强无暇东顾，进而放松了对中国近代民族产业的挤压，这是一个绝好的契机，在此期间中国的民族产业犹如雨后春笋般成长壮大。而且在欧战期间，中国既不是战场，也没有直接参加这场战争，远离战争保证中国近代民族工商业发展的同时，连带教育、科学、文化及社会都在进步。

由于受到帝国主义的压迫已久，民族情绪十分高涨，社会上一直高呼"抵制日货"的口号。例如 1931 年 9 月 24 日《益世报》就报道了天津市各所学校学生坚决抵制日货的消息："各校学生抗日救国会业已筹备就绪，定今日下午二时在市党部成立，该会筹备委员昨今两日连夜工作，对抵抗日货之宣传尤为特别紧张，特制定不买日货宣誓词一种，分发各校同学填具，以志勿忘，而示决心……全市中等以上各学校抗日救国会，筹备委员五人，已于昨日将大会简章起草完竣，并发专函通知各校，各派代表二人，今午二时在市党部之第一

---

❶　米靖：《现代职业教育论》，天津大学出版社 2010 年版，第 86 页。

次成立大会。"❶ 参加者群情激奋，在"提倡国货"的口号支撑下，壮大民族产业、抵抗外国资本成为中国人的普遍要求。在这段时期，中国涌现出了许多近代著名的实业家，例如张謇、周学熙、荣宗敬、荣德生、刘鸿生、范旭东、卢作孚、金润庠、包达三、穆藕初等，他们热心近代实业，振兴了中国的近代民族产业，其中的一些人被冠以"面粉大王""棉纱大王""煤炭大王""火柴大王""化工大王""造纸大王"等美誉，由此可见当时中国民族产业的繁盛程度。民族产业的发展，必然对职业教育有更高的要求，同时也增强了吸纳职业技术人才的能力。在民族产业的刺激下，中国近代的职业教育有了发展的原动力，自然会取得长足的进步。此时的社会风气及观念也发生了变化，西方的现代教育观念对中国传统的"学而优则仕"教育观产生了非常大的冲击，尤其是杜威、孟禄等人来华进行教育考察和公开演讲，产生了非常大的社会反响，实用主义、重视职业教育成为当时的时髦议题，社会上轻视劳动、技艺的观念有所转变，这为近代职业教育的倡导营造了一个较为有利的思想舆论氛围。

与此同时，中央政府作为全国的政治重心，主导着全国各方面的事业。以国家行政力量推动职业教育发展，可以调动各种资源去推广职业教育。更为可贵的是，近代诸多的教育家积极参与国家职业教育的改革，提出了不少职业教育改革与发展的真知灼见，以至于很多提倡者主张"以全国为范围，想用政治的力量，来促进全国的生产教育"❷。在中央和地方的积极努力下，职业教育逐步发展，反过来也推动了产业的进步。

从始至终，职业教育的根本使命，"在于促进社会的可持续发展和进步。把目光转到当下，在知识经济新时代职业教育将由社会的边缘走向核心，成为区域经济发展的发动机和主引擎。先发经济体的成长历程表明，职业教育与区域经济良性共轭联动，是职业教育与区域经济共同跃升的必由之路"❸。当今中国正大力提倡并实施区域经济合作、区域协同发展等战略，那么该区域内的职业教育有义务在这个战略布局中担当重要角色。中国"经济发展的不平衡性以及由于自然条件等原因形成的区域性经济特征，决定职业技术教育只有适应区

❶ 《天津全市学生一致宣誓不买日货》，《益世报》1931 年 9 月 24 日。
❷ 周思真：《中国教育及教育思想史简话》，世界书局 1943 年版，第 179 页。
❸ 许中正：《中国现代职业教育理论体系研究》，人民出版社 2013 年版，第 147 页。

域经济要求才有生命力，才能充分发挥为经济建设服务的职能。这就要求，职业技术学校的专业设置必须考虑当地的产业结构"，并根据区域内"开发新产业的要求来设置专业；教学内容必须考虑当地生产力发展水平和群众生活、生产的要求；办学层次和规模必须考虑当地的承受能力，即根据需求与可能来安排职业技术教育的发展计划。这样才能形成职业技术教育与区域经济发展的良性循环"。❶ 因此，在职业教育的改革与创新提上日程之时，与之对应的关于职业教育的研究也引起学术界的更多关注，探索新的理论成为职业教育改革的重要乐章之一。

## 二、职业教育的含义

职业教育是现代教育体系的重要组成部分，不同于其他的教育类型，它直接将教育、培训和培养——这种校园内进行的教学活动与社会经济生活中的产业、就业和职业——连接起来。因此，职业教育有着不同于其他教育类型的特性和功能，尤其是它在推动经济产业发展过程中所展现出的作用，是其他的教育无法替代的。职业教育之所以有存在的必要，就是因为它要以增强就业率和就业质量为导向，以促进学生将来能够达到特定岗位的要求。

自"康乾盛世"之后，人口急剧膨胀，到了近代，生计问题就凸显了出来。尤其是近代教育的发展滞后于近代产业，使得就业问题更加严峻。很多热心的教育家都在积极探寻解决人民生计的方法，黄炎培认为要从根本上解决生计问题唯有依靠教育，只有教育办得好，培养出高质量的学术、技术及管理人才，才能符合社会经济产业的发展要求，才能真正解决人民的生计问题。反过来，教育为社会经济产业发展提供了必须的智力支持和劳动力资源，那么经济产业的繁盛也能够带来更多的岗位和机会，这样教育才能够持续发展。因此，黄炎培指出："要发展社会，革新教育，舍沟通教育与职业无所为计。"❷ 在这里，黄炎培强调了教育与职业之间的内在联系，而职业教育作为一种天然就注重就业的教育类型，更凸显出在国民生计问题上的重要性。职业学校的设立和

---

❶ 纪芝信：《职业技术教育学》，福建教育出版社 1995 年版，第 45 页。
❷ 魏心一：《陶行知、黄炎培、徐特立、陈鹤琴教育文选》，安徽教育出版社 1992 年版，第 142 页。

日益普及，体现了当时教育的新观念，"所谓新观念则教育当延长于成人时代，而以秩序及积极的方法，可施之于个人谋生"❶。可见职业教育必须深深扎根于社会和国情，密切结合当地经济产业的实际状况，保障所培养生源的就业率，才能实现其基本宗旨。

对职业教育作较为系统说明的是《世界教育大系·职业教育》，该书从制度的角度对职业教育进行了界定，指出"职业教育制度就是一种有目的、有组织、有计划的向学生传授其将来所需要从事的某种特定职业所必需的知识、技能、态度以及职业意识和职业道德等的学校教育"❷。这个定义是较为系统和全面的，笔者也赞同这个界定。因为对职业教育进行界定时，首先要把它作为一种制度来看，在制度的大框架下，才能够说出职业教育的全貌，并兼顾其基本的要素。在这个定义中，首先界定了职业教育的大类，即它是学校教育，不从属于社会教育，当然更不是家庭教育。这样在研究当中能够将属于社会教育的教育类型和机构与职业教育区分开来，尽管这些教育类型与机构有许多方面与职业教育类似。既然职业教育属于学校教育的一种，那么必然要求其具有正规性，它的创办及运行都要遵循学校教育的一般规律。其次要明确职业教育是一种有目的、有组织和有计划的行为，即职业教育的理念和目标、如何开办职业教育并保证其常态化发展等一系列问题，在创办之初都要进行周密的规划和设计。最后是在教育内容上，这个界定更加全面，除了知识和技能以外，态度、职业意识和职业道德都作为职业教育教学中的重要组成部分，这一点较以往的定义有了很大的突破和创新。从事某个职业并非仅仅掌握所需的专业技术就能做得好，必须要有"敬业乐群"的态度和精神，学生对所学之学业具嗜好心，所任之事业具事业心，这样才能形成良好的职业道德规范，构建完整的职业教育培养体系。

根据上面的定义来概括职业教育，从类型上讲必须是学校教育，在学校之外所进行的教育活动只有社会教育和家庭教育两种类型。尽管许多教育活动例如工人教育、劳动教育、成人教育、平民教育及民众教育等也都有技能训练的作用和功能，但均属于社会教育的范畴。职业教育传授的内容必须包括知识、

---

❶ 钱智修：《实效教育论》，商务印书馆 1917 年版，第 2 页。

❷ 顾明远、梁忠义：《世界教育大系·职业教育》，吉林教育出版社 2000 年版，第 7 页。

技能、职业道德和职业意识等，缺少一项都是不合格的职业教育。职业教育的办学方式是有计划、有组织、有目的的，而且强调的教育对象是还没有走向工作岗位的学生和已经工作并想提升专业技能的劳动者，这种教育是为将来所从事的行业做准备以及提升专业技术的教育类型。

### 三、近代职业教育的特质

中国近代的职业教育肇端于洋务运动，洋务运动的口号是"求强求富"，在"求富"目标的刺激下，近代中国的产业及工业出现了。产业的发展要求需有与之对应的教育作为支撑，实业教育应时而生。发展到民国时期的职业教育，其口号和目标依然是围绕"求富"，强调要"富国"。而在这个社会性的目的之外，还强调"利民"这样个体性的目标，既要使受教育者获取职业，又要培养其能力。可以说关于近代中国职业教育目的的论述都是围绕"富国利民"来展开的。洋务运动时期的职业教育，主要是以电报、医学、铁路、矿务及工艺学堂等形式为表现载体的，对于这些学堂的办学情况，也有些许相关记载。可考者有江南制造局附设的工艺学堂、福州电气学堂、天津电报学堂、上海电报学堂、天津医学堂、山海关铁路学堂、南京陆军学堂附设铁路学堂、湖北矿物局工程学堂以及南京矿物学堂等，由于篇幅所限不一一列举相关记载，仅以当时的上海电报学堂为例，1932年的《交通部电信学校五十周年纪念特刊》记载："光绪八年（1882）上海设立电报学堂，招收学生曾清鉴、王锡麟等20名，学习收发电码技术。由姚彦鸿任学堂总办，唐璧田任教习，教授按报等法。成绩优秀学生，毕业后派至上海电报总局任职。以后因急需电报人才，扩大学堂规模，分设按报塾、测量塾，并聘请丹麦人博怡生、葛雷生等任教。"❶从个人需要角度看，自工业革命及工厂制度发展以来，职业教育应运而生，在此之后，"为师父的不再和徒弟一处工作而亲自教他了，所有少年，也不再有希望将来变为师父的野心了。他的经验的范围，再不能推广，普通只限于一些单独的做法，并当生产的实力，变为这种制度主要的目的的时候，也只有少读

❶ 《〈交通部电信学校五十周年纪念特刊〉记上海电报学堂》，载朱有瓛主编：《中国近代学制史料·第一辑·上册》，华东师范大学出版社1983年版，第488页。

的工人要求稍进于那低等技艺一筹"❶，而青年们则步入职业学校接受正规的职业教育。

民国时期较早对职业教育目的有深入思考的是黄炎培。当时黄炎培看到国内经济产业发展的同时，一方面，合格的技术人才较为匮乏，无法满足产业的发展要求；另一方面，大量劳动者因为不具备专门的技术而找不到工作，生计都成了问题，尽管部分劳动者具备一定的技术，也显得粗糙。为此，他强调开办职业教育的目的是，"一使学生无力接受高等教育者，受此教育，得相当之职业；一使已就业者，受此教育，助其业务之改良与进步"❷。落脚点放在了解决学生的失业问题上，这也是弥补我国普通教育不发达，教育普及率低的重要途径。之后，黄炎培对职业教育目的又有了深一步的认识。就人的角度来看，职业教育的创办不仅仅是弥补普通教育不足的问题，它还扩展到让无业的青年能够找到工作；就社会来讲，行业的划分也有赖于职业教育。为此他在《中华职业教育社宣言书》中指出发展职业教育，"一方为人计，曰以供青年谋生之所急也；一方为事计，曰以供社会分业之所需也"❸。在1918年中华职业教育社第一次年会上，黄炎培对职业教育目的作了更加具体的说明："为个人谋生之预备，为个人服务于社会之预备，为世界及国家增进生产能力之预备。"❹这样的职业教育既考虑个人的生计问题，又说明了职业教育在人与社会关系中的桥梁作用，更从生产能力的高度说明了职业教育的重要性。在陆费逵看来，如果平民接受了职业教育，则"以一技之长，可谋生活为主，所以使中人之资者，各尽所长，以期地无弃利，国富民裕也"❺。

职业教育具有社会性，那么进一步讲，近代职业教育的社会性决定了其必须本土化。所谓社会性就是说职业教育的发展取决于社会的进步，同时职业教育反过来通过促进经济和产业的发展，成为社会进步的重要因子。职业教育作为教育的一种，其出路"必须从经济、政治以及社会的各个方面去找。在经济、政治及社会的各方面建设方针未有确定以前，若云教育方针，不是盲从武

---

❶　[美] F. P. Graves：《近代教育史》，吴康译，商务印书馆1922年版，第406页。
❷　中华职业教育社：《黄炎培教育文选》，上海教育出版社1985年版，第44页。
❸　中华职业教育社：《黄炎培教育文选》，上海教育出版社1985年版，第56页。
❹　田正平：《黄炎培教育论著选》，人民教育出版社1993年版，第91页。
❺　吕达：《陆费逵教育论著选》，人民教育出版社2000年版，第147页。

断，便遭井底之蛙之讥。然在此数者之中，而尤以经济关系教育最切，影响教育最巨。因为经济组织是社会的下层建筑，而教育则是社会上层点缀；是以教育制度，不是决定经济组织，而是经济组织决定教育制度。生产劳动的职业教育的实施，更是与国民经济组织，无时不在打周旋的状态。所以职业教育目标或方针的决定，更须——抑只有依据国民经济建设的重心为归宿，然后着手建设，才不致走向错误的道路，而得到成功的结果"❶。

因此，职业教育在创办过程中必须密切联系本地经济产业的实际，这一点民国时期中华职业学校校长顾树森有深刻的认识，他指出若要保证职业学校的学生能够充分就业，必须对当地的经济状况和产业构成有详细调查，"而后得知社会上何种职业为最发达，何种职业需用人才最多，而学校中即可从之而决定实施何项职业教育。是故，职业教育之得收效果，全恃乎调查以为之标准"❷。此外随着时代的发展，职业教育教学过程中的实践环节越来越受到重视，各级各类职业学校虽然经费普遍都不宽裕，但很多都尽其所能附设了规模不同的实习工厂、试验田及操作车间等场所，让学生尽可能进行实践操作，一些职业学校还主动与本地的工厂、农场及商行进行合作，让学生能够真正到生产第一线去训练自己的专业操作能力。

职业教育对于社会及经济的贡献主要体现在培养技术人才上，因为决定"经济低质增长与高质增长的最主要原因是劳动力素质的高低"，职业教育通过"把低素质的劳动力改造为高素质的劳动力，从而把普通形态的劳动力改造为技能形态的劳动力，进而在生产中把潜在的生产力变为现实的生产力，使单位劳动的产出升至最高"❸。职业教育不仅培养了技术能手，同时也发挥出了选择职业和劳动力资源配置的作用，当然在人力资源配置过程中职业教育同时也展现出了促进社会阶层上下流动的功能。

---

❶　王达三：《论中国需要何种职业教育》，《教育与职业》1936 年第 2 期。
❷　顾树森：《实施职业教育之入手办法》，《中华教育界》1918 年第 1 期。
❸　李五一、邢永富：《入世背景下中国教育前沿问题研究》，山西教育出版社 2004 年版，第 92 页。

# 第二节　中国近代教育的本土化

## 一、传统中国引入西方教育之缘起

对于教育由国外引入并逐渐适合中国实际的这一过程，有不同的界定，除了本土化，还有本国化及中国化的称谓。民国时期的教育家在描述这一历史现象时多使用"中国化"这个词汇，到了现代还有不少研究者延用这个名词，刘桂林还对职业教育的"中国化"下了定义，"所谓中国化是指西方职业教育理论和制度进入中国后，如何与中国的实际国情相结合，从而成为能最大可能地满足中国社会需要的有中国特色的职业教育理论和制度"❶。在近代中国，有不少教育家及热心人士对教育中国化进行了积极的理论探索，例如庄泽宣、邹恩润、陈序经及宋连岑等，都从各自的角度和理解去阐发教育中国化的相关问题，尤其是庄泽宣的论述更加全面和系统，教育中国化及本土化的理论探索对于职业教育本土化的实践是有指引意义的。

教育是社会的重要组成部分之一，研究教育就不能脱离教育所处的社会实际。中国近代教育的产生是受了欧美及日本的影响。近代中国自从闭关锁国的政策被打破、国门洞开之后，工业革命的浪潮便不断涌进神州大地，自此中国与西方国家有了实质性的文化接触。在鸦片战争之前，尽管有诸多西方的传教士和商人来华，但谈不上正式的文化交流，有好奇心者例如康熙皇帝会对当时的西方文化有所涉猎和学习，但也仅停留在兴趣层面，并没有想到将文化与军事、经济、社会乃至现代化联系起来，更多的人抱以天朝上国的心态视西洋文化为奇技淫巧，蔑视、傲慢、自大之情无以复加。但是鸦片战争之惨败，犹如当头棒喝，让国人开始认识到西洋文化是不可轻视的，不过也还没有意识到学习西方文明的必要性，甚至许多人以为这次战争中华之败带有很大的偶然性。直到第二次鸦片战争失败，英法联军进了北京，火烧圆明园，咸丰皇帝客崩他乡，八旗绿营彻底溃败，以及签订《北京条约》等一系列重创之后，国人才正

---

❶　刘桂林：《论中国近代职业教育思想》，《华东师范大学学报（教育科学版）》1996 年第 4 期。

视西方文明，洋务运动应时而生。从教育方面看，清政府也意识到仅仅依靠科举，是不足以应付这种新形势的，因此呼喊出了搞实业教育的口号。实业教育，成为中国近代新式教育的开始。为了先学习西方文字及语言，开设了同文馆、广方言馆及译书局等；为了提升军械技术，又开设了制造局及造船厂等，后来还派遣生员到西方国家学习驾驶及制造技艺；为了培养近代军事人才，又创办了水师学堂及武备学堂。在这一时期，中国人因西方国家的坚船利炮而将文化的学习只停留在技术层面，在其他方面依旧固执地认为西洋还是不及中国，如此"不彻底的外国化，固是由于学者之只慕留外的虚名，然当时名为维新，实是守旧的政府及士人，乃是最大的阻碍。曾国藩、李鸿章的唯务机械教育，固不待说，像张之洞的中学为体、西学为用的思想，尤为铸成大错的主因"❶。这种"中体西用"的思想也影响了清末的教育，尽管洋务运动时期的教育要比科举制进步了许多，但是依然不足以应付新的局势。

甲午中日战争一役，中国败给了事前公认落后于中华的日本，洋务运动也就此宣告失败，这不得不引起深思。日本这个"蕞尔小国"之所以战胜了泱泱大国，无外乎它学习西方比中国学得更全面、更透彻、更深入。这样看来，仅仅是学习西方的技术是不够的，制度是日本能够制胜的重要因素。在这种举国体认下，康梁维新派发动了戊戌变法，主张清政府须进行自上而下的改良。几乎与此同时，孙中山建立了革命团体和组织，冀图以革命的方式推翻满清王朝，以民主共和的政体代替君主专制。"庚子之难"以后，清政府推行了"新政"，虽然学术界对于清末新政的评价褒贬不一，但是客观上通过"新政"，中国近代教育有了进一步的发展。在"新政"期间，公费及自费的留学生越来越多，留欧者有之，留美者亦有之，留日者更甚之。大量的留学生学成后回国，开始将西方的教育思想和制度介绍到中国，以建立中国近代教育体系。

## 二、中国近代教育本土化之必然

早在洋务运动时期，中国就出现了少量的新式教育机关，虽然大多是专门

---

❶ 陈序经：《教育的中国化和现代化》，《独立评论》1933 年总第 43 期。

性质的机构，但也具备了职业教育的某些特质。这些学校除了聘请科考出身者为教员外，还聘请了很多洋人担任教师。在"新政"时期，管学大臣张百熙等拟定了《钦定学堂章程》，后又模仿日本制定了《奏定学堂章程》，史称"壬寅—癸卯学制"。学制颁布后，大兴新式教育，唯感师资匮乏，于是很多留学生到日本的师范学校就读，其中以速成师范为主流。例如在 1907 年，到日本留学者有几万人，而其中有 60% 左右便是速成学习，统计起来这一时期在日本学习速成师范者是过万的了。这些人中优秀者回国充任师范学校的教师，素质差一些的也能到中小学任教。由于学校的教师大部分有留日背景，加之"新政"时期中日关系相对缓和，清政府也有意学习日本教育体制，因此这一阶段中国新式教育带有极为浓厚的日本化色彩。

然而，由于速成师范留学生在日本学习时间较短，知识体系不够全面和扎实，很多学生毕业时都无法阅读日本教科书，因此这些人也仅能将日本教育中的皮毛部分带回来。但是也不能否认留学生中也有学习成绩优秀者，他们学成回国后在各省优级师范学校担任教员，此后他们的学生又到中小学及初级师范学校任教。随着时间的推进，教师阵营中原来的速成师范生比重逐渐减少，本土化教师的比重逐步上升，加上留欧留美等留学生的逐渐归国并投身于教育事业，近代中国教育日本化的色彩开始逐步消退。及至 1909 年，中学有了文、实分科的规定，这是摆脱日本教育模式开始对德国教育制度的模仿，但并没有产生深远的影响。

民国以后，由于首任教育总长蔡元培有在欧洲学习的经历，因此主张民国的学制应该采取欧洲的制度，但限于时局，初期的学制是清末学制与欧洲学制的调和与折中。按理来说，日本的学制也是源自于欧制，所不同者日本没有采用双轨制。然而，国人在实践过程中渐觉教育日本化的弊病甚多，因此转而求于西洋诸国，恰此时美国的留学生先后归国，加之全国许多学校派教育人员到美国考察教育，因此学习美国教育成为当时教育改良之重心，中国近代教育的美国化在 1921 年全国教育会联合会举行第七届年会之时达到了顶峰阶段。也正是在这一时期，国际联盟曾派教育调查团来中国考察教育，得出结论是："中国教育的大病在不能适合中国社会情形，所以中国的教育有中国化的必要，

这是毫无疑义的。"❶

　　一种新制度的构建是需要巨大财力、物力、人力和精力的，教育制度也是如此。民国初建，不幸遭逢第一次世界大战，日本趁列强无暇东顾之机旋即逼迫中国签订"二十一条"，为本就单薄的中国国力增添了沉重的负担。在这种情况下，创办新教育不可谓不难。经济条件实不充裕，思想及社会条件也有不足。从制度方面看，中国近代教育用了二十年左右的时间模仿日本，又用了十年的光景沿袭美国，后来又渐次学习欧洲诸国。之所以要学习日本，不外乎日本与中国文字相近，学习过程中可以走捷径，免去诸多不必要的麻烦。既然日本学习欧美制度可以富强，那么中国如法炮制，学习日本也应该收到同样的效果。但事实并非如此，不得已还得回过头来直接求法于西洋。中国学校使用的教科书中外语大多是英文，美国通用语言即为英文，加上美国在民初退还庚子赔款，民初国体为共和制，美国的诸多事物符合国人的口味，因此举国上下对美国很有好感，连带着教育改革也要转舵于美国了。就当时的情形而论，美国的一切基本上都是最新的，站在时代最前列，因此它的教育制度受到了青睐，其中的自由成分得到了追捧。在教学过程中，自由择师、学生管理校务、男女同校及游行宣传等风气盛行于各个学校。但追捧之余也发现上述各种行为不是难以实施，就是收效甚微。举例来讲，设计教学法、道尔顿制及心理测验等，在各省仅是风靡一时、昙花一现而已，到最后落得个无人问津的局面。因此，仅仅照搬美国教育模式，不可能从根本上解决我国教育的实际问题。

　　从本质上来讲，日本的教育"制度是全国一律的，上令下行的，整齐严肃的，所以易于整个的采用，至少形式上可以一学便会。美国的制度则不然，是各地差异的，自由发展的，日新月异的，而且决不强迫通行，形式上不易学，更不能问其所以然。不过初学的时候，还是只知其表面，譬如学生自治，设计教学，职业教育，智力测验，等等，在一个时期里风行一时，虽然有少数人真有研究，大多数是趋时从众，未免以盲导盲。这许多新方法在美国是经了若干专家的研究与悠久的历史上演化而成，本不是一朝一夕所可学到，况且中国与美国国情不同，岂是可以盲目相从"❷。其实早在清末就有人意识到中国的教育

---

❶　[美] U. J. Tallone：《教育中国化刍议》，《论语半月刊》1932 年第 6 期。
❷　庄泽宣：《如何使新教育中国化》，民智书局 1929 年版，第 13~14 页。

过多模仿日本和欧美诸国会有诸多弊病，治愈之法就是要自己去建设新教育体制。当然，因为之前中国没有孕育出近代教育的根苗，加之过多照搬外国教育模式，因此想自己去建设本土化的教育是很不容易的，先天不足和过多的依赖性是很难克服的。

中国近代教育须本土化，这是很重要的一个专题，之所以重要，是因为新式教育在很长一段时期内不适合中国国情，确实需要探寻本土化的方法来解决这个问题。近代教育之前，中国社会存在的教育应该称之为传统教育或者是旧式教育，旧式教育的载体大部分是私塾，考试形式是科举，所学的大多是四书五经等。后来随着洋务运动的逐步开展，清政府及晚清社会多认为旧式教育弊病诸多，很不适用，所以开始从西方国家引入新式教育。西方的近代教育是以其现代工业文明为支撑的，因此它较之于中国旧式教育，在很多方面是占有优势的。与此同时，日本明治维新也是学习了西方的教育，成效显著。在这种大背景下，近代中国的教育直接学习日本、间接学习西方成为一个时段的主要方式。但是新式教育和旧式教育二者是截然不同的，旧的直接抛弃，新的原封照搬，这种缺乏调查研究、改造吸收的方式，仅能说是在照抄外国的教育体制，这样的教育还谈不到本土化。引进来的教育要为社会发展服务，一定要转变、调整，最后适应中国的土壤。

### 三、初探教育本土化的道路

本土化教育的初步探索是局部性和偶然性的，从局部的角度看，平民教育与乡村教育迈出了教育本土化的第一步。平民教育的创办者晏阳初等人在第一次世界大战的法国战场，参加为华工服务的工作，他们在与华工接触过程中发现华工普遍都是文盲，既不能给家乡亲人写信，也不能读懂中国的报纸，因此晏阳初等人给华工们授以基本的文字教育。他们回国以后，发现国内平民普遍都不识字，于是在1922年发起了全国识字运动，喊出了"除文盲，做新民"的口号，针对当时国人贫、愚、弱、私的四大弊病，提出施以生计、文艺、卫生和公民这四大教育，培养知识力、生产力、强健力和团结力，以造就"新民"。到了1924年，晏阳初和梁漱溟等开始提倡乡村教育运动，乡村教育运动是平民教育运动延伸和拓展。因为倡导者们有感于中国的学校大多开设在城市，乡村很少，这会形成只有城里人和有钱人接受教育，农民及贫苦家庭子弟无法接受教育的不公平局面。但是当时中国的农民占据了总人口的绝大多数，这样在农村开办学校以教育农民便非常重要。晏阳初等在河北省定县进行了十多年的乡村平民教育实验，这是教育本土化的可贵探索与实践。

在此之后，山西推行了乡村小学义务教育，江苏的各个中等师范学校专门培养乡村教员，中华教育改进社还在乡村学校做了试验，此后改进社又开办了乡村试验师范学校和幼稚园。1926 年，北平平民教育促进会在直隶南部也推行了乡村平民教育。在这些教育家们的带动下，中华职业教育社、中华教育改进社、山东乡村建设研究院以及江苏省立教育学院等机构在推动乡村教育运动中发挥了很大的作用。他们所做的教育本土化的种种努力，不外乎要让新式教育除了"发扬中国固有的智能道德而外，同时要社会化，养成安居乐业的国民，俾心理方面每个人都能满足"❶。

1924 年，在非基督教运动的基础上，全国各地开展了收回教育权运动，运动发起者认为外国在中国的教会学校已经侵犯了中国的教育权。这种想法其实在国民政府成立之前就有，只是根据相关条款无法干涉教会学校，加之宗教信仰者自身也愿意将子弟送到教会学校学习，这样从教会学校手中拿回教育权是有很大难度的。南京国民政府成立以后，社会上普遍认为要限制教会学校，如果不能把教会学校裁撤掉，那么至少学校的校董和管理者大多数要由中国人来担任，课程设置要依照国民政府颁布的教育规程，宗教课由必修改为选修，宗教仪式只能是自愿而不能强迫学生参加。在这种压力之下，许多教会学校就停办了，继续开办者必须要服从国民政府的要求。

此外，这一时期还有庙产兴学的运动，这一运动在清末就已开展，民国时期还在继续。庙产兴学即通过对佛寺、道观等宗教机构、财产的整顿和管理，进而开办新式学堂。由这几种运动的发展状况来看，当时"中国教育还未上轨道，所走的路还看不清楚，所以有一班人说职业教育，而另一班人又说平民教育，那一班人又说乡村教育，这种种运动都可表现想另找一条新路走"❷，其实

---

❶ ［美］U. J. Tallone：《教育中国化刍议》，《论语半月刊》1932 年第 6 期。
❷ 庄泽宣：《如何使新教育中国化》，民智书局 1929 年版，第 129 页。

这条新路就是本土化或中国化的教育道路。

## 四、教育本土化的曲折与艰难

教育本土化这个专题研究起来是有一定难度的，因为"如果直接采用西洋教育制度来改造中国的教育那倒不难，但是要把教育改造成适合中国国情的、适合中国需要的中国化的教育便不容易，并不是少数人用几年的工夫可以改造成功，非有多数人长时间的研究和努力试验是没有结果的，要是像从前找几个人编几种学校章程，定一个学校制度，编些课程，这样的改造，少数人便可成功。现在这个题目既这样重要，范围又很大，内容又复杂，便非在短时间内少数人可以解决了"❶。教育本土化，不是一朝一夕的，必须经过深入的理论探索，反复的教育实践，才能够将这个过程逐步向前推进。如果认为教育改革用几个月的时间就能完成，那结果注定是要失败的。关于教育改革之艰难，近代著名教育家庄泽宣将其比作医病，教育即为患者，但是患者有很严重、复杂的多重病症，绝非仅仅一剂药就可以治得好，而是必须要有许多医生把其所患之病一一诊断，反复观察后再对症下药，必须抱着研究的态度去做这件事。新的教育制度引入中国后，缺乏相应的研究和试验，仅是生搬硬套，这自然难以收效，因此重蹈覆辙是万万要不得的。

从前面提到的近代教育发展历程来看，最初其效果不理想是因为照搬西洋和日本的教育，而日本的教育也是从西方学来的，因此难以与当时的中国社会环境契合。日本政府了解到有如此多的中国学生希望到日本留学，因此他们开设了很多短期性质的学校，例如速成师范、速成法政、速成军事学校等，在这些学校当中均配有翻译员，他们把日文翻译成中文，因此留日学生到日本大多也是学习中文教材，学期也多是 3 个月或半年。这些留日学生数量庞大，多进入速成师范学校及速成法政学校就读，学习几个月就可以毕业并拿到文凭，然后回国把所知所学教给中国人，他们的这种行为很像"做生意似的，到日本贩货回国卖给中国人一样，而当时懂得师范的人完全没有，除了这些留学生

---

❶　庄泽宣：《如何使新教育中国化》，民智书局 1929 年版，第 118~119 页。

外，便是科举出身的举人秀才，这些留学生因为懂得点教学方法，所以格外占优势，并且当时这些留学生办了很多师范，也造出很多学生，学制既由日本抄来，教师也是从日本训练，因此，当时的教育思想不日本化也不行了"❶。当然，这一时期的教育也并非一无是处，学生们学习都是非常刻苦和努力的，学校也有意识将较为实用的知识教授给学生们，希望学生们所学将来能有所用，学生们也希望将自己学到的知识应用到实际工作当中，"学一行爱一行，研一业从一业"。尽管如此，这段时期的教育还是有很多不合于中国国情之处。

清末民初，中国的教育状况发生了重大的转变，这种变化的源头还要追溯到 1908 年美国决定退还《辛丑条约》赔款这件事上，中国政府须将这笔款项用于创办留美预备学校等事务上，这样便形成了一个契机。之前中国能去美国留学的学生甚少，但是在留美预备学校创办后，便有大批的学子到美国去留学。虽然当时的公费名额并不是很多，每年也不过数十名，但是因为有了这个机会，报名参加者逐渐增多。当时有两种途径可以到美国去学习：其一是大学生在毕业之后通过考试便可以直接到美国留学；其二是中学生毕业后先到留美预备学校学习，毕业以后也可以到美国去学习。在这种条件放开的情况下，学习成绩稍微优秀者就有意向到美国去留学，家中经济宽裕者有条件去美国留学，经济不宽裕者借钱也要到美国去留学。这就形成一种局面：尽管公费到美国留学的人不是很多，但是自费去美国的留学生却如过江之鲫，而美国政府及社会也欢迎中国留学生到当地学习，很多中国留学生可以采用半工半读的方式完成自己的学业。再有，民国时期，因为国体的变更，中国社会对于日本这种国体普遍观感不佳，反而美国共和制政体开始受到普遍的推崇，由此及彼，美国的教育也得到了国人的赞誉和向往。在留美学潮之后的数年，这些留美的学生们陆续回国，回国后的留学生大多从事教育工作。这些具有留美背景的教师在任教后又培养出了大量的学生，这些学生们又到其他的中小学校担任教师，这样整个的教育体系开始逐渐受到美国的影响，例如当时全国所施行的"六三三学制"便是美国教育制度的翻版。但是，在经历了一段时期以后，社会上普遍感觉"六三三学制"并不适合中国的实情，这样便有很多人开始了

---

❶ 庄泽宣：《如何使新教育中国化》，民智书局 1929 年版，第 123 页。

本土化教育的探索，极具代表性的就是 1916 年的职业教育运动。时人深感许多学生毕业后很难找到适合的工作，教育与职业太过分离，学习与工作无法对接，如此，职业教育这种专门针对工作和行业的教育类型引起了人们的重视，因此有很多人开始大力提倡职业教育，职业教育运动也形成了一种热潮。

尽管美国的教育模式有不少不适之处，但受其影响，推广和普及教育成为当时的一种热潮。首先是在义务教育方面，因为普及小学教育开始得到普遍关注，小学生的数量在几年的时间里有了相当大的提升。但也存在一些问题，最明显的就是虽然小学生的总数增加了很多，但办学质量还是上不去。到了 1920 年，又掀起了一场科学教育运动，这场运动源自留美学生在美时期创办的科学社这个组织，后来科学社成员回到中国，开始鼓吹科学教育。科学社认为中国教育之所以办得不好，是因为教育办得不够科学，因此他们做了很多试验，将美国退还的庚子赔款也部分用在科学教育上，但收效甚微。

如果从整体国民经济水平来看，当时所办的教育是很不符合实际情况的。所能接受教育者，必须出自中产家庭以上。如果想升入高等级学校去学习，那么其家庭必须是富裕之户。整个近代中国，多有政治和军事动荡，这对于本就脆弱的国民经济以及贫苦的人民生活来讲无疑是雪上加霜，富裕降为中产、中产降为贫困、贫困沦为破产，哪里还有钱财去学校学习呢？欧美和日本的教育之所以不能原封不动搬到中国，最主要的是中国的人均收入要比前者少很多，请来的"奢侈"教育是一般中国家庭难以负担的。近代中国是以传统农业为主的国家，农民占人口的绝大多数，而农民的收入在旧中国是非常低微和可怜的，大量人口吃不饱、穿不暖，整日还在为吃饭穿衣挣扎，根本没有多余钱款去学校学习，这个情况也是办新教育要考虑的。教育经费在民国时期基本上由两部分构成，即学生个人和国家政府各自负担，当时所办新教育无论是大学、中学还是小学都耗费巨大，这种经费负担不但对学生家庭来说很沉重，对于各级政府来讲，亦为艰难，因为教育经费大部分还是由政府来承担的，所需经费之巨，令人咋舌。以当时的河北省为例，按照计划，河北省每年需要拨付 1900 多万元用来办新教育，但河北省每年总体税收也达不到这个数字。但也并不是所有省份都是如此，山西省在推行新教育方面就比较顺利，究其原因，山西省的战乱很少，军费也不高，这样就有更多的经费投入到新教育当中。但山西的情况只是个案，近代中国战争频发，各地饱受战乱之苦，经济拮据，教育经费难酬。所以国家很难负担起普及新教育的任务，这样在中国办新式教育就必须另辟蹊径。

再有，接受教育就是为了出人头地，谋取好的职业，过上更好的生活。但是民国时期出现的怪现象是进学校学习后不但没有什么好处，反而带来了坏处。许多农民子弟在没有接受教育之前，还能任劳任怨、踏踏实实地在田间耕作，可是在接受新教育、走出新学堂之后就不愿意干农活了，养成了一身的闲懒毛病，更有甚者毕业后干脆连家也不回了，嫌弃农活苦、挣钱少，很大部分到城市或南洋去谋生，导致农村的大量耕地撂了荒。就拿小学来讲，在其"未普及的时要他普及，但是普及之后，便连工都没人去做，小学毕业生不特不去做工，他的力量小而眼光大，所以做事往往失败，中国职业既少，乃走进社会乱攒，总想做官发财，结果做成无数的游民，所以小学教育普及之后，不但无益并且在社会上做出许多坏事。在中国现在这种情形，这种教育只造成一班高等游民，对于社会国家有贡献的很少，中国教育有这种的缺陷，不能不改造的" ❶。

由上面的情况和种种困难可以看出，新教育在很多地方不适合中国，原本国人对于新教育是有着非常高的期望与诉求的，然而事与愿违，国家耗费大量财力创办的新式学校、学生家庭花费不菲的钱财接受的新式教育，并未收到应有之功效，那么在这种背景下，必须探索本土化的教育发展之路。

## 五、中国近代教育本土化的凝思

中国近代教育并不是从中华传统文化母体中孕育出来的，它是从西方国家和日本引入的"舶来品"，因此来到中国后不可避免地在很多方面与中国的国情不相符合。这样教育本土化就成为一个无法回避的问题，必须经过专门的理论探索及广泛的试验尝试才行。然而教育既为文化之一部分，须知文化是"一种复杂的总体，而分开不来的。所谓分开，不外是我们对于事物认识上的一种

---

❶ 庄泽宣：《如何使新教育中国化》，民智书局 1929 年版，第 134~135 页。

主观作用。文化本身既不能分开，一方面的波动，必引起他方面的影响。因为了这个原故，新教育的中国化，或是中国教育的现代化，都和文化其他的方面，有了密切的关系"❶。庄泽宣认为新式教育要中国化，需外来的教育至少做到"合于中国的国民经济力，合于中国的社会状况，能发扬中国民族的优点，能改良中国人的恶根性"❷这四个条件。

（一）借鉴外国经验与考量本土实际须有效兼顾

新式教育既然是从西方国家引入的，那么无疑这些国家的教育比当时的中国要先进许多，但有一点需要注意，由于政治、经济、社会乃至历史等条件的制约，西方国家所采用的教育制度也绝非尽善尽美，也不是完全符合其本国实际状况的。如果某种教育制度都不能够完全适合于西方国家，那么拿到中国来，其效果可想而知了。在这种情况下，西方诸国也在不断探索适合本国国情的本土化教育体制，也就是其教育制度在不断推陈出新。举例来说，道尔顿制、设计教学法以及苏联的革命式教学等都经历了这种尝试与探索。再有，欧洲国家的诸多"新式学校，打破学年升学办法，打破科目的界限；还有许多新课程不上课，只注重自修和课外活动，此外有所谓露天学校林间学校种种试验很多，总而言之，大家都感觉旧式的教材教法都不能使儿童充分发展，想打破种种限制另创造新的方向以求适合，这种种试验成功或失败都很难预测"❸，但这些试验所取得的经验与教训是我们探索本土化教育发展道路可以镜鉴的。有鉴于此，近代著名教育家邹恩润明确指出，"各国职业教育皆有其特性，美国有美国之职业教育，英德法有英德法之职业教育，皆参酌本地情形，各适其特殊社会之需要，非徒抄袭成法所能奏功。故实行职业教育者，固宜博考他国之良法美意为借镜，尤宜体察本地之社会状况为基本，庶几因地制宜，不宜削足适履之讥笑"❹，在这种背景下，创办新教育必须要对本地实际好好考察一番了。

从中国的实际情况来看，中国近代教育创办之初，社会上还有大量旧传

---

❶　陈序经：《教育的中国化和现代化》，《独立评论》1933 年总第 43 期。
❷　庄泽宣：《如何使新教育中国化》，民智书局 1929 年版，第 23~24 页。
❸　庄泽宣：《如何使新教育中国化》，民智书局 1929 年版，第 138 页。
❹　邹恩润：《职业教育研究》，商务印书馆 1923 年版，第 1 页。

统、老糟粕遗留下来，新旧交替之际，出现了很多荒唐滑稽的社会现象。中国的旧式教育是"为少数人的，是为求功名富贵的。书院改为学校以后，国人对于求学的观念还未改变，以为求学仅是读书，读了书便可以做官，不过从前读的是经史，现在加了英算等而已。书本自书本，生活自生活，学校的功课可以说几乎完全与社会生活无关系。一入了学便是上等人，便要高尚，便不屑与短打的为伍。所以初开学校时，连上游戏体操课的时候，都还有穿长衫的。直到现在到试验室手工场里去试验做工仍旧穿起长衫"❶。再有，旧式教育还在于"它是士绅教育，它的整个目的，在传授'夫子之道'，新教育为了补救这个缺点，首先提出来的是实用科学。谁知道，在欧美成功的实用科学教育，来到中国都变成了洋八股，仅保存了形式，而失去了其实用价值"❷。尽管也有一些学校倡导工读式学习，但是其工作都是文字性的，锻炼实效不高。死读书的风气也没有矫正过来，多数人以为除了书本以外便没有其他的知识与学问，书读得好就是好学生，才有出息，而那些喜好体育运动、积极参加课外实践活动的学生们多半是坏学生，这些学生参加此类活动仅仅是为了出风头罢了。由此可见，封建教育遗毒还没有完全被清除掉，它禁锢了人们的思想和观念，这样自然影响新式教育的发展。民国时期，黄炎培大声疾呼"学校即社会""教育即生活"的响亮口号，口号虽响，用意虽美，但是社会上对于这种理念知之甚少，理念和思想都没有琢磨透彻，再想要落实到办学实践当中更是难上加难。形成如此局面，原因固然有前面提到的人们头脑中还有传统教育的观念，还有就是办教育者对于新式教育的认知水平很有限，办学效果很不理想，社会对之观感很差，形成的结果是新式教育办学过程中与传统教育所不同者就是功课分科更细一些。新教育出现以后，人们已经认识到它并不是登科取士、求取功名和获取财富的途径了，但它到底能做什么，接受新教育能有什么好处？难道接受新式教育仅仅是拿个文凭而回乡炫耀吗？这些问题如果不能清楚、明了地加以回答，那么新式教育是很难在中国社会扎下根基的。

　　解决这个问题，学校要调整自己的观念，学校并不仅仅是读书的场所，还应该保证学生们有一定的时间到社会上进行实地调研，这样可以历练他们的观

❶ 庄泽宣：《如何使新教育中国化》，民智书局1929年版，第27页。
❷ 宋连岑：《漫谈教育中国化问题》，《教战》1941年第5~6期。

察分析、为人处世的能力，也不至于脱离社会。学校功课中应该增加手工课程的比重，教师要带领、指导学生们一起工作，工作量较大时学校可以给予适当的补贴。对于愿意参加课外活动和服务于社会的学生们，学校应该加以鼓励。在学分计算上，理论与实践应该是平等的。

随着时代的发展，社会诸要素也在不断演进，其中不仅是"教育，就是经济政治等，也是趋向着现代化的历程中。要是教育家不顾努力来要求教育的现代化，而反要使新的教育，来适合正在变换历程中的旧的政治，经济，或礼教等，以及这些东西所产生出的结果，或是所传下来的遗毒，试问我们何不专心去保存旧的教育，以及文化的其他的方面，来维持我们的固有的国情，都要多生枝节的，去采纳新的教育，而致徒劳无益"❶。改造教育绝不是仅仅抄袭他国教育制度就了事的，必须要观察社会的需要、历史的背景、经济的状况及政治的形势等，教育与中国的各种组织制度是不能割裂开来的，搞教育如果"一心只教圣贤书，两耳不闻窗外事"是万万不行的。国情在不断发生变化，教育当然也要作出调整和回应。

（二）创办新式教育须以国民经济为基础

近代中国的国民经济比之于欧美及日本等国，差距是巨大的，孱弱的经济基础又逢连年的天灾人祸，人民的财力、物力和生活水平也是每况愈下。儿童到新式学堂中去接受教育要比旧式学堂耗资巨大，修业年限也长得多，而且旧式教育谈不上普及，只是为了少数想要"学而优则仕"者开设，不具备现代教育的实质。普通的百姓能把子弟送到小学学习已属不易，送入中学是一般经济条件的家庭所无法承担的，至于能去大学学习的学生，那么其家庭必定是殷实富裕之户。在这种情况下，大多数家庭因为经济能力有限，即使子弟学习成绩优异，能够升学，也只能放弃升学机会。不能升入大学还有情可原，但是大量志学青年连中学都不能进入，确实让人扼腕叹息。那么反过来要问，为什么新式教育的学费如此昂贵？因为新式教育既需要精良的教学设备，亦需要训练有素的教员。拿职业教育来讲，不仅需要教学设备，还需要实习机器和工场

---

❶　陈序经：《教育的中国化和现代化》，《独立评论》1933 年总第 43 期。

等，教师必须理论和职业经验兼备，学生还要保证足够的实习时间，这样一来用费自然巨大。至于新教材及新教法等，也是学费增加的原因之一，当然这也是难免的。再有，大多数学校开办在城市，需要伙食费和住宿费等，这些更加重了学生家庭的经济负担，加之国民经济的日渐凋敝，无疑会让很多学生无法升学。

再从另一方面看，家长们花费大量钱财把学生们送到学校就读，毕业后又能做什么呢？念书，会花费很多钱财；不念，又无一技之长。即使毕业以后，学校与社会隔绝，学生们对社会一无所知。往上看，做不了纯粹的学者；往下看，泛泛之辈所事者又不屑为之，结果是高不成低不就，很难找到适合自己的职业。脱离中国实际的教育会丧失其社会威信。就以当时的实业教育来讲，因为到实业学校学习毕业后找不到工作，就被讥讽为"失业教育"。

解决这个问题，需要各类学校在修业年限上不必太长，科目训练要精练、实用，学生就读各级学校，一面是要为升学做准备，另一面更要为步入社会谋生计做准备。每学年或每学期所授课程要具有独立性，这样中途辍学的学生也不至于什么都不会。至于教学设备、教材等硬件设施，以耐用为原则，尽量经济实惠，减少用费。举例来讲，欧美许多国家的学校都设有抽水马桶，这种设备对于当时的中国来讲，购买用费昂贵，很多学校难以负担得起，因此这种与教学无关的设施，在学校当中是无需强制配备的。其他性质的教育机构也应该广泛设立，例如夜校、补习学校及习艺所等，可以接收未能升学且有求学需要的青年继续学习。

（三）推广新式教育须理论与实践相结合

教育本是一门系统的学科体系，必须要经过广泛的调查和深入的研究才能形成科学的结论，教育研究者需花费多年的功夫潜心研究方能成为教育理论家。正所谓科学的理论能够正确地指导实践，办新式教育也是如此，必须要由实践经验丰富、理论水平高深的专家指导不可。教育专家的理论研究，对于教育发展影响至大，其研究成果可以直接应用到教育实践当中，并取得应有的效果。

自新教育引入中国后，许多热衷于教育事业的人士开展了各类教育运动，例如之前提到过的平民教育、乡村教育以及大职业教育等。这些教育活动可以说是教育本土化的试验，通过试验，渐渐掌握教育本土化的路数。举例来说，民国时期在江苏省创办的晓庄学校，属于乡村教育的范畴，其办学情景如下。

　　这间学校有师范有小学也有幼稚园，收容的学生，有初中毕业的也有高中毕业的也有大学毕业的，他们不上课，他们每人每年有一个工作表，早起做什么，午后做什么，晚上做什么，都在表中分配，自定之后交导师（即教员）核阅，核准后即依表中所分配的时间做工作，有时读书做笔记，有时去调查农村生活，有时编教材，有时到小学实践，他们虽不上课但有一个讨论会，各人平日在工作中所遇到的问题，记下来提出讨论会共同解决，他们所学的功课，虽然各个不同，但都得实际的经验。他们的生活，也如农夫一样，穿起草鞋，戴上竹帽，每人认定一块地耕种。全校只有一个工人，专司挑水和买柴两种事务，其余各种庶务如烧饭扫地等等工作完全由师生合作，这个学校完全打破普通的组织形式。❶

晓庄学校的办学模式，在当时引起了全国性的关注，有很多人慕名参观访问。这种办学模式，打破了之前常规的教学体制，是一种探索、一种尝试，更是一种创新。同一时期还有不少的学校办出了自己的特色，这对于教育中国化的理论探索提供了很好的研究素材，对于深入实践树立了值得学习的榜样。

（四）新式教育的灵魂须以中华民族文化为温床

谈到中华民族和中华文化，不得不回顾中国自从"海禁开放以后，与西洋文化接触日多，但是不幸军事外交屡次失败，近且觉制度思想一切不如他人。其结果在一个时期里面国人的自信力几乎降到零度，以为只要是舶来品，不论其为枪炮为机械为用具为风俗观念。都是好的。反过来凡是中国货物学识无一可与西洋的比。偶尔有人帮中国的典章文物说几句话，可惜说话的人，往往富于感情而失之偏激，至多少数人一时信他们，在全国人心理上没有发生什么影

---

❶　庄泽宣：《如何使新教育中国化》，民智书局 1929 年版，第 142~143 页。

响"❶。民族的文化精华慢慢被漠视和被遗弃，这种现象引起了当时部分国人的重视，因此一些人开始潜心整理国故，进而发觉老祖宗留下了不少的好东西。面对西方及日本帝国主义的入侵，发掘传统文化、弘扬民粹是抵抗外力非常有效也是最根本的手段。如果这件事做不好，在抵抗外力上也是徒劳的。但是当时知觉者也仅是很小的一部分人。因此盲目崇拜西方文化的现象极为盛行，上到完全西化、拜金主义、无政府主义、反对读线装书，下到吃西餐、穿洋装等，都是狂热膜拜欧美文化的表现。平心而论，距离"世界真正大同的日子还远，即使大同，绝不能就叫中国代表的大部分东方文化完全消灭于西洋文化之中。中国文化的缺点当然很多，但绝不是一无优点，我们希望将来世界大同后的文化之中，中国文化也有若干的贡献。我们应当平心静气去探讨这些优点，优点找到了以后应当极力去发扬光大他们"❷。

近代以来，西方资本主义国家通过产业和工业革命而强盛起来，其工业文明也成了主流。但是，首先文明是带有阶段性的，在历史的长河中古代中华文明一直在全世界是领先的，这是无可辩驳的，其源远流长、博大精深及影响深远之特质，到现在还对世界的发展产生着直接和间接的影响；其次就是近代以降，中国也在不断创造新的文明，为世界文明宝库之充实作出了应有的贡献。

无论是近代还是当今，面对西方国家的文化，中国无需自卑，应该彰显民族特色、发扬民族风尚、弘扬民族文化。涉及教育，中国的教育自然也要肩负起民族化的任务，要以中华民族的文化为土壤、温床，去培育和铸造带有中国特色的新式教育。这一点，民国著名教育家庄泽宣深有感触，站在当时的角度，他认为各个学校每星期一可以将总理纪念改为爱国典礼，天晴时在操场，下雨时可在大礼堂举行，读总理遗嘱并演讲中国历史名人的故事等。每逢历史纪念日，学校和教师有义务向学生们宣讲其历史典故和意义。各个城市的政府与商会可以合作开设国货商品陈列馆，各个学校组织学生参观，进行通俗教育。学生们也可以组织宣传队到社会、城市及乡村去宣传中华民族的历史和爱国精神。学校组织学生进行社会调研时应特别注意各地的优良习俗及道德风尚，进行大力传播。

---

❶ 庄泽宣：《如何使新教育中国化》，民智书局 1929 年版，第 30 页。
❷ 庄泽宣：《如何使新教育中国化》，民智书局 1929 年版，第 31 页。

## （五）新式教育须真正为社会发展服务

学校融于社会、教育寓于生活，这本是老生常谈，但是在发展新式教育过程中，是否清楚社会真正需要什么，这其实是近代教育发展不够理想最深层的原因。社会到底需要什么？恐怕很多人是不明了的，既然不明了，那么也就讲不清了。如果农民的子弟念书之后就不务农了，这就是教育不符合社会需要的表现。大型生产加工工厂和制造企业，上至工程设计师，下至一线车间工人，都难以招聘到合适之人，这也是教育本土化不高的表现。其实社会上需要的各类人才还是非常多的，但是合适者并不多，社会需要什么样的人才，那么教育就应该按照这种需求去造就人才，这样才能做到学以致用。民国时期的课程，拿最基础的"国文来说，那些不负责任的教师不必说，就是那负责任的教师天天讲文章，每个星期也作文章，试问所教出来的学生有什么用处？也许他文章做得很好，但是叫他记家庭普通的账目，写一张通告和买卖契据便不会写，这样就是所教的材料不合社会的需要，仍然是做一个文人，只会做文章，这种教育实在可以不要的。其余如数学，数学为课程中最要的科目，如二次方程式等数，虽然学了许多，但是你叫他计算家庭每日的用度有多少也许计算不清，秤斗也不识用，诸如此类，不胜烦举"❶，由此可见如果办教育不考虑社会的实际需要，那么注定失败的命运。教育要实现本土化，必须要进行改造，在改造过程中加以研究，这种研究，可以借鉴他国的模式，但绝不是抄袭；研究也不可凭空谬谈，必须建立在实证的基础之上。

中华民族自然有很多的长处和优点，无需自卑，自尊心和自信心还是必须要有的，但反过来看，我们也不能自大，刚愎自用，浮夸骄狂甚至盲目排外。当我们审视和评估我们自身的时候，应该秉着客观、实事求是的态度，有哪些优点，可以通过科学研究发掘之，而面对不足，我们应该想办法纠正、改良之。庄泽宣认为"中国人最大的毛病便是依赖性和惰性，最缺乏的便是创造力和组织力。在学术思想上在社会风俗上在一切制度上，向来有前人没有说过的不敢说前人没有做过的不敢做的习气。这本是久处于专制政治之下所不可免

---

❶　庄泽宣：《如何使新教育中国化》，民智书局 1929 年版，第 144~145 页。

的。况且中国这么大一个国家，这么多的人口，有这么久的历史，与别种文化的民族社会接触是这么少，加以相沿的人生观是大事化小、小事化无，所以大家对于一事一物只知其当然而不问其所以然。历史上偶有立新创异的，起初恐怕他破坏了社会的均衡，后来不知不觉成为习俗，大家一致的反抗，至少不予以同情的援助。近年以来因为与别种文化接触而失败的缘故，社会上的均衡完全因破坏而解体，但是新的组织新的制度均没有人去建立起来"❶。

作为一名合格的社会从业人员，应该具备相应的素养和能力，其中组织力和创造力是很难培养的一种能力，但是在近代国家观念逐渐强化的时代，这两种能力尤为重要，而办新式教育就应该培养国人的组织力和创造力。组织力够强大，中华民族才能有向心力，才更加团结，才不会是一盘散沙。而创造力，也非一朝一夕之功就可以培养起来的，在专制体制政体下，人们的言行和思想受到禁锢，自然无法发挥出创造力；清政府虽被推翻了，但在短时期内，封建主义的流毒还束缚着人们，创造力也难以培育。在这种情况下，新教育自然应该发挥其功用，开办教育者应该有意识地把劣根性去除掉，在教学过程中培养学生们良好的习惯，尤其注重培养学生们的组织力和创造力。在授课当中，照本宣科式教学应该被废止，教师可以指导学生们自己去读书。一些科目如果可以不用教科书，教师可以组织学生去搜集资料、集体组织和调查发现，培养其实践能力，而不是仅仅训练其记忆力。在教学中注重方法的使用，至于教学仪器和设备等，部分可以由教师与学生一起制作并使用。课外活动应该与理论学习并重，在活动中学生组织力与创造力的考核也要计入成绩当中，这种考核要规范、严格，务求培养其真才实能。通过新式教育，将人才的能力培养上去了，这样他们步入社会，自然会很好地为社会发展服务。

教育的中国化，是历史的进步，绝非"开倒车"的复古。将引入的教育中国化，绝不能走"中体西用"的老路数，更不能搞狭隘的民族本位教育，而是要让现代教育浸透于中国文化之中，带有中国味道。教育本是一个整体，以"中体西用"的手段去搞教育，只能让其支离破碎、非驴非马，以致一事无成。不搞狭隘民族本位教育，是因为它"忽略了现代的国际性，将一个民族从整个

---

❶ 庄泽宣：《如何使新教育中国化》，民智书局 1929 年版，第 33 页。

世界孤单出来。在现在息息相通的世界中，欲求孤立的发展，是不可能的，一个民族的特征，只有透过各民族的通性，才能辉煌发展起来"❶。教育本土化不是让其简单地适应近代中国落后的社会，也不是否认其发展缓慢的事实，它要融合新旧教育之长，发挥其应有之能，促进社会的发展。

## 第三节　中国近代职业教育的本土化

### 一、中国近代职业教育本土化的定义

中国近代职业教育并非是中国土生土长，而是从西方国家（包括日本）引进而来。这样就引出中国职业教育早期现代化的一个问题，就是职业教育发展模式本土化的问题。职业教育作为现代学校教育的一种，"原系现代资本主义社会的产物，把它移植到古老的中国来，究竟可能发生怎样的作用？现代学校教育是适应于现代资本主义社会需要而建立起来的……中国是个半封建半殖民地的国家，硬生生地把它移植过来，其结果自然是'橘过淮为枳'，不能适应社会需要"❷，因此近代中国的职业教育必须经历本土化的过程。中国近代职业教育本土化从总体上看是一个体系比较庞大、内外逻辑关系复杂的研究专题。

职业教育本土化作为一种历史演进过程，在洋务运动时期就开始了。清末民初，许多教育家及教育行政官员均意识到职业教育应该遵循中国的特有情形，以适应特殊的社会需要，其中许多人著书立说表达自己对于如何使职业教育本土化的看法。直到今天，亦有不少学者将"职业教育"和"本土化"连起来称谓，但是对其概念进行界定还比较难见。职业教育本土化，是指西方职业教育理论和制度引入中国后，国人根据中国国情和社会需要，对之进行适当的改造和变革，使其更好地为政治、经济、文化及社会发展服务，最终创造出具有中国特色的职业教育体系。

依据上面的概念，可以明了近代中国由西方及日本引入职业教育时，主要

---

❶　宋连岑：《漫谈教育中国化问题》，《教战》1941 年第 5~6 期。
❷　杨东莼：《战时教育问题》，战时出版社 1938 年版，第 5~6 页。

学习的是理论和制度两个层面，这是被引进的最主要部分。从职业教育理论来看，它由职业教育理念和教法两部分构成。从职业教育的理念或者思想来看，当时西方国家确实有值得中国学习之处。在西洋诸国，尤其是美国和德国，其职业教育的地位与高等教育即普通的大学教育基本上是相等的。学生们在中学结业后面临着两种选择，一种是选择上大学继续深造，另一种是到职业技术类学校学习技术。在一些欧美国家，有一半左右的学生会选择到职业学校学习，这种情况在当时的中国是很难理解和接受的。这里有两方面的原因，一方面这些先进的资本主义国家其产业发育是较为成熟的，各类产业的勃兴必然吸纳大量的技术人才，通过到职业学校学习，毕业后比较容易找到工作，这自然会让很多学生选择到职业学校就读。另一方面，当时欧美诸国的社会观念较为开放，从事专门的技术类工作与做行政事务者，其社会地位大致是相等的，凭借手艺和技术谋生，也许所赚薪金不如脑力劳动者高，但这并不是一件丢脸的事情。反观当时的中国，由于长期受"学而优则仕"传统教育观和"士农工商"传统社会等级观的影响，从事技术工作会受到歧视，让人看不起。从教授方法和学习方法的角度看，西洋也有可取之处，其活动教学法能够相对地矫正"死读书"的弊病，让学生们能够更多地接触大自然、接触社会、接近生活，从实践中学习真知。西方职业教育非常注重实习的环节，让学生们能够熟练掌握专业技能，这也是很可贵的。然而，中国的国情是人口太多，这一最基本的国情制约了各个方面。职业教育也是如此，教师太少，学生太多，完全向欧美国家那样实行活动教学法是有一定难度的，因此必须要变通。再有从教学设备上讲，近代中国本就国力羸弱，国民经济困顿，教育经费也就十分紧张，职业学校所能采买的设备和器具非常有限，因此实习只能从简从寡，利用一切可以获取的资源去开展实习。

职业教育所引进的另一个部分就是制度，这也是本土化当中被诟病最多的。直接使用西洋的职业教育制度，这是建立新式职业教育最直接、最便捷的方法，它能够让近代中国在短时期内就把职业教育的框架设计好。但是制度一旦确定下来，是很难改动的。西方国家的职业教育体制在中国运用一段时间后，许多人逐渐发现其有很多不合中国之处，也就萌生了改良这种制度的要求。然而，近代中国职业教育模式渐趋固化，或者说形成了很强的惰性，再想对之进行改造，是有一定难度的。由此可见，引进制度带有双重的效果，一方面它为近代中国建立新式职业教育体制打下了基础和框架；另一方面，职业教育要实现本土化，自然要对一些已经固化的模式加以改革。

职业教育理论和制度引入中国后，并非一劳永逸，还有一个从不适应到适应的过程，而中国近代职业教育本土化面临的最大问题，莫过于当时"不需要有职业教育。受过职业教育的人所做的职业不比未受过职业教育的人所做的职业会更完美，例如做一把扇子，受过职业教育固然可以做，未受过职业教育的人也同样可以做，并且有同样的结果，受过训练的人不会比未受过训练的人做得更好。诸如此类的事实很多。这样说来，职业教育岂非可以不办？这又不然，有几种职业，有需要的时候是要举办的，如现在福州职业学校办的簿记科，因为各机关都改用新式簿记，所以很需要这种人才，这种人才，自要受过训练的才可以用。又如筑路，筑路的人才非常缺乏，上至工程师下至筑路工人，都没有适当人才，这种人才也是要赶急训练。这些职业教育是要办的，其实现在中国人才之缺乏，已达极点，中国不谈建设则已，如果要建设，职业教育非与社会的需要相互而行不可"❶。

从上面这段话可以看出，不是当时中国不需要职业教育，而是职业教育还没有很好地适应中国社会。这种情况，当时的诸多有识之士，看在眼里、急在心里。无论是从地缘、历史还是文化来看，中国与西洋诸国各方面的条件迥异。从地缘上看，中国内陆面积广，西洋诸国大多多面环海，中国主静，西方国家主动；从历史角度看，中国经历了漫长的封建社会，即使步入近代以后，封建社会所遗留的烙印还非常清晰深刻；西方国家跨过中世纪后，革命风暴席卷欧洲，人们对革命普遍接受；从文化角度看，中国位于儒家文化圈的核心，西洋诸国则属于基督教文化圈的范围，两种截然不同的文化类型，也决定了中国与西方国家是完全不同的，甚至很多方面是截然相反的。考虑到这些因素，西方的职业教育引入到中国后，必须要很好地适应中国的实际情况和社会需要。开办职业教育至少要思考：中国哪些产业是朝阳产业？哪些产业是夕阳产业？哪种职业比较好就业？当地人口的知识背景和技能水平怎么样？开设哪

---

❶　庄泽宣：《如何使新教育中国化》，民智书局 1929 年版，第 162~163 页。

些科目与专业能很好地为本地经济服务？……这一系列问题都是职业教育开办者所要考虑到。再通俗点讲，社会需要什么样的人，职业教育就培养什么样的人。这是非常浅显的道理，实际操作起来却并非易事。

改造后的职业教育，通过培养出社会所需要的技术人才，自然会很好地为社会服务。从经济方面看，近代各个产业的发展，最急需的就是新式技术人才。如果各级各类职业技术学校能够保证各行业技术人才的供应，那么这对于产业的发展无疑会有相当大的推动力。从社会方面看，如果职业学校所培养的学生毕业后找不到工作，"毕业就失业"，那么这些人可能会混迹于社会、浪荡于市井，影响社会治安。而如果职业教育搞得好，能够很好解决学生们的就业，那么这些人自然会成为社会的劳动者，这是维系社会稳定重要的因素。

在职业教育经历了引进—不适应—发觉—改造—适应—服务社会这个过程之后，职业教育本土化的程度就逐渐增强，也是在这个过程中，中国近代职业教育也逐渐摆脱之前的"日本模式""美国模式""德国模式"等，带有中国色彩的本土化职业教育模式逐渐形成。当然，实事求是地讲，中国近代职业教育本土化程度从总体上看还是很有限的，究其原因，本土化受到诸多条件的制约。政局是否平稳、战乱灾害、经费的多寡、产业的兴衰以及社会观念等都对职业教育本土化产生巨大影响，然而阶段性的起伏影响不了本土化逐步增强的总体趋势。

## 二、中国近代职业教育本土化的阶段划分

中国近代职业教育本土化是一个漫长、曲折和复杂的过程，在这个进程中，每个时期、每个阶段职业教育本土化又有着各自的特征和表现。从总体的时段上来看，本书将中国近代职业教育本土化的起点定在 1862 年，因为在这一年清政府创办了京师同文馆，它是文科职业教育的肇端，工业技术职业教育的开端是 1866 年创办的福建船政学堂。这一时期的职业教育还是带有原始性的，这些学堂也缺少后来职业教育所规定的某些特征和要素，但不能否认的是，从这一时期，也就是伴随着洋务运动开始，职业教育的本土化便开始了。职业教育本土化的中断定在 1937 年，因为随着日本的全面侵华，中国近代职

业教育事业受到重创，许多校舍被战争损坏或被强行占用，一些学校不得不搬迁、停办，职业教育最基本的经费也难以保障，在这种情况下，不但职业教育的现代化进程被打断，连带着本土化的进程也被打断了。

对于这段历程，本书拟分为三个阶段。第一阶段是 1862—1903 年，这是职业教育的移植与借鉴阶段，中国近代职业教育（这一时期称之为实业教育）制度实现了从无到有的转变，形成了原始的雏形。第二阶段是 1904—1916 年，这是反思与抉择阶段，尽管此时中国还继续移植和借鉴西方资本主义国家的职业教育制度，但国人开始意识到职业教育与中国国情相融合的紧迫性，并且对美国与德国的职业教育制度进行了取舍。第三阶段是 1917—1937 年，是为改革与创新的阶段，1917 年中华职业教育社成立，以黄炎培为代表的教育家们开始结合本地实情发表本土化的职业教育理论，创办适合中国社会需要的职业学校，同时国民政府出台的职业教育法令也更具有针对性和实际操作性。

中国近代职业教育制度演进经历了酝酿—形成—调整—完善的历程，其中本土化的因子与元素逐步被强化。洋务运动使国人意识到职业教育的发展需要规范化，继此清末"新政"时期，清政府颁布了"壬寅—癸卯学制"，建立了实业教育制度，民初的"壬子—癸丑学制"延承并丰富了实业教育制度。1922年北京政府公布了"壬戌学制"，该学制体现出政府根据实际需要开始引入与借鉴美国职业教育制度，将实业学校改为职业学校，宏观上初步建立了适合当时国情的职业教育体系。南京国民政府较之于北京政府有很大改进，根据时局及各方面建议又相继颁布了一系列职业教育法规，这些法规在微观的层面，即办学理念、经费支出、专业课程设置、教学方法及实践实习等都作了详细且符合中国实际情形的规定，经过调整和完善，此时的职业教育制度展示出了较强的适应力和生长力。

中国职业教育本土化经历了从生搬硬套外国模式到逐渐结合本国国情的转变过程。在开展职业教育实践时，只有"广泛调查中国的教育、经济、社会民情"，才能探索出"适合中国国情的职业教育发展之路"。❶ 职业教育制度引入和实施的过程，同时也是职业教育本土化探索和尝试的过程，尽管最开始效

---

❶　吴玉伦：《清末实业教育兴办中的士绅参与》，《广西社会科学》2005 年第 8 期。

果并不理想，但其中也都蕴含着本土化逐渐增强的趋势。"癸卯学制"是职业教育本土化的第一次尝试，学习的对象是日本；"壬戌学制"是职业教育本土化的第二次尝试，是向美国职业教育制度学习。然而，无论"是仿日还是效美都存在脱离中国国情的弊病，前者在没有普遍良好的普通教育毕业生前提下盲目重视高等实业教育，忽略中国社会最需要的初中等实业教育，不重视实习实践。后者没顾及到中国传统文化观念中升学主义、文凭主义、鄙视职业教育观念的顽固存在，对中国有无经济实力支持大规模普及综合中学制度估计不足" ❶。可以说两次尝试最大弊病在于直接移植外国职业教育制度，缺少适当的改造。到了 20 世纪 30 年代，国民政府对职业教育制度进行调整，职业教育与普通教育分开办学，培养对象更加平民化，培养目标也更加实际，同时加强职业教育与工商业的联系，促进职业教育的本土化。当然，以今天的标准来苛求清末民初学制改革的本土化程度，是不切实际的，由于历史的局限，其本土化也只能是逐步进行。每次学制调整，职业教育本土化都会前进一步。从学习日本到美国再到德国，在此过程中无论是教育管理者还是教育家，都越来越注重中西调和。民国时期国民政府及众多职业教育家积极探索符合中国实际的职业教育发展模式，使得民国中期出现了兴办职业教育的热潮，并取得了相当大的成就。

## 三、中国近代职业教育诸要素本土化的剖析

职业教育的主要实施载体是职业学校，也可以说职业学校就是职业教育的实体。构成一所职业学校的要素，包括教师、学生、教材、经费、专业、课程、授课及管理等。其中的一些要素伴随着近代职业教育整个体系的本土化，其自身也在发生转变。本书选取师资选拔、教材使用、专业设置以及实习训练这四个方面，分析职业学校内部要素发生的本土化转变。之所以选择这四个要素，是因为它们在整个职业教育体系本土化的过程中，所呈现出的转变效果最为显著，也正是这四个要素的不断变化与改进，推动了职业教育的本土化

❶ 刘桂林：《论中国近代职业教育思想》，《华东师范大学学报（教育科学版）》1996 年第 4 期。

进程。

1.职业教育师资的本土化

职业教育与其他教育类型一样，都需要大量的师资才能开展起来。但创办新式教育最难的不是经费、校舍、器具等，而是教师的匮乏。在师资的问题上，职业教育更为艰难。不同于其他的教育类型，职业教育的教师不但要具备基本的理论和学识素养，还必须有职业经验和实践能力。对于这种教师，今天有个专有名称，叫"双师型"教师。而就当时的情况来看，能够具备课堂教学能力者已经为数不多，同时再具备实践教学指导能力的更是少之又少。缺少教师，解决之法就是聘请外籍教师。因为最开始中国的新式教育是模仿日本，因此有不少的日籍教习来到中国教书，中国近代的职业教育也经历了这个阶段，学校中充斥着大量的日籍教习。这些日籍教习虽然暂时缓解了师资短缺的窘境，但在教学中也逐渐暴露出其他的一些问题，这些问题主要集中在三个方面。第一，日本教习不懂中国的社会情况和民族文化。他们在教授过程中，大多是照本宣科，不知道根据当时中国的实际对书本内容加以变通，很多专有词汇在中国是没有的，他们也直接讲授给学生们，理论与实际严重脱节。第二，日本教习大多不懂汉语，在讲授过程中必须配有翻译，这样的教学往往词不达意。日本教习在授课时，多是用日语教学，学生们自然无法听懂。即便学校配备了翻译，这些翻译对于日本教习所讲内容能正确理解多少，他们翻译之后所能表达的初始信息有多少，都要打上问号。往往是日本教习自顾自讲，翻译按照自己的理解去翻译，学生们对于课程的认知犹如水中望月难识真面、雾里看花终隔一层，学习效果非常差。再有外籍教习的薪金比本国教习要高很多，加上翻译的薪水，这样无疑加重了职业教育的教师开资负担。第三，来华的日本教习良莠不齐，其中不免有滥竽充数者。当时中国因为需要日本教习数量巨大，因此在教习标准的要求上，就不能太严格了，这样尽管数量上去了，但质量必然会受影响。不可否认，许多日本教习来中国，确实是有真才实学，也确实是认真履行其教师职责的，但是也有些日本人为了赚钱，明明不具备教师的素养，却也蒙混过关来到中国充任教师，这些滥竽充数者也极大影响了当时的教学效果。由此可见，大量使用外籍教师，对于职业教育的本土化进程有着很大的阻碍效应。随着时间的推移，民国初年那些留欧和留美的学生们学成归国后，他们大多都步入了教育界，从事教育事业。这些留学生们喝了很多年的洋墨水、啃了多年的洋面包，因此在教学中不可避免地为中国近代职业教育抹上欧美的色彩。但从另一方面看，他们毕竟是中国人，对于中国的了解比日本教习们要深入得多，专业素质和学识素养也要比一些日本教习强很多。更可贵者，他们善于发现中国近代职业教育本土化的问题，也更愿意去探寻本土化的道路。这些留学生们通过从事教育事业，充任教员，培养了大量的学生，这些学生再到职业学校去任教，由此职业教育师资的本土化才逐步增强。

2. 职业教育教材的本土化

教材作为职业教育诸多重要因素之一，也经历了本土化的渐进性过程。如前文所述，职业教育作为一种新式教育是从国外引进来的，那么职业教育所开设的课程及学科，也多以国外为范本。与课程及学科相对应，教材也一并引入到中国。与此同时，近代中国还极少有自己的职业教育教材。基础类的课程还好，国人和政府可以自己去编订对应的教材，而越是专业的课程，其最开始越依赖于国外的教科书，这是教材本土化需解决的问题。其实这种情况也很好理解，在最开始，中国的职业学校聘任了大量外籍教习，外籍教习在授课当中使用自己本国的教材应该说是得心应手的，因此他们没必要也不愿意去编订中国化的职业教育教材。近代中国开始出现本土化的职业教育教材也多归功于留学生。这些留学生们回国以后，发现学生们所用课本多是以外文编订的，学生阅读起来十分困难。教材是学生们学习基础和专业知识的重要载体，教材是集知识性、科学性、严谨性、可读性及趣味性于一身的读物。仅仅拿外文教科书给中国学生们当教材既是无奈的表现，也有不负责任的成分。从清末开始，近代中国的一些书局或出版社就开始有意识地去出版和印制适合中国学生学习的教材和读本。较早的当属商务印书馆，该馆发展到1902年的时候馆内设立了"编译所"，自此翻译外国的教材成为该馆的主要工作之一。虽然是翻译外国的教材，但这是教材本土化所必经的阶段。这一时期的教材编译还停留在基础课程的阶段，主要以文、史和算为主。同一时期文明书局也着手出版教科书，其教科书是以蒙学阶段为主。到了1906年，商务印书馆所出版的教科书开始由基础课拓展至专业课领域，适合实业教育的专业性教材不断涌现出来，例如地质学、矿物学、动物学、植物学及理财学等，这些教材在当时的实业学校中得到普遍的使用。同一时期张謇创办的中国图书公司和席豫福创办的集成图书公司也编订了大量的教材，这在相当大程度上丰富了当时的教科书。到了民国时期，商务印书馆、中华书局、世界书局、大东书局及光华书局等配合着政府的学制改革，出版了数量巨大、种类繁多的教科书，这对于职业教育教材的本土化起到了很大的助推作用。更值得注意的是，清末、民国前期和中期亦有很多热心于教材编订的有识之士投入到教科书的编订当中，清末时期的高凤谦、蒋维乔、庄俞及张元济等，民国时期的郑贞文、杜亚泉及高梦旦等，在他们的潜心研究、刻苦撰写下，出版了一大批优秀的教科书，当然也有很多编写职业教育教材的作者们，也许他们的名气没有前面的编制者大，但是他们在职业教育教科书本土化进程中的贡献也是不可磨灭的。

3. 职业教育专业的本土化

职业学校的专业设置是否得当直接关系到学生的就业情况，也就是说专业设置必须要与社会需要相匹配。专业设置合理，职业学校毕业生的就业率就高，也能够学以致用；如果设置不合理，学生不但不能很好地就业，也浪费了大好的青春时光。之所以会引出职业教育本土化或者说是中国化这个问题，最直接的原因就是当时职业教育培养出的学生毕业后很难找到适合自己的职业。"毕业即失业"，实业教育被讥称为"失业教育"是引发人们思考职业教育本土化的导火索。在近代中国的职业教育系统中，极少使用"专业"这个词汇，更多地用"科目"来指代这个含义。之所以职业学校的学生们很难就业，这与最开始中国近代产业发育不成熟是分不开的，再有一个原因是开办职业教育时就存在相当大的误区，没有考虑社会需要和经济状况就设置了各种科目。举个例子来讲，清末民初开设了大量的法政类学校。开设法政类学校，更多地是满足时人从政的社会心理。因为在法政学校学习毕业后，即使不能做官，也能做文职性的工作，抛开薪金不讲，起码其职业在自己、亲族、朋友乃至他人看来是非常体面的行当，有社会地位，比起从事专门的技术职业强过百倍。但从实际来看，社会哪里需要那么多的官老爷，哪里需要那么多的文职人员，哪里又需要那么多的法政人才呢？职业学校忽视实际产业状况、不与职业界沟通就设置专业，造成的后果是学生不能就业，连带着整个社会对于职业教育也逐渐丧失了信心。在这种情况下，当时的政府和教育家们从两方面出发，以便对专业设置做出调整。其一，加强与职业界，即工厂、农场及企业的联系，请各行各业的精英和成功人士到学校进行演讲，让职业学校知道哪些产业正处于勃兴时期，哪些产业需要大量的人才，各个产业对于人才的专业素养又有何种要求。这样职业学校掌握了职业界的信息，那么在培养人才的时候便可做到有的放矢，不至于出现北辕适楚的荒唐局面。其二，详细调查地方物产，摸清详细情形后再设置专业。这里的物产主要是指农产品和工产品，对于农业产品来讲，职业学校有义务通过开设相关专业以指导当地农作物的品种改良、培芽植株、打药除虫乃至收获摘果等，以提升本地农产品的产量与质量。对于产量较多的农产品，职业学校还应该培养技术人才通晓如何对于农产品进行工业加工，这样农产品的价值会有相当大的提升。从工产品的角度来看，通过职业学校与企业的结合、企业引入职业学校的技术，不但可以提升其管理和生产效率，也会加大产品的科技附加值。再有职业学校将高质量的技术和管理人才输送到工厂企业中，这对他们的持久发展是至为重要的。通过上面的几种方式，职业教育的专业与产业契合度也就越来越高了。

4. 职业教育实习的本土化

实习训练是职业教育不同于其他教育类型的重要特征之一，当然其他类型的教育也有实习训练的部分，但是实习训练在职业教育中占有非常大的分量。职业教育本身是培养学生们专业技术和职业技能的教育，这对于学生们的职业熟练度和技术精湛度有着很高的要求，而这些能力的培养，更多的是通过实习训练完成的，由此可见实习训练对于职业教育的重要性。中国近代职业教育在发展的历程中，实习训练经历了从不重视到重视，从不知如何开展到知道如何开展这样一个渐进的过程。实习训练有两大要件：其一是实习设备和器械；其二是实习场地和处所。就实习设备和器械来说，购买这些器具对于当时的各个职业学校来讲是一笔不菲的经费支出。最开始很多职业学校模仿西方国家，采买了西洋样式的实习器具，使用的许多实习原料也需要进口，这样实习成本就非常高，无形中增加了学校的办学负担。虽然高价购买了实习原料和器具，但事实证明很多设备根本不切实用。在这种情况下，很多教育家呼吁职业学校的实习原料应该就地取材，既经济又实用。在实习器具方面，学校应该尽可能自己去制作一些实习设备，实在制作不出的，也要购买那些便宜结实，能够反复使用、一器多用的实习设备。在这些人士的呼吁下，很多职业学校也是这么做的，结果确实降低了原料和设备成本，训练效果也有一定提升。当然，这么做并非是要因陋就简，而是要充分地利用现有资源和条件，去开展实习。就实习场地来讲，最开始许多职业学校的实习训练带有很强的封闭性，学生们都是在学校自身所开设的场地中实训。不可否认，职业学校是应该有自己的实习场地，但是学生们仅仅在本校实习是不够的，闭门造车的实习模式逐渐被打破。为此，民国中后期的职业学校非常注重与职业界的联系，以便了解到时下最先进的设备和技术。这一时期的职业学校经常组织学生们到各个工厂、农场和企业去参观，由老师带领，到工厂后由专人接洽，带领他们观看车间场景、工作场面以及设备操作流程等，必要时也可以让学生们亲自操作机器和设备。学生们在此期间要认真观察并记录，参观结束后学校要求学生们提交一份详细的参观报告和心得。通过参观的方式，让学生们开阔视野，增长知识，了解产业的最新状况。除了参观外，学校还让学生们到工厂、农场等地去进行实地训练，学生们到了生产第一线，可以接触到最新的生产设备，了解到最新的管理知识，学习到最新的专业技术，甚至很多学生在实习后，可以直接在这些企业就职。通过上面的这些方式，职业教育的实习训练与本地工厂、农场及企业等结合得更加紧密，其本土化程度就越来越高了。

回望职业教育的本土化历程，可以发现其最初引进之时，"具有强烈的外来文化导向和外源性特征。那是一个中西文化激烈冲突、碰撞、融合的痛苦过程。不应忽视的是，新教育在中国本土的发展中，所产生的内在动力和变化——职业教育的内源性生长"❶，使得职业教育的本土化特质愈发增强。当然，这个过程虽经历了高低起伏、大起大落，但其一直延续到今天并且还在进行之中。

---

❶ 彭干梓：《中国职业教育从模仿到本土化的理论创新——乡村职业教育的几个理论问题（之一）》，《职教论坛》2011 年第 1 期。

# 第二章　国外职业教育的引入与本土化反思

中国近代职业教育之所以会面临本土化的问题，主要在于其是由当时较为先进的资本主义国家引进而来，这些资本主义国家"对于职业教育的实施，一般都把它当作社会政策的第一线，这个原理，我们从两方面可以把握：第一，在资本主义社会的机构上，一定是需要大量的生产的劳动的，而这些劳动，必然是要现代的技术化，因而不得不推行职业教育，制造产业的生力军；第二，自由教育的过度发展，国民难于持着专门的固定的职业，容易组成反动的势力，酝酿本身破灭的危机。所以，在它们推进职业教育的成功，往往是基于统制或独占意识的振动所反映出来的成绩，和那产业落后的殖民地的国家所提倡的促进生产建设的职业教育，完全两样"❶。从上面这两点就可以发现，外国与中国所办职业教育的出发点、环境以及观念等有着本质上的不同，因此由国外引入的职业教育必须中国化。

## 第一节　日本的职业教育

### 一、近代日本职业教育的发展概况

之所以要先介绍日本的职业教育，因为中国近代职业教育创办之始是向日本学习的。纵观近代日本的整个学制体系，其中的"实业教育，即与吾国

---

❶　谭庶潜：《日本的职业教育》，《全国学术工作咨询处月刊》1935 年第 12 期。

之职业教育相当；而彼邦所谓职业教育，实为其实业教育之一部。其实业学校，用职业两字样紧诸校名者，多见于女子学校。以致职业学校，似专指女子之实业学校而言。此与吾国不同者也"❶。在明治维新以前，日本对于职业教育还不够重视，关于工艺技术的教育，多是以私人传授方式出现的，也就是学徒制，日本职业教育的萌芽应该"是在明治二十五六年（四十六七年前）时代，最初设立职业补习学校，历年逐渐扩张，迄至本年三月为止，全国共有一万五千三百十五校，男女学生达一百五十万"❷。表 2-1 是 1923—1928 年日本中学校与职业学校的比较。

表 2-1　1923—1928 年日本全国中学校和实业学校（甲）的对比表

| 年度 | 学校数（所） | | 教员数（人） | | 学生数（人） | |
|---|---|---|---|---|---|---|
| | 中学校 | 实业学校 | 中学校 | 实业学校 | 中学校 | 实业学校 |
| 1923 | 468 | 410 | 10129 | 6531 | 246739 | 126304 |
| 1924 | 491 | 483 | 10861 | 7685 | 273065 | 151494 |
| 1925 | 502 | 528 | 11748 | 8692 | 296791 | 171492 |
| 1926 | 518 | 593 | 12448 | 9729 | 316759 | 193681 |
| 1927 | 532 | 647 | 12973 | 10731 | 331651 | 211543 |
| 1928 | 546 | 699 | 13377 | 11518 | 343709 | 228192 |

资料来源：江恒源：《日本职业教育概观》，《教育与职业》1931 年第 3 期。

　　从表 2-1 可以看出，在这期间日本的实业学校增加了近 300 所，学生增加了 10 多万人，其所增数目要大于中学。此外当时的乙种实业学校是属于中等教育范畴的，如果再把这部分数据加进来，那么这种差额就更大。再有则是高等女学校，属于中学一级，其数额也应归属到职业教育当中，而且中学程度还包含了不少的职业补习学校，这也是职业教育。到了 20 世纪 30 年代初期，日本甲种实业学校及职业补习学校的数目应该会更多，这样其学生总数应该增加 20% 左右。反观当时中国的情况，全国的中学校有 1139 所，其中职业学校仅有 149 所；中学生有 234811 人，其中职业学校的学生仅有 16641 人。这样的数据和比例与当时的日本职业教育各方面指标相比，差距还是非常悬殊的。日本职业教育的快速发展，得益于"日本当局，近来鉴于国内国外的趋势，汲

❶　莫大元、张典娉：《日本职业教育之过去与现在》，《福建教育》1936 年第 1 期。

❷　谭庶潜：《日本的职业教育》，《全国学术工作咨询处月刊》1935 年第 12 期。

汲以提倡职业教育，扩充职业教育为务，真是朝野上下，万众一心，其进步之速，不惟令人可惊，亦且令人可敬"❶。

再以 1926 年的女子职业教育为例，当时"日本全国女子职业学校，学生四万五千余，比起中国全国职业学校学生数还多出三万，而据彼邦教育家见告：谓年来此项学校，已日渐扩充，在昭和二年数目如此，近三年内，增加的很多。吾国人对此，应作如何感想呢？至日本大学及专门学校，为女子特设家政科的，在昭和三年，已经有了九校，现在或者更多，也未可知"❷。表 2-2 是1929 年日本公立、私立实业及职业学校统计表。

表 2-2　1929 年日本公立、私立实业及职业学校统计表

| 种类 | | 甲种 | | | 乙种 | | | 共计 | | |
|---|---|---|---|---|---|---|---|---|---|---|
| | | 校数（所） | 级数（级） | 学生数（人） | 校数（所） | 级数（级） | 学生数（人） | 校数（所） | 级数（级） | 学生数（人） |
| 公立 | 工业 | 81 | 1071 | 28931 | 16 | 88 | 2425 | 97 | 1159 | 31406 |
| | 农业 | 207 | 1175 | 47753 | 114 | 464 | 18002 | 321 | 1639 | 66555 |
| | 商业 | 156 | 1830 | 84204 | 14 | 81 | 3416 | 70 | 1911 | 87620 |
| | 商船 | 11 | 93 | 2426 | 1 | 9 | 178 | 12 | 102 | 2604 |
| | 水产 | 12 | 72 | 2001 | 1 | 1 | 1 | 13 | 73 | 2002 |
| | 职业 | 69 | 380 | 16090 | 13 | 57 | 2138 | 82 | 437 | 18228 |
| | 合计 | 536 | 4621 | 181405 | 159 | 700 | 26160 | 594 | 5255 | 207565 |
| 私立 | 工业 | 6 | 73 | 3111 | 3 | 12 | 205 | 9 | 85 | 3316 |
| | 农业 | 7 | 36 | 1734 | 6 | 22 | 529 | 13 | 58 | 2263 |
| | 商业 | 90 | 932 | 47108 | 11 | 51 | 1903 | 101 | 983 | 4902 |
| | 职业 | 78 | 539 | 21118 | 6 | 30 | 1153 | 84 | 562 | 22271 |
| | 合计 | 181 | 1580 | 73071 | 26 | 115 | 3790 | 203 | 1688 | 76861 |
| 公私合计 | | 717 | 6201 | 254476 | 185 | 815 | 29950 | 797 | 6943 | 284426 |

资料来源：钟道赞：《日本之职业教育》，《教育与职业》1932 年第 Z1 期。原表部分统计数据有误，已作更改，特此说明。

通过表 2-1、表 2-2，可以看出当时日本的职业教育进步速度是非常快的。1923 年日本的甲种实业学校只有 410 所，学生仅有 126304 人，到了 1929年，学校数增加了 70% 以上，学生数增加了一倍多，这说明实业学校是为社

❶ 江恒源：《日本职业教育概观》，《教育与职业》1931 年第 3 期。
❷ 江恒源：《日本女子职业教育》，《教育与职业》1931 年第 3 期。

会所需要的。根据《日本之职业教育》提供的数据，乙种实业学校的数目不增反减，减少了 33% 以上，学生数减少了 60% 以上，原因是工商业的发达，普通教育基础不牢固的职业训练已无法应对社会的需要。一些年限短的班级，则增加年限升级为甲种实业学校，还有部分乙种实业学校学生升入专科学校或更高层次学校深造。

1931 年 1 月，日本的文部省修正了中学校规程，宗旨是中学教育职业化，其具体办法为凡是五年中学，从第三年或第四年就分为两个部分。第一个部分是升学的，第二个部分是不升学的，要学习农工商等科目，这样与甲种实业学校就比较相近了。就是升学的学生也要学习农工商课程并进行实习，以此来养成日本国民的勤劳习惯和生产技能。可以说到了 20 世纪 30 年代，日本职业教育就发展得很有声色了。

## 二、教育家对日本职业教育的考察

因为日本的职业教育搞得比较成功，所以引起了当时中国的普遍关注，大量关心教育事业的教育家对日本职业教育多为留意，也对很多职业学校进行了详细的考察，这些考察得出的宝贵经验对于近代中国职业教育的创办有相当大的借鉴作用。1931 年 3 月，江恒源和潘仰尧二人赴日对职业教育进行考察，在日本共计考察了 22 天，考察了各类教育机关，其中以职业教育机关为主，如表 2-3 所示。

表 2-3  1931 年日本教育机关一览表

| 类型 | 名称 | |
|---|---|---|
| 职业学校 | 东京府立农艺学校 | 东京府立园艺学校 |
| | 爱知县县立安城农林学校 | 东京府立工艺学校 |
| | 大阪市立都岛工艺学校 | 大阪市立实业学校 |
| | 东京府立泷野川商工学校 | 私立东京电机学校 |
| | 东京府立第一商业学校 | 朝鲜工业专门学校职业教育部 |
| 女子职业学校 | 东京府立高等家政女学校 | 东京共立女子专门学校 |
| | 东京共立女子职业学校 | 大阪市立实科高等女校 |
| | 朝鲜共立女子实业学校 | |

| 类型 | 名称 | |
|---|---|---|
| 补习教育机关 | 东京市立四谷商业实务学校 | 东京市立第四实业学校 |
| | 大阪市立实业学校附设补习学校 | 爱知县农业补习学校 |
| | 东京市立日本桥第二青年训练所 | |
| 职业指导机关 | 东京市中央职业介绍所 | 东京市妇人少年职业介绍所 |
| | 神户市中央职业介绍所 | 东京市下谷高等小学校职业指导部 |
| 农村教育机关（碧海郡农村） | 有限责任碧海郡购买贩卖组合联合会 | 碧海郡购买贩卖组合联合会农业仓库 |
| | 碧海郡农会 | 碧海郡安城町役所 |
| | 碧海种禽孵卵组合 | 板仓农家 |
| | 有限责任福釜信用贩卖购买利用组合 | 爱知县立农事试验场 |
| 带有职业性的学校 | 浅野综合中学 | 玉川学园 |
| | 东京府立青山师范学校 | 东京府立丰岛师范学校 |
| | 东京下谷高等小学校 | |
| 行政机关 | 文部省 | 东京府学务课 |
| | 东京市学务局 | 东京市社会局 |

资料来源：江恒源：《日本职业教育概观》，《教育与职业》1931年第3期。

　　这次考察日本职业教育应该说是一次契机，因为当时的日本正在推行中学的改制，要求普通教育职业化，欧美也在积极推广生产教育。而江恒源等人也是做好了充分准备的，要考察哪些事项，应该解决什么问题，考察与咨询各占的时间比重均计划得非常周详。日本这个国家"适应世界经济潮流，及本国社会生活需要，乃又注重到普遍的职业教育，其用力之猛，推行之速，更是令人惊叹不置"。❶ 当时日本的生产力水平就已经很高了，各地的电塔高耸林立，各个街道张贴满了化学工业产品的广告。其高等实业学校已经培养了大量的专业技术人才，职业学校也能教出不少好技手、好农民及好工匠。其社会观念较之当时的中国也非常进步，特别重视技术，工厂、商店及农场也主动吸收新技术，职业学校毕业的学生也会得到社会各界的接纳。为了适应社会的实际需要，日本还大力推行职业补习教育，这样专业技术人才充盈，改良了日本的农工商各业，那么生产也就日益精进。

❶ 江恒源：《日本职业教育概观》，《教育与职业》1931年第3期。

考察之后，江恒源等人对日本的职业教育还是有非常多感悟的。日本推行职业教育有坚定明确的目标，例如甲种农工商实业学校专门培养中等技师及商店职员等，乙种实业学校则培养称职的农夫、技手及商人等，确定这样的培养目标后便不会轻易变动，这样受教者也以自己所学之专业为终身事业。务实也是日本职业教育一大特色，例如甲种实业学校教科书都是根据本国实际需要来编订的，而当时我国中等商、工职业学校使用非常高深的英文课本。日本女子职业学校注重家政，培养品行。日本还积极效仿他国的职业教育制度，当时丹麦的农业补习学校搞得很好，日本经过多次实地考察和反复研究后认为丹麦的制度很适合该国的国情，继而坚定不移、不遗余力地仿效推行。日本职业教育的程度与水平也不断提升，当时日本的乙种实业学校数量逐步减少，甲种实业学校日渐增多；最开始的工商补习教育为学科制，后来则改成学年制，在学制上也趋于完备。职业教育的行政机关能够抓大放小，意识到职业补习教育为当下所急需，政府就不惜巨资，竭力推行，不求数量的多寡，但求内容的充实。政府对于职业教育的倡导，同时也得到了社会各界的热烈响应，上下步调一致。日本的普通教育也非常注重职业，在普通中学开展职业指导，为学生将来的发展予以引导；全国普遍开办职业介绍所，介绍所设施齐全，积极研究社会产业及所需人才状况，许多救济事业也与职业教育保持联系，开设授产场，教授产业技能。

日本之所以要竭力推行职业教育，是因为当时"全世界的思想，都受经济势力的支配，视线为之转变。丹麦就地势而论，自不得不提倡农业教育，俄国要实现五年计划，也不可不注重生产教育；因此日本也只得见风使舵，抛弃其强国的法宝——军国民教育——另觅新途径了。于是新教育的宗旨，就其岛国的地势而论，也只好倾向于职业教育。一方面在提高人民的生产能力，以谋物质上的充实，他方面因地狭人稠，过剩的人口，无法安插，只好藉职业教育养成专门的人才，向国外谋出路。职业教育之于日本，既负有如此重大的两重使命，故全国职业教育的机关，如雨后春笋，日有增加"❶。日本职业学校的种类，可以分为工业、农业（水产）、商业（商船）及女子职业四大类，其他的

---

❶　鲍国梁：《日本职业教育的设施》，《中华教育界》1932 年第 2 期。

还有实业专门学校及实业补习学校等。日本教育改革的首要目标就是普通教育职业化，以当时的东京府立丰岛师范学校为例，这所学校"位于农村，近朱者赤，学生与乡村接触的机会多，当然是以兼施农业教育为宜，而且四周尽是田园，实习时亦较便利。校内有农具手工室，使学生在上课劳心之后，得到四肢活动全身舒展的调剂；校外则有农场，令学生从事实地工作，我想学生毕业后虽找不着执教鞭的生涯，也可退而藉着抗锄头去耕种过活"❶。日本普通学校在学生入学时，教师就有意识对之施以某一种职业的熏陶，到一定时段再换其他职业的熏陶，这样学生经过各种训练，就能知道自己是否喜欢某种行业，是否愿意从事终身。

日本的职业指导包含在职业介绍所当中，日本职业介绍所遍布全国，超过300所，公立私立全有，介绍所在介绍职业的同时也开展职业指导。以神户中央职业介绍所为例，这个介绍所除了一般性的职业介绍外，特别注重对少年的职业指导，平时非常注意拉拢本地的商会及工商业界领袖，设有联络委员会，时常举办恳谈会交换意见，商榷问题。在必要的时候，还召集本地小学的校长举行谈话会，研究青年职业指导的各类问题，讨论小学生就职需具备的知识和技能。在空闲时间还举行讲习会或演讲会，讲述儿童出校后的实际问题，参加讲习会的大多是高小毕业生及家长。经过该介绍所的推荐，可以到商店、公司及工厂实习，这样可以拓宽被荐者的眼光，增加其经验。对于来求职的人士，介绍所先予以适当的身心检查，如果身心学识各方面都符合条件，就给介绍职业。就职后，介绍所对于原求职者的工作态度、效果进行后续追踪调查，对于那些从事所介绍行业出色的，介绍所会给予适当的奖励。当然，求职者对于职业介绍所不承担任何义务，职业介绍所对求职者也不负任何责任。

日本在大力推行职业教育以后，还是取得了很大的成效的，其职业学校毕业的学生不像以前那样受到社会的质疑而导致无法就业，因为"职业学校都是实事求是，不尚理论，再加学生平时对人格、身体、礼貌均有极优良的修养和训练，所以在毕业的一年，就有实业界登门求聘。综观日本各种职业学校之毕业生概况，都有业可就，或受雇于人，或自营实业，不似普通学校之卒业生，

---

❶ 鲍国梁：《日本职业教育的设施》，《中华教育界》1932 年第 2 期。

出校后文不能测字，武不能担水，蛰居家门，徒增社会之负担"❶。

日本职业教育虽然办得很有成效，也有很多地方值得学习，但我国却绝不可照搬照抄，而是应该根据我国的实际国情建立本土化的职业教育体系，对于这一点，周厚枢有着深刻的认识："他山攻错，日本办法固多有可为借镜之处。然其环境情形，则大非我国可比，如国力富强，制造发达，职业设备易于措办，一也；教育根基稳固，无论何种职业，教师均易物色，二也；工商百业，海外事业日益推广，造就人才易于容纳，三也；即不幸毕业生不能谋得相当职业，乃以兼习普通学科之故，仍可升学，四也。至于其他社会上人事之背景，均非我国情形所可比拟，固余等参观日本教育以后，亦殊不敢以在日本之所认为美备者尽情移植于我国。"❷

周厚枢在参观日本工业补习学校时，对于该校的实习工场做了非常详细的记录。

（1）机械工场内设各项金工之车床、锯床、刨床等，机械二百余架。机械科学生自一年级起至五年级，均在其中实地工作。每年级按其程度之深浅，有一定之制造标准。纺织机械工科学生，能自制钢纺织机。该场另一端有电机科学生自制之大马达、发电机及无线电收音机。

（2）铸工场。

（3）锻工场。

（4）纺织科实验室。

（5）电气实验室。

（6）建筑工场。建筑科学生在其中筑有各项建筑雏形，各种钢骨房架，各种木架屋顶。此项实物在教授低年级时，颇资应用。

（7）塑型工场。此为泥水雕塑科之实习场所，壁上塑有各式塑纹，学生终日向壁实习，水泥工作。

（8）木型工场。学生在其中自制各项机械木型，以作翻砂之用。

（9）家具工场。学生能自制精致新式家具，且能设计图样，观其制

---

❶ 鲍国梁：《日本职业教育的设施》，《中华教育界》1932年第2期。
❷ 周厚枢：《日本之中等职业教育》，《江苏教育》1934年第8期。

品，比之吾国大百货公司家具部所陈列最精美家具，实有过之无不及。

（10）涂工场。学生实习各种油漆方法，内有喷漆器械。

（11）左官工厂。此为泥水科实习之所，内有学生自建之复杂小屋数座。❶

在观察的各个室所中，给周厚枢留下印象最深的就是该校的学生成绩室，室内"陈列学生自制之复杂机器、电机、无线电机、各种房屋模型、钢骨房架、新式家具等等，琳琅满目，美不胜收"，进而感慨道："以十四五岁之中学生，其程度约与我国初中程度相等，而即能成此作品，在吾国优等新式工人，或尚有所不能。参观以后，令人惊叹不置！吾于此深信职业教育，能具有如此伟大之力量，日本凡百工业，所以能发达至于此极，出货既精。价值又廉，到世界任何国家，任何穷乡僻壤，均能作无限制之倾销者，实有无量数小国民在受此种宝贵之职业教育为之后盾也。"❷职业教育培养出高质量的技术人才，高技术人才将科技融入到产品当中，这样产品的科技附加值必然大，市场竞争力也强，不特彼时，就是今天也是如此，日本的电子产品和汽车世界驰名，取得这样成绩的背后离不开日本先进职业教育的支撑。

再从受教育者方面来看，日本的高野博士曾经对1906—1920年日本各业人口的死亡数字进行了统计，以此可以侧面说明日本当时接受职业教育者之多，详见表2-4。

表2-4　1906—1920年日本全国职业者死亡统计表

单位：人

| 类别 | 1906—1910 年 | 1911—1915 年 | 1916—1920 年 |
|---|---|---|---|
| 农业（包括水产业） | 1375889 | 1330807 | 1553346 |
| 工业（包括矿业） | 128472 | 143477 | 244430 |
| 商业（包括交通业） | 135136 | 145574 | 222681 |
| 公务人员自由职业者 | 50443 | 52099 | 76781 |
| 其他职业 | 38618 | 44588 | 71871 |
| 总计 | 1728558 | 1716545 | 2169109 |

资料来源：朱有瓛：《日本人口的动态与职业教育的发展》，《教育与职业》1936年总第180期。

---

❶ 周厚枢：《日本之中等职业教育》，《江苏教育》1934年第8期。
❷ 周厚枢：《日本之中等职业教育》，《江苏教育》1934年第8期。

从表2-4可以看出，除了农业的死亡人数外，其他各业的死亡人数增长迅速，这表明了日本从事工商业人数的增多，也证实了在这些年当中，日本工商类职业教育之进步。由此可见，每个国家在近代化的过程中，由农业向工业转变"是必然步骤，日本这新进的工业国，其近代工业出品大有席卷太平洋之势，不仅是中国，其余如印度南美洲各国，都是他们的经济势力，自然其工业人口的增加，是毋庸统计便十分清楚的" ❶。而就当时的情况来看，"资本主义国家殖民地的政策是他们发展的生命线，在今日中日经济提倡声中，会永远沦中国于供给日本原料的类似殖民地。这危险可使中国民族工业永不发展，在这种情形之下，我们来看看日本职业教育的进展情形，是很有意义的一件事，因为我们提倡新教育以来，也三十多年了" ❷。

## 三、日本职业教育对于中国职业教育本土化的启示

对照日本的模式去创办近代中国的职业教育，这是不可避免的一个阶段，根据对日本职业教育的考察和理解，中国可以按照以下思路构建本土化职业教育体系。

第一，多设与初中程度相当的职业学校。日本的职业学校中最发达的是小学毕业后的甲乙种中等部分，比当时中国的初中程度略高，比高中程度略低。20世纪30年代中国职业学校则是高中和大学比较发达，因此形成了很多畸形的现象。之所以如此，首先社会上好空谈理论而缺乏实际经验的人居多，具有普通常识、劳动操作实际经验及娴熟技术的人才较为缺乏。因此无论农工商各产业，由于高级技师和工头极为匮乏，而影响了产业发展。其次这些空疏无当的人好高骛远、目空一切、不听指挥、不堪劳苦，奢求高薪资、高待遇，不屑于实际操作，也不能独自经营，更不愿在别人手下做事，因此这些人很难找到适合自己的职位。所以无论为职业还是为教育计，都应该以造就各种技术人才为主旨，其程度与初中相等，其课程以实习为主，这是矫正当时职业教育弊病的一大良方。

---

❶　朱有瓛：《日本人口的动态与职业教育的发展》，《教育与职业》1936年总第180期。
❷　朱有瓛：《日本人口的动态与职业教育的发展》，《教育与职业》1936年总第180期。

第二，多开设职业教育补习机关。日本职业学校的设备经费固然多，教师人才也固然优秀，但是一校多用，是很经济的。白天一种学生使用，晚上另一种学生再用，或者上午一班，下午一班，这样同样一间教室或一件机器重复使用，其效率就翻倍了。民国时期，中国经济实力远不及日本，这种重复使用办法对当时的中国来说更为适用。在城市中的工商业学校，应该在夜晚招收正在从事工商业的人员或失业失学的成人及青年，也可招收工商家庭的子弟，对之进行工商补习教育。在乡村中，农业学校也可以开展同样的补习教育。这样本来有一点工作经验的人员，再进行职业补习后，其效果可能比普通职业学校更大，一举多得，获利甚多。

第三，要培养职业教育师资。从事职业教育的老师，不但需要有充分的理论知识，还必须具有充足的职业经验和熟练的职业技能。民国时期需要的职业教育师资种类很多，所以培养具有某种技能的师资乃是当务之急。较为经济的办法则是在开办某一种职业学校时，选派与某项职业相近专业的大学或专科毕业生，到国内外的农工商场所去实习一段时间，归来后即可充任职业教育师资。

第四，设科及配置设备需要有弹性。民国时期因为农工商业不发达，所以培养出的某种人才数量过多时，寻找就业出路就比较困难，社会需求也日渐减少。因此某地的职业学校所开专业，应该根据产业变化做出适当变换与调整。既然专业经常发生变换，相应的教学实习设备也要灵活，尽量能容纳多种专业使用，这样在专业更换时，也不至于所有的设备都废弃掉。

第五，中等职业学校的课程要为升学留有余地。职业教育本来是以专业训练，熟悉技能而专事某一行业为准则的，但是如果毕业的学生没有很好的出路，那么职业学校的压力恐怕比普通中学还要大。如果毕业以后，既不能升学，又找不到工作，这是很艰窘的局面。所以一所职业学校在创办之始，不能够将青年的前途孤注一掷，在某个专业未发育成熟、社会未普遍接纳以前，不能减少普通课程的份额，使得学生仅仅知晓某一专门的技能。一些职业学校的学生学习成绩较好，也有升学的愿望，那么职业学校在课程方面也要有所应对。

第六，社会教育应该以职业补习教育为中心，社会教育机关应该工场化和农场化。民国时期的社会教育在吸引民众方面存在一定的问题，因此效果不是很理想。但是如果把社会教育的部分机构改为工场和农场，招收附近的民众轮流来学习技艺，让他们具有谋生的本领，然后再教授公民文字等知识。比较之下，日本社会教育的授产所、职业指导所、青年训练所及职业补习班，等等，均以传授职业技能为中心，先解决民众的生计问题，然后再进行其他方面的教育，这种以生计培训为中心的社会教育值得其他国家学习。

第七，职业学校要根据本地及本国的实际情形开设专业及科目。职业学校要适应环境的需要，这是职业学校毕业生出路问题要首先考虑的。地方的物产、各类产业的出品、市场销售、运输的状况、设备工具购买是否便利、教师和技师是否容易物色及其他情形，都要考虑到。日本的工业素来以制造精细货品、开办小规模的工厂为特长，这也是日本产品在海外与他国激烈竞争中保持畅销的重要原因。因此日本在这类工业学校及人才培养方面发挥极致，以适应环境的需要。

对于日本职业教育的成功经验，近代著名教育家钟道赞曾经做了系统的总结，他认为日本的"职业教育，原本离甲乙种实业学校而独立，故有甲种实业为升学之预备，乙种实业学校，虽非一定预备升学，而其适应环境之能力，远不及职业学校之广而且大。惟当职业学校最初提倡之时，多少有类似艺徒之性质，求目前之实用，年限既不长，学科亦偏于技能，近因各业发达，凡事都趋于机关化，故短期之训练，往往有不能应付之势，故增加修业年限，扩充教授内容，注重学理了解与应用，培养将来发展之知能，比之甲种，固已过之无不及矣。工业教育之趋于分化，包罗万有，商业教育之注意拓殖，为国外贸易之研究，农业教育之改进乡村，并养成殖民地之垦殖人才，女子职业教育之一方面保持良妻贤母主义，一方面注重社会经济，为革新女子生活之准备，补习教育之提高平常工人，训练失业青年，培养公民知识，促进农民生活与技能，职业师资之逐步养成，职业指导之试验推行，此皆日本强盛之所由来，亦即其发展之结果"❶。

---

❶　钟道赞：《日本之职业教育》，《教育与职业》1932 年第 Z1 期。

# 第二节  美国的职业教育

## 一、美国职业教育的发展概况

继日本之后，美国的职业教育在近代中国也成为学习的目标，美国政府及社会对职业教育非常关注并给予很大的期望，之所以如此，有两个方面的原因，一方面，乐于从事技术职业的人与日增多。美国是采用强迫教育制度的，但是接受普通教育的人在逐年减少，从小学到大学，越来越多的美国学生选择离开学校而步入社会，去从事某个具体的职业（参见表 2-5）。

表 2-5  CG.Brigham.Study of American.Intelligence.1923

单位：人

| 年级 | 小学 | 中学 | 大学 |
|---|---|---|---|
| 1 | 1000 | 230 | 50 |
| 2 | 970 | 170 | 40 |
| 3 | 940 | 120 | 20 |
| 4 | 905 | 95 | 10 |
| 5 | 830 | | |
| 6 | 735 | | |
| 7 | 635 | | |
| 8 | 490 | | |

资料来源：章之汶：《美国职业教育概况》，《广西普及国民基础教育研究院日刊》1935 年总第 171 期。

由表 2-5 可以看出，据 1923 年的统计，美国普通教育学生的人数是逐年减少的，尤其是在中学这个阶段，中途退学离校人数的比例非常高，中学第一年的人数与第二年的比为 1.35∶1。第一年的人数与第三年的比为 1.92∶1，第一年的人数与第四年的比为 2.42∶1。也就是说，到了中学即将毕业的时候，大多数的学生选择离校去社会上谋求职业了，有如此多的青年流入社会求职，那么可见职业教育的重要性了。

另一方面，从业是需要经过专门训练的。当时整个美国的职业种类大约有 650 种，每一种职业都需要专门的技能，此外美国"又是一个工业的国家，技能方面，更是须要专门才行，因为具有专门的技能以后，然后始能就专门的职业，也是职业教育重要的第二个原因"❶。

美国经历第一次世界大战以后，1923 年美国的社会、经济、产业、科技乃至机器精密程度已经日渐发达，因此感到国内青年普遍缺乏职业技能，所以必须对美国青年施以相应的职业技能训练，才能应对战后的新环境。此外，虽然美国的义务教育为八年制，但是仅仅接受义务教育却缺少一技之长，没有专业技能的青年倘若直接步入复杂的社会，任由其自生自灭，那是非常危险的事情，这会直接影响青年的个人前程，间接危害社会稳定和国家发展。有鉴于此，美国的有识之士大声疾呼，极力倡导推行职业教育，对青年施以生活训练，认为原来零散的、无系统的、缺乏监督的职业教育不能在战后生存，这印证了斯密斯—休斯职业教育案的重要性，中央专设职业教育局领导全国的职业教育工作，各州指派专员负责具体事务。美国中央逐年给地方政府增加经费去推广职业教育，地方政府则必须制订详细、妥帖的经费使用计划后才能领取到职业教育补助经费。美国对于职业教育师资的资格，职业教育经费的用途，职业教育设施的标准以及职业指导的注意事项等均有非常详细的规定。美国职业教育的行政系统极为完备，对于推行职业教育的效果奖惩分明，因此当时美国职业教育在数量上大幅增加，质量上亦稳步提升。

在 1925 年以前，美国有两个大的职业教育组织，一个是全国职业教育会，该会是由全国实业教育促进会演变而来；另一个是中西部职业教育联合会，由美国中部的职业教育家组成。两大职业教育组织之前多有冲突，后来经过相关人士的努力调解，两个组织得以合并，在 1925 年 12 月成立了美国职业教育会，该会力量雄厚，对于美国职业教育有着至关重要的影响。

## 二、斯密斯—休斯法案与美国职业教育体系的形成

美国的职业教育开始于 19 世纪 30 年代。1862 年国会通过了莫利尔提案，该法案规定每个州需要设立一所农业及工业专门学校。这些专门学校随着发

---

❶　章之汶：《美国职业教育概况》，《广西普及国民基础教育研究院日刊》1935 年总第 171 期。

展，逐渐演变成设备完整的高等教育机构，以研究高深的学问为目标，它们同大学一起对美国的专业教育作出了巨大的贡献，对于美国的农业，也多有帮助。1876 年费城的美国百年独立纪念展览会是美国职业教育史中的第二件大事，该会陈列展览了当时俄国训练机械工程系统的相关产品，展品的精良引起了美国各界的关注。许多地方效仿成立了学校，因为当时的美国社会相信手工学校可以解决学徒制在美国逐渐消失后留下的人才短缺问题。手工运动是美国职业教育的先驱，后来又成为普通学校教学的一个部分，就不具备职业教育的意义了。到了 1906 年，热心于青年职业训练的人士和团体组织了全国实业教育促进会，会员多为教育家、国会议员、内阁人员、工会雇主以及社会服务人员的代表等，通过召开会议，拟定委员会报告，开展职业调查以及广泛的宣传等活动，得到了美国社会普遍的认同。当时"一方面视徒弟制之日渐消灭，一方面目击农业工艺专门学校之仅能培养领袖，而手工学校并非真正职业学校可比，同时工业革命正在萌芽时代，凡关于工业上之各种重要问题，学校方面，均应予以充分之准备"❶。

过了 8 年之后，美国国会于 1914 年受理了莫利尔提案，组建了国库补助职业教育委员会，规定了五大原则。

（1）因职业教育为国家安全之关键，必须由中央政府起来提倡而督促之；

（2）因为各州财政问题及税收多寡不同，中央必须予以相当补助，才有实施扩大之可能；

（3）中央对于地方事业，必须有充分参与之权；

（4）欲求职业教育之标准，非有积极之指导与监督不可，同时予以补助；

（5）欲求全国之职业教育效果一律，只有中央与地方合作，才能达到。❷

这个提案在 1917 年得到了威尔逊总统的许可，也就是后来的斯密斯—休

❶ 钟道赞：《英法德美四国的职业教育（完）》，《教育与职业》1932 年第 2 期。
❷ 钟道赞：《英法德美四国的职业教育（完）》，《教育与职业》1932 年第 2 期。

斯职业教育案，这个职业教育案的特点是促进专门以下的职业教育，分为农、工、商及家事科目，中央与地方各出一半共同负担经费，经费包括职业学校教员及视察员的薪金，还包括职业教育师资培训机构的经费。同时中央还设立了职业教育局，由工商部总长、内务部教育司长、劳资代表及专员共计9人组成。其中专员为局长，负责督促该提案的实行，并从事相关的研究调查事宜。该提案对于美国职业教育补助费的用途、地方政府推行职教、州教育委员会的责任、农工家事学科的开办以及职业教育师资的训练等问题都作出了详细的规定。

到了1918年，整个美国只有两个州没能确定推行职业教育的计划，所以从总体上看斯密斯—休斯法案通过后一年的时间，已在全美范围内推广，但是因为当时正处在第一次世界大战期间，这个提案并未引起其他国家的关注。该提案的可贵之处还在于规定了对伤兵需要进行职业教育，这为1920年普通残疾人的生计教育做了铺垫。

斯密斯—休斯法案将职业教育补助经费的使用分为三个部分：其一，用于农业学科教员及视察员的薪金；其二，用于工业、家事及职工学科教员的薪水；其三，用于职业学科的师资训练。第一年每项经费大约是50万美元，以后逐渐增加，前两项每年各增加25万美元，一直增加到300万美元为止，第三项也是每年增加25万美元，一直增加到100万美元为止。农业职业教育的经费，以各州农村户口为标准，职工家事及工业职业教育的经费，以城市户口为标准，职业教育师资训练的经费，以整个州的户口为标准。补助费首先要应用于职业教育师资的培养上，其中也包括农业学科的教员及视察员的薪水，职工家事及工业学科教育教员的薪水。与此同时，地方政府必须负担同样数额的职业教育经费。职业教育补助经费不能用于购买土地、修建校舍、购置设备、宗教事务或专门以上的学校等，如果补助经费使用不合理，将会被收回。

美国的地方政府必须遵循该案的全部条款，设置州教育委员会，会中需要有三人以上的委员，州教育委员会会同中央职业教育局处理推行职业教育的全部工作。州政府还需任命经济稽核员，对于职业教育补助经费的收支情况予以严格的核查。州教育委员会必须制订推行职业教育的详细计划，将计划呈送给中央职业教育局进行审查，同时还需将每年本州职业教育的办学经过和开展效果汇报给中央职业教育局。

农业专业的职业教育，如果想获得中央的经费补助，必须具备下列中央规定的条件。

（1）视察员之资格；

（2）师资训练计划；

（3）农业教育视察计划；

（4）教育必须受公众之监督与管理；

（5）教育目的，在预备雇佣人才；

（6）教育程度，必须在专门以下；

（7）教育为十四岁以上之幼年，而已入或预备入职业界服务者；

（8）地方须有相当之校舍，设备及农场等；

（9）地方所用之款项，必须等于或超过中央所补助者；

（10）学校必须充分实习工作如农场，试验等场，每年至少六个月；

（11）教员之资格必须符合中央之规定。❶

对于职工家事及工业学科，需要具备以下的条件，才能够得到中央政府的职业教育补助经费。

（1）实习工作须占半数以上之时间，以生产为原则，每年上课须九个月以上，每周须有三十小时；

（2）至少须提出三分之一的补助，为办理部分时间学校之用，预备十四岁至十八岁之青年补习；

（3）部分时间学校之上课时间，每年至少百四十四小时；

（4）夜学校之入学年龄为十六岁，其教授内容，须与白天工作性质同；

（5）人口不满二万五千之城市，得酌量情形变通办理之。❷

---

❶ 钟道赞：《英法德美四国的职业教育（完）》，《教育与职业》1932 年第 2 期。

❷ 钟道赞：《英法德美四国的职业教育（完）》，《教育与职业》1932 年第 2 期。

关于职业教育师资的培养，要求必须是有丰富职业经验的人才能入学接受培训，视察员及教员的资格、经验及合同须呈经中央核准。

1920 年美国中央政府通过了全国的职业教育方案，规定凡是十四岁以上的青年，须到职业补习学校或全日制及非全日制的职业科接受教育。对于成年人，要求他们进入白日及夜晚职业班学习；对于残疾人，按照公民职业恢复案对之加以职业训练。

培养职业教育师资是斯密斯—休斯职业教育案的重要内容之一，往往招收有经验的技师或专门学校的学生，再加以两年的专业训练及职业学理与实习后才可充任职业教育教师。为了提升这些教师的教学能力，美国在培训中还增添了职业心理及分析等科目，这样职业教育师资标准的提升也带动了职业教育的进步。美国政府在推行职业指导方面也是不遗余力，自从全国职业指导社成立后，美国的中小学以及大学一年级学生，视职业指导为教育的中心，并逐渐收到成效。美国在职业指导中也注重对职业心理及社会人类工业学的研究，以前美国更侧重于对人的测量，后来更侧重调查社会职业状况，掌握职业消息，通过提供职业信息而为个人就业提供选择。总体而言，美国凭借其"政治力量，去推行职业教育，辅以战后之国民与中央财力，其发展有非可以道里计，若师资问题能解决，教育职务不受其他事业之影响，则进步更当速也"❶。

到了 1938 年 6 月，美国根据斯密斯—休斯职业教育案的规定，在全国及属地计划并设立的各级各类职业学校或职业班的学生共 1810150 人，这些注册的学生人数比上一年度增加了 313313 人。在这些注册学生当中，有 460876 人为农村青年和成年农民，主要学习农业类课程；有 685804 的青年和成人学习工业类课程；有 627394 的女童和妇女学习家政类的课程；有 36076 的青年和成人接受分配性的职业训练。1937—1938 年，美国的"联邦政府及各州与地方政府依据规定计划而用于职业教育之款项，共达 44994537 元，其中联邦政府为 17737118 元，各州与各地方政府为 27257419 元。故各州与各地方此方面之用度，较联邦之职业教育补助金，计超出百分之五十四"❷。

---

❶ 钟道赞：《英法德美四国的职业教育（完）》，《教育与职业》1932 年第 2 期。
❷ 《美国之职业教育与学徒制度》，《国际劳工通讯》1939 年第 10 期。

### 三、美国的商业职业教育

美国的商业职业教育，办学最为久远，属于中等水平，公立学校很早就开办了商业科，到了 20 世纪，美国的商业职业教育得以快速发展。美国商业教育最开始课程较为单一，仅有簿记一科，后来增加了记录一科。到斯密斯—休斯职业教育案通过时，美国各学校的商业教育也仅有簿记、记录及打字这三科，科目的单一在某种程度上限制了美国商业教育的发展。另一个问题则是美国的商业教育过于重理论而轻实践，学习商业教育是为了打好理论基础，而升入专门学校，这样商业职业教育的真义就无法得到发挥，这种办学理念的结果无非是为升入专门学校做准备而已。后来随着美国公私立学校的改良与发展，这些问题逐渐得到解决。

完全意义上的职业学校，应该是学生缴纳学费，而求取真实的职业技能，如果学校无法满足这个要求，那么招生就会乏力。商业教育中的速记、簿记、打字、算术、书法以及商业英文是最基本的学科，也颇为社会实际所需。对于美国商业教育的发展，包豪脱（Barobart）进行过统计，如表 2-6 所示。

表 2-6　1913—1923 年美国商业职业教育发展统计表

| 分类 | 1913 年 | 1923 年 | 十年来的进步（%） |
| --- | --- | --- | --- |
| 报告的中学（所） | 11515 | 14827 | 28.7 |
| 报告有商业科的学校（所） | 2862 | 3742 | 30.7 |
| 中学学生数（人） | 1218804 | 2538381 | 108.3 |
| 商业科学生数（人） | 161250 | 430957 | 167.2 |
| 商业科学生百分数（%） | 13.23 | 16.97 | |
| 中学男生数（人） | 541466 | 1183067 | 118.4 |
| 商业科男生数（人） | 68600 | 143991 | 109.9 |
| 商业科男生百分数（%） | 12.66 | 12.17 | |
| 中学女生数（人） | 677318 | 1355314 | 100.1 |
| 商业科女生数（人） | 92650 | 286984 | 209.7 |
| 商业科女生百分数（%） | 13.68 | 21.17 | |

资料来源：钟道赞：《英法德美四国的职业教育（完）》，《教育与职业》1932 年第 2 期。

从表 2-6，可以发现美国公立中学的商业教育有继续增长的趋势，这表现为公立中学商业科学生的增加数额比其他各科学生的增数总和还要多。1923年商业科学生日渐增多，约达到总数的 17%。1917—1927 年是美国商业教育发展最快的时期，这种发展为以后美国更加现代化的商业教育奠定了基础。之所以能够快速发展，有赖于商业界就业机会的增多。1910—1920 年，美国的记录文牍及贸易两大类职业，就增加了 200 万人，比其他行业者增加甚巨，其中从事记录书记的工作，多是妇女。

此外商业界工作人员每年的流动性非常大，女性在商业界工作的平均周期是 5~7 年，也就是说每年商业界大约有 1/6 的妇女会离开岗位，这些空出的岗位需要新的从业者补充，因此培训新的商职人员就显得非常重要。1927 年美国商业界的妇女从业者大约有 240 万人，而每年需要增加 40 万的新手，依照这个数据来看，每年中学商科培养的毕业生远不能满足这个空缺。男性在商业界工作的时期如果以 30 年计算，那么其总数应该保持在 500 万~600 万人，这样每年需要增加 20 万的新手才能应付。随着社会及经济的发展，每年需要的商职人员会更多，这自然会有力地刺激美国商业职业教育的发展。

美国的商业教育在高级中学最后两年的功课当中，带有专业的性质。男女学生在初中就已经接受过一些商业方面的训练，开设初等簿记、商业地理、商业算术及商业初步等科目，以供学生们选修。高级中学最后两年的学科分为三类：一是普通商业及会计，这是为将来从事会计工作而设立的；二是记录技能的训练；三是零售事业。针对第一类人才，主要开设高等簿记、价格会计、会计问题、商法、商业组织及管理、公事房实习等；针对第二类人才，开设速记、打字、簿记、商业组织及管理、公事房实习、商业经济及商法等科目；对于第三类人才，开设店铺事务及管理、商业组织、商业经济、贸易学、商品、店铺实习及组织等科目。此外专门开设为公事房人员做准备的科目，机关也有很多。擅长速记及簿记的妇女，通常也适合其他公事房的事务。学校还配备专门用于计算加减乘除的器具，也有专门学习登记及文件分类保管等技能的学生。1927—1928 年，美国有大约 13000 人进入高中商科学习，比上一个学年增加了 1100 人左右。

年龄在 14~16 岁、已经就职于商界的男女青年，想要学习商业知识和技能，则可以到补习学校学习。在补习学校中，除了接受普通教育外，可以得到专门职业技能的训练，强化他们的职业能力。在补习学校学习，其受教育程度与种类要视其原有的职业情形而定。除了基本学科外，商业补习学校还开设商业算术、商业文字、拼字、尺牍、打字、普通商业训练（包括商业格式、参考书籍、文件保管、电话及电报、银钱汇兑以及初级文书）等，大约有 4500 人进入补习学校接受训练。

美国政府根据地方的需要，开办了各科的夜间学校，以此来精进青年的职业技能，从事书记工作的青年想要升级成簿记及会计人员、打字人员想升任记录员、公事房助理想担任计算及记账员等，都可以到夜间学校学习。夜间学校除了设有簿记及文书科外，还有短期速成科目，主要学习文件保管、机器计算、普通公事房实习、营业学、商法、广告、商业美术及搬运等。1927—1928年大约有 8120 名男女青年到夜间学校学习。

课外活动也是美国开展商业教育的重要形式，高中的商业科经常组织商业俱乐部、幼年商会、幼年贸易局、学校银行及校级商业比赛等，以此来弥补学校所开设商业科的不足。

初中的商业教育主要为两种人开设：一是初中毕业后不准备升学者，二是继续升入高中者。前者可在这里学习到谋生的基本技能；后者通过学习可以为升入高中做准备。

初中的商业教育功课主要分为两大类：一是职业预备或商业消息科，二是职业或文书实习科，两者都包含书法和商业算术两门课程。科目一开设功课有节俭、汇兑、包裹邮寄法、电报、电话、铁路、商业样式、保险、商业企业等，总体而言，通过这些功课的学习，使学生明白普通商业的原理知识。科目二主要包括公事房部、采办及交通部、售卖部及会计部各项知识技能，使学生获得步入社会的实际技能。

美国商业教育的师资培养当时尚在起步阶段，商业教育教师既要对商业原理精通，又要有从事商业工作的经验，同时具备这两种要素是很难的一件事。原以为商科专门学校毕业具有学士学位的学生们可以胜任，实际情况并不是这样，因为"一般有识者觉是种教师之训练，应与工业教师同等重要，必须精通所教之职业而后可，于是注重业务之分析，社会商业需要之研究，及商业教育结果之估计。教师训练之计划，即因之发生，所有关于大小公司店铺之业务，如零整批发以及转输文书事宜，都应予以专业之训练"❶。

美国的工业发展是非常迅猛的，这样自然而然会带动职业教育的进步，当然这种得天独厚的条件是其他国家很难具备的。当美国认为需要把发展职业教育作为一项举国之策的时候，就会以法律的形式将其固定下来，这样职业教育的发展便有了法律依据，这不得不说是近代中国发展职业教育时所要借鉴的。

## 第三节　德国的职业教育

### 一、德国职业教育的概况

民国中后期职业教育不仅仅向美国学习，而是兼采欧洲各国职业教育之长，因为欧洲的职业教育在整体上均领先于其他国家，它们的职业学校普遍"学理与工场工作并重，有时且偏重于工场工作，各学生在工场工作，各学生在工场实习时，其工作之时间与原料之多寡，成品之价值，务令记录及考查，使与工场制度相肖似，庶学生离学校而入工厂就业，一无开隔不相入之弊"❷。在诸多的欧洲国家中之所以要选择德国，是因为当时要讲起"工业制造，在世界各国中，享盛名者，当首推德国，而世人皆谓以德之职业教育助成之力为大"❸，因此当时德国的职业教育是民国政府重点考察和学习的对象。从当时情况看，德国的"土地不广，人口众多，欲求获得相当之生存，必须有良善之职业的准备。且增进生产，为维持国家之命脉，同时经济的组织复杂，更应有完善之教育，以训练一般工作人员"❹。从这里可以发现一个现象，那就是德国职业教育的背景和日本比较像，均是地少人多，需要发展高技术生产，才刺激了职业教育的快速发展。

德国职业教育的管理，在"各邦中，或归教育部，或归工商部，或由上述

---

❶ 钟道赞：《英法德美四国的职业教育（完）》，《教育与职业》1932年第2期。
❷ 李熙谋：《欧洲各国之职业教育》，《江西教育旬刊》1933年第8期。
❸ 《选录：教育部专员赴欧考察职业教育报告（续）》，《江苏教育旬刊》1934年第7~8期。
❹ 钟道赞：《英法德美四国的职业教育（完）》，《教育与职业》1932年第2期。

两部共同管理。十九世纪后，各邦中已有以职业补习教育为义务教育者；至二十世纪初，补教制度已普及全国。按德国邦联宪法第五十条规定，凡十八岁以下之少年，必须入继续学校，意在初等教育完结后，当易以强迫职业性质之教育"❶。

德国的职业学校因为培养各级人才以及适应各级学历不同学生的需要，因此学校程度有深浅之分，以便招收不同水平的生源。在类别方面，德国的"职业学校之种类及数目，均甚多，有为地方需要而设立，有偏近地方局部工业之性质。惟大多数学校，则与全国工商农各业，有直接相关者"❷。根据德国官方的统计，1927年德国有职业"补习学校及中初级职业学校，共二万九千六百五十二所。男女教员，十万零二千九百二十三人，男女学生，二百五十万七千零二十八人。其中补习教育之学生，占百分之九十四，职业学校学生，仅百分之六"❸。

20世纪30年代初期教育部派员考察了欧洲，其中包括德国，并对德国相关职业学校做了参观记录，其中不乏详细者，以杜司道夫的手艺学校为例，该校是补习职业和全日制职业的混合学校，补习班大多进行生徒训练，每周有8~10小时的功课，均由匠师进行指导。全日班是训练匠人的，生徒班的学生要学习3~4年才能够毕业进而有资格去考取匠人，匠人班则经过3~6学期便可以考匠师，这是德国手艺职业的惯例。该校当时补习班学生有800人，全日制班有学生180人，学校分为金工、装饰美术、制鞋、针线工、建筑及磁料等科，各部情形如下。

（1）美术金工部。实习工作，分为数门，每门支配若干时间，每制一器，必先制成全图，然后依图分制器之各部，如有花纹之铁门、栏杆等，均依此步骤进行，即至一刀一叉，亦必先有图样，然后制器，尺寸大小，均详载图上。

（2）制鞋部。此部为匠人训练班，除普通制鞋工作外，并研究特殊

---

❶ 袁昂：《世界各国职业教育概观》，《福建教育》1936年第1期。
❷ 李熙谋：《欧洲各国职业教育之现状》，《湖北教育月刊》1934年第3期。
❸ 李熙谋：《欧洲各国职业教育之现状》，《湖北教育月刊》1934年第3期。

无规则之足样，以何种样式之鞋为适宜。

（3）织物图案部。第一步设计图案，次配原料颜色，然后织成品物，悉由学生自动。

（4）美术书写部。研究室内墙壁设色及花样等，与器具颜色之配合。

（5）瓷料部。此部为学生实习泥工及石膏像之场所，各部校生，均须经过此部工作，视同艺术上之基本训练也。

（6）美装学校。此校由市政府，会同职工会工业会商务会及各业协会合办，在组织行政教务方面，则附属于手艺学校……此校之目的，为养成商店窗户及住宅内室布置之人才，故学科分为二部：商店装饰部、室内装饰部，所授功课包含手艺广告美术之趣味，同时亦可为服务此项职业者，美术学科上之补习。

（7）商店装饰部。课程年限，初分二学期，嗣以为未足，经德国商店窗户装饰业协会之同意，增为三学期，日班课程每星期四十四小时，学生如已有根底者，则授课时间，得酌量减少，毕业时，须举行考试，并有德国商店窗户装饰业协会代表一人，参加考试委员会，学校除日班外，并设夜班，及半年班，开有商店化妆品衣料等，陈列研究，均由学生自出意像，如字句字样配色陈列式样，均须计划如何可动目引人，随时改变，以求善美，教员仅予指导而已。

（8）室内装饰部。室内木器之设计配料式样制图等，图分总图及分部图，并详列尺寸大小，此部兼授房屋计划，及打样等功课，毕业学生，得为建筑师，制器之木料，悉由蒸汽之软化，然后再用榨压机紧压之。❶

由这份杜司道夫手艺学校的考察记录可以发现，德国是非常崇尚工匠精神的国家，在产品设计与生产的整个流程中，各方面的参数与指标都是极为精确的。在这种精神指导下，德国生产出的各类工业制成品的质量普遍是有保障的，德国的这种工匠精神也一直延承至今。

---

❶ 《选录：教育部专员赴欧考察职业教育报告（续）》，《江苏教育旬刊》1934年第7~8期。

## 二、德国的职业指导

德国职业教育体系中的一个突出部分就是职业指导。在德国，职业指导机构种类繁多，例如手工业职业指导所、工业职业指导所、教师职业指导所、妇女和青年职业指导所等。后来德国合并了全国的职业指导局所，成立了一个联邦职业局，是失业保险公司的一部分，职业局的作用是"沟通合理的经济组织与人类之社会经济，质言之，即分配各业之工作人员，而求得国家经济之最高生产力也"❶。

职业指导最重要的组成部分是顾问，顾问则由教师、校医及心理学者充任。顾问在考察青年时要注意对象的兴趣爱好、能力所称之职业以及经济状况这三个因素，学校与职业指导局所是需要通力合作的。德国政府曾三令五申，职业指导所需关于学生的详细资料，学生所在学校要尽力提供。学校教师对于学生品行的考察意见及校医对学生体格的检查结果也要登载在学生个人信息卡片上。为了让家长对职业问题重视起来，学生明白如何选择自己的职业，职业指导局经常利用闲暇时间开展公开演讲宣传。职业指导局与各行业的雇主也保持密切联系，以便能够介绍更多的工作给青年们。

心理学者开展的职业兴趣与能力测验在职业指导过程中亦非常重要。联邦职业局深感职业心理学的重要性，因此制定了心理测验的法则，以备社会的参考。职业指导局的职业心理测验与实业界展开的心理测验是不同的，后者更注重通过测验选择适合某项工作的人员，前者是对测验对象身心的全面考察。也就是说，职业指导局的心理测验并不在于考察某个青年是否适合某种职业，而是鉴定某种职业是否适合某个青年。德国雷尼省的职业研究所在开展心理测验及职业指导方面是当时最为先进的，该所主要开展了以下工作。

（1）明了社会环境

（2）体格检查

---

❶ 钟道赞：《英法德美四国的职业教育（完）》，《教育与职业》1932 年第 2 期。

（3）智力测验

a. 算数及语言之教育程度

b. 智能测验

（4）实际能力之测验

a. 商业及管理能力

b. 工业能力

c. 原料经济之了解

d. 适应性

e. 处理通常及危险环境 **❶**

这样的操作流程，根据学者们的推定，测验出的结果可以考察出 90% 的实际情况。教师、校医和心理学者要解决各自的问题，当然，作为顾问，需要掌握社会及个人的经济状况，明了各个行业的物质、教育及道德等方面的形势，以便在考察对象时，对其条件进行比照与衡量。德国虽然不能做到全国普遍施行职业指导，但城市的职业指导工作比农村开展得好，工业化的西部地区比农业化的东部地区开展得好。就德国当时的经济及产业状况而言，职业指导的地位越来越重要，一方面能够为青年谋取出路，另一方面也为产业界提供更多对口人才。据统计，在"一九二三年受职业指导者共二三五〇一三人，到一九二七年即增至四二六〇九二人，许多城市约百分之七十至八十的离校学生，请教于职业指导局，解决其择业及改业之问题" **❷**。由此可见，德国的职业指导开展得确实非常有效，有着很好的业界口碑。

## 三、德国职业教育的师资

德国职业教育办得出色的另一个因素在于其职业教育师资的培养机制，在德国职业教育教师须受特殊专业技能训练，领取国家规定工资，终身从业者还能享受养老金及抚恤金的待遇，这样就能保证职业教育师资的经济待遇。作为

---

❶ 钟道赞：《英法德美四国的职业教育（完）》，《教育与职业》1932 年第 2 期。
❷ 钟道赞：《英法德美四国的职业教育（完）》，《教育与职业》1932 年第 2 期。

一名专业的职业教育教师，他们"必须专心教学，继续的研究其所授学科之理论方法，及教学方法之继续的创造工作与合作。不仅明了教育与心理两方面之研究及进步，并须深悉学校与实际方面之关系"❶。由此可见，德国对于职业教育师资的专业素养有着非常高的要求。在德国男性职业教育教师的数量要大大超过女性，女教师主要负责学校中的家事教育部分，职业学校、商业学校的教师必须经过特别的培训。普鲁士的职业师范学校，招收具有9年中等学校毕业证书或同等学力者及有实地经验的人，在校学习3年毕业，学习科目为职业知识、心理教育及方法，毕业考试及格才能领取文凭。小学教师及职业界的从业人员也可以到职业师范学校就读，如果本身就是教师，那么所学课程偏重于职业知识，其他人员的课程则偏重于心理教育及方法。获得了毕业证书以后，在经济上支持学校的社会团体、政府、城市镇及商会机关就会聘用这些人，新毕业的教师先试教1年，如果不能胜任本职，那么聘用合同就会被机关单位取消，多次试教做出成绩的教师有资格成为终身制教师。

职业教育师资的岗位是不能随意变动的，开办职业学校的团体或机关不能随意调动职业教师。除了专业课的职业教育教员外，职业学校还有体育及运动教员，有些学校还有技术专家。职业学校的教师必须富于经验，其中也不乏专业精英。如果专业技术过硬但是教育常识不足，教师可以根据自己的情况，在业余时间自修或补习。行政人员观摩教师的教学，如果认定确实很出色，那么该教师也可以被聘为终身教员。

工艺学校的教授大多是从业多年、经验丰富、技术精湛者，他们在教员当中占有非常重要的地位，一般是5年的聘任合同，也有些学校是5年期满后即签订终身合同。对于教师的要求，并不太在乎其学历状况，更在乎其是否有特殊的技艺技能，学校工场的教员，很多是有工头经历者充任。获得终身聘用合同的职业科教师大多在26~30岁，教授在32~36岁，他们每周要讲授22~28小时的课程，此外还要负责学生的卫生、旅行及展览等工作，教师更为注重学校、家庭及职业界三者之间的联系。

总体来看，德国的职业教育在很早就已经比较发达了，该国职业学校的组

---

❶ 钟道赞：《英法德美四国的职业教育（完）》,《教育与职业》1932年第2期。

织系统精密完备，其中的纺织专业是最完备的。职业学校专科开设比其他各国都周详。对于学生的招收，要求他们具有基本学识的同时还要有实际的经验，学生在职业学校毕业后大多能够胜任自己的工作。各种职业学校除了专业学科的讲授外，非常注重社会及公民的训练，从小学一直到各种职业学校，体育课一直都是必修课。德国还设有强迫补习教育，这是中等以上职业教育中最关键的部分，虽然当时因为国家经济形势不大好，不能全部实施，但实际的推行状况是相当不错的。强迫补习教育要求每周学习 6 小时，要学 3 年，后来德国还计划将每周的补习时间增至 8 小时，这样定会收到更多实效。德国的工厂及公司自己设立学校，在招收工徒时，先对他们进行身心的检查，合格者再予以必要的职业训练。在工人教育方面，除了注重培养必须的职业技能外，还注意传授工人工业经济、社会、政治及法律等社会知识。

较之于民国时期的职业教育，德国的职业教育特别注重艺徒制，普通的艺徒至少要接受 3 年的专业技术训练，普通知识及工厂工作的考试合格了，艺徒才能成为匠人，进而去从事实际的工作。即使是工作之后，还要继续读书，两年之后再参加一次考试，考试合格了就能成为师傅，方可自己招收徒弟。德国的工厂组织非常完整，工人工作非常认真，这也使得德国的工艺品特别精良。在职业指导开展上，德国更"注重用实际的工作，测验青年的技能及其智力，因而予以切实的指导，如某项工作非其体力、智力所宜从事者，决不许其担任，故人人能用其所长"❶。德国职业学校的设备极其完备，教师的选择也非常认真，而民国时期职业学校大多设备非常简陋、专业师资也极为匮乏，这是导致职业教育效果欠佳的一个重要原因。德国农村职业学校多在冬季开办，这一点与民国时期的农民补习学校是很相似的。总体而言，德国对于职业教育师资的遴选，是非常严格的，任用条件也非常苛刻，要求教师既要有专门的学术知识，又要有实际的操作技能，教师先试用 3 年，如果确实能够称职，就可聘为终身教师，对于特殊的技术人才，则可以适当放宽条件，提供更多的均等机会。德国的职业指导也办得很有成效，利用科学的方法检查青年的特质和能力，擅长利用心理学方法进行测量，为职业心理测试作出了很多的贡献。

❶ 李熙谋：《欧洲的职业教育》，《江西教育旬刊》1933 年第 6~7 期。

# 第四节　刘湛恩对国外职业教育研究

　　近代中国有不少的教育家、留学生及热心人士积极介绍并研究外国的职业教育，通过他们的努力，让中国了解这些国家职业教育的同时也知晓其成功的法门，其中刘湛恩就是很有代表性的一位。刘湛恩（1896—1938 年）是我国近代著名的爱国志士、抗日斗士、教育家及社会活动家。青年时期的刘湛恩留学美国，在哥伦比亚大学攻取博士学位以后回国从教，积极投身于民国的教育事业。对于教育他有着自己的认识和理解，提出了教育可以救国、广施公民教育及开办文化补习学校等主张。更可贵者，刘湛恩极为重视职业教育，力推职业指导，曾担任沪江大学校长、中华基督教青年会全国协会教育部总干事及上海职业指导所主任等职务。他一生中多次到欧美诸国家考察和访问，对于这些国家的教育尤其是职业教育事业多有留意，回国后他将对这些国家职业教育状况的考察所见和想法心得发表出来，这为当时乃至今天的国人去了解国外的职业教育无疑打开了一扇宽敞的窗口。

## 一、对西方国家职业教育原则的阐释

### （一）职业教育之真义

　　职业教育从本质上讲是训练一种职业专业操作能力的教育类型。如果职业教育的目的仅仅使受教者对于一种职业有个基本的理解，而这个职业又并非其将来想从事者，这样的职业教育将失去其本真。普通教育的课程与工业技术科目这种简单的相加与职业教育亦相去甚远，因为一项职业的全部专业能力，往往包括学术知识、专业技能及公民道德等内容，一所职业学校仅仅传授学生们专业技能是不够的。职业教育囊括所有职业，例如农工商业以及家庭工业等。西方国家职业教育的专业设置不要求面面俱到，科目安排也不追求大而全，反而各个职业学校非常注重科目的专门性，这样可以突出这所职业学校的专业特色。在美国，一所职业学校只能开设单独的专业，如果在一个校区内开办了多种科目的职业教育，那么学校的校名必须将这些专业明确标注。

（二）职业教育之演进

古代的职业教育均源自模仿制，青年职工知识技能多从师傅、父母及兄长等人那里观摩学来，他们包括农人子弟、家庭工业者、店员及一部分海员等，但是"摹仿制度传授既不合法，而近代新发明之科学智识足以应用于工业者，亦非此法所能传授，尤以农业及家庭工业为最需要，非有完善的教育训练方法，不足以促其进步"❶。工业革命以后，复杂、精密，专业性和技术性较强的职业，再运用模仿制进行传授已经很不合适了。因此，定期学习的学徒制度逐渐被接受，学徒制行业主要有印刷、雕刻、司机、泥木工、机匠及少数售票员等。后来学徒制也渐渐无法适应近代工业的要求，职业学校应时而生，在医生、教师、律师及护士等职业的培养上，学校教育已经逐渐取代了学徒制，其他职业的培训也按照这种轨迹在进化。

（三）政府对于职业教育之责任

职业教育本身应该是由国家或地方政府划拨经费予以补助，同时政府还需负有监督职业教育办理之责，职业教育不能任由私人机关去经营。针对这个问题，欧美国家教育界的主流意见认为如果要造就某项职业的专门人才，这种人才必须是社会所需要的。开办一所专门的职业学校，这项重任对于私人机关来说是很难承担得了的，所以还是应该由国家及地方政府出资办理。一个地区要推行职业教育，需"视其地工商业发展之程度及社会之生活状况而异，故同一区域内所需要职业教育之数量与小学校中学校等未必相同，亦无一定之比例……每一省份为充分辅助职业教育之发展计，其区域内之划分应与中小学校不同，数种最需要之职业教育，应以县为单位，次要之职业教育或有以省为单位者，而在工业或商业之重要市城，其所需要之特殊的职业教育，又与普通城镇迥不相侔"❷。有鉴于此，中央和地方政府应根据实际需要对职业教育机构的开设做出通盘的规划。

---

❶ 刘湛恩：《美国职业教育之原则》，《教育与职业》1927 年第 6 期。

❷ 刘湛恩：《美国职业教育之原则》，《教育与职业》1927 年第 6 期。

### （四）职业教育之普及

普通学校教育的价值在于陶冶个人的情操，例如灌输学艺、修养气质、栽培公民资格以及养成健康的体格等，但是很少为学生将来的就业着想。中学以下学校的课程，都是普通而非职业性的。中学虽然有手工劳作等课程，但是对于将来从业是没什么帮助的。就当时美国来讲，其普通教育已经较为平民化，无论贫富或是愚智，都能够平等接受教育。然而职业教育的平民化程度不是很高，许多职业学校只是适合于富家子弟及天资聪颖者就读，家境贫寒者以及智力平平者很难接受职业教育，这些人只能成为临时招募的工人。美国从业青年的父兄、雇主、工会领袖以及有远见的教育家都要求公立学校应兼办当地需要的职业教育，以便有益于工人，促进职业的进步。完整全套的职业教育设备难以筹备，为应当务之需，欧美各大中学校，多已经开设职业教育的预科，并开展职业指导工作。某些职业教育需要与工厂等实习场地接近，在这种地方开办职业教育是较为容易的，例如航海学校最好设置在船舶码头处，印刷职工学校应该设立在印刷业荟萃之所。

## 二、对中外职业教育差距的思考

### （一）职业教育的基础性问题

欧美先进资本主义国家职业平等的观念甚为发达，职业教育开展中非常注重发展个性以适应社会的需要。美国前总统柯立芝的儿子就在铁路工作，英国的政治竞争中工党取得胜利，这表明从事专门技术性职业在欧美各国是被社会所承认的。而东欧各国、印度以及埃及等，青年多向往仕途，我国青年的当官欲念也极为强烈，重政治工作而轻技术工作，这种心理是应该扭转的。欧洲国家运用最先进的科学方法去改良旧职业，同时发掘新职业，时日更替，原有的手工业均被机械化大生产所取代，新行业例如航空及无线电等，也在不断改进当中，而反观同一时期的中国，科学技术还很落后，产业缺少现代性。欧美各国的各行各业也是人满为患，解决之法是开拓殖民地、发现新市场、奖励海外移民。当时美国的经济已经相当繁盛了，但是依然努力发展实业，而同一时期中国各业缺乏振奋精神，开拓海外市场更无从谈起。欧美国家推广职业教育的路数是"先发展职业，而后办职业学校，我国则欲以职业学校发展职业，鄙意先鼓励企业家，聘请专家发展百业，继办艺徒训练所，养成必需技术人才，至发达后，再去各地提倡职业学校，较易收效"❶。西方国家职业与教育是合一的，职业界与教育界也能够打成一片，相互合作，也取得了成效，这一点是值得中国学习的。这种合作有两种形式：一是在企业内办理职业教育，例如美国福特汽车公司在其工厂内设立了福特专门学校，培养技师以应所需；民国时期上海银行开设的银行业传习所亦是此意。二是职业界合办职业学校，例如瑞士的各钟表公司联合开办了钟表学校，丹麦合作社开办了办事员养成所等。尽管欧美各国职业教育办得很不错，但是他们的教育家对此还是不甚满意，一直积极进行试验，以求改进，这种不懈进取、精益求精的态度也是值得中国学习的。

（二）职业教育的专业性问题

在课程方面，美国的普通职业学校采取减少理论，增加实习比重的策略；德国的徒弟补习学校比较注重理论和公民训练。在教学方法上，美国非常注重设计教学法，教、学、做同时进行，还采用合作制，例如辛辛那提工业学院采用半工半读的方式；瑞典建筑工程学校的学生大部分时间是在各个实习场地进行实践，而在假期及闲暇时间学习理论知识。纵览当时的职业指导，总体而言，"美国注重学校，欧洲注重社会及工人救济，指导方法，美国多注重职业智识，以便发展其个性，欧洲多用机械测验，以作职业选择之准备，至于应用智力测验，以作职业指导者，尚在试验时期"❷。因此，从宏观上看"美国情形，则较欧洲各国为尤盛，日本近来极注意此事，亦渐有蓬勃日兴之概，而返观我国，除本社提倡外，殆不过上海青年会设一职业指导部而已，以视他国未免相形见绌，且此种事业亦当今建设之急务，不容或缓，甚望教育行政当局，

---

❶　刘湛恩：《参观欧美职业学校与其专家讨论职业教育问题后之感想》，《教育与职业》1929 年第 9 期。

❷　刘湛恩：《参观欧美职业学校与其专家讨论职业教育问题后之感想》，《教育与职业》1929 年第 9 期。

注意及此"❶。继此，刘湛恩提出可以在省会及大城市开设职业指导局，同时在各大学附设心理学研究院，编订各种实用教材，这样职业指导事业在我国便能打开局面。值得注意的是，欧美各国都非常重视农村教育，美国的乡村学校多采用联合制，用汽车接送儿童，这一点对当时的中国来讲，还是很困难的。美国西北部的省立大学附设了扩充教育部，该部对于农村文化事业积极提倡，还有私人团体开展巡回教育演讲。丹麦的合作运动很有名气，其高等民众学校多是由私人开办，但政府也对之补贴。芬兰的乡村很多都组织了家庭工业俱乐部，通过鼓励家庭工艺获取经济收益。在行政方面，欧美各国的职业教育都有统一的趋势，同时任命专员负责职业教育开办的监督工作。

（三）中国职业教育应借鉴之处

美国的进步教育社在决定了其职业教育原则之后，就开始竭力向社会进行宣传，没过太久全美教育家就开始认同其纲领；中国也应该如此，倡导职业教育应该让社会所接受。英国的费平学社是工党的灵魂，最开始成立时社员并不多，但都是学者，他们经常开会研究，明确以后发展路径；中国的职业教育机构也应该多研究、多思考，将理论很好地与实践相结合。欧美各国职业教育之所以能够取得进步，多是教育家们奋斗和试验的结果；中国的教育家们亦应该努力探索适合本国的职业教育发展道路，并且带领各个职业教育机构进行试验，寻找好的办学方法。再从经济产业方面来看，当时"我国农业，尚能维持，商业之发达，以货品为转移，但科学化之工业，甚为幼稚，故近年来虽极力提倡国货，而出品不多成效未著，此后本社对于手工业，是否应多加注意，并斟酌情形组织研究会，介绍科学方法，促进手工业之改良"❷。中国是农业国家，推广农村教育应该重视起来。职业指导所能发挥出的作用是非常大的，可以确保青年寻找到适合自己个性与能力的职业，实现人尽其才，因此各地还应积极开办职业指导所。

综上所述，刘湛恩利用旅行欧美的宝贵机会，对当时西方资本主义国家的

---

❶ 刘湛恩：《欧洲近年工业心理学及职业指导事业之发展状况》，载《刘湛恩文集》，上海交通大学出版社 2011 年版，第 76 页。

❷ 刘湛恩：《参观欧美职业学校与其专家讨论职业教育问题后之感想》，《教育与职业》1929 年第 9 期。

职业教育做出非常详细的考察，且不遗余力地将国外的职业教育发展状况和办学经验介绍到中国。更可贵的是，刘湛恩在介绍的同时又进行了较为深入的研究，在研究过程中通过对比，从而发现当时中国职业教育存在的弊病和不足，根据这些问题，进而又给出了解救之良方。尽管刘湛恩的一生是短暂的，但是他对于西方职业教育的介绍与探究，不仅促进了当时职业教育的进步，就是对于中国当下职业教育事业的发展亦有巨大的指导意义。人虽已逝，但他的职业教育思想却依然闪耀光辉。

# 第三章　本土化职业教育制度的构建

鸦片战争打破了天朝闭关的大门，中国遭遇了千年未有之变局，在这种外力的刺激和压迫下，中国内部社会开始发生由旧到新、由传统到现代的嬗变，由此开启了中国现代化的进程。

## 第一节　中国近代职业教育体制的逐步形成

### 一、职业教育近代化对体制构建的要求

从总体上看，在这一演变过程中，中国封建王朝的各个方面，包括政治、经济、军事、社会、思想意识形态以及文化教育都在以千年未有的速度发生变化。这些变化和演进过程，大多是被动的。当然，在外在压力的作用下，自晚清洋务派便在被动中开始进行改良与革新，以迎合时代的要求。到维新运动时期，变革已成为不可阻挡的潮流。在《光绪二十六年十二月初十日下诏变法》的诏书中，光绪帝指出"晚近之学西法者，语言文字制造器械而已，此西艺之皮毛，而非西学本源也……舍其本源而不学，学其皮毛而又不精，天下安得富强耶……着军机大臣、大学士、六部九卿、出使各国大臣、各省督抚，各就现在情弊，参酌中西政治，举凡朝章国政、吏治民生、学校科举、军制财政，当因当革"❶，这比之前洋务派仅仅学习西方技术的革新模式，显然要深入一个层

---

❶ 璩鑫圭、唐良炎：《中国近代教育史资料汇编·学制演变》，上海教育出版社 1991 年版，第 2~3 页。

次。这里将改革学校体制及科举制度作为维新运动的一个重要方面，可见创办新式教育已经引起了时人的重视。

但教育改革无法一蹴而就，必须要循序渐进，不可超出社会的可承受度。仅就改废科举一事来讲，科举制到了晚清时期，已不再具备选拔人才的功能，反而成为生产空疏无用之士的工具，科举制已经沦落为创办新式教育的绊脚石，废除科举势在必行。但科举制在世人的心目中已经根深蒂固，众多士子渴求通过科举来飞黄腾达。因此如果采取极端措施，直接将科举制废除，骤然堵死这些士子的仕途，必然会引起社会剧烈动荡，对清政府的统治也没什么好处。因此清政府在对待科举制问题上，采取了先改后废的稳妥策略。清政府在1902年改革科举，允许在应试科目中加设经济特科，发布圣谕："为政之道，首在得人；况值时局艰难，尤应破格求才，以资治理。允宜敬遵成宪，照博学鸿词科例，开经济特科，于本届会试前举行。"❶

中国近代职业教育肇端于清末洋务运动时期，最早的近代职业教育实体是于1866年开设的福州船政学堂，主要培养船政专门人才。从洋务运动直到1922年新学制颁布这段时期，培养专门技术人才的教育统称为实业教育，这就引出一个问题：实业教育和后来的职业教育是否为同一种类的教育，两者之间是什么关系？赞同实业教育是职业教育早期阶段的人有之，认为实业教育和职业教育根本就是两个不同类型的教育亦有之。笔者认为尽管实业教育与后来的职业教育在很多方面是不同的，但实业教育是职业教育的早期阶段，两者的同质和同源体现出中国职业教育早期现代化的完整进程。两者的不同之处也证实了职业教育在很多方面完善了实业教育，是继承和发展的关系。

关于教育的现代化，较早提出这个名词的是陶行知。他在为1925年在纽约召开的世界教育会议撰写的《民国十三年中国教育概况》一文中，称"近二十年来，中国正处在使其教育现代化的过程中，但只是在最近五六年内，这项工作才取得较大进展"❷。陶行知所指的"教育现代化"，开始于20世纪初，到20世纪30年代已有较大进步。笔者认为，中国的教育现代化起自洋务运动

---

❶ 璩鑫圭、唐良炎：《中国近代教育史资料汇编·学制演变》，上海教育出版社1991年版，第3~4页。

❷ 陶行知：《陶行知全集》（第1卷），四川教育出版社2005版，第510页。

时期，洋务派所创办的教育已经开始由传统向近代演进，无论是授课内容、培养目标还是教育方式等，都和封建传统教育有本质区别。同时洋务派所办教育是资本主义经济及工业生产的产物，与小农经济对应的传统教育不可同日而语。尽管此时洋务派创办的学堂还具有很大的封建性，其动机也有强烈的政治性，但蕴含的新因子、新内涵不容否定。因此，笔者认为中国的职业教育近代化同样开始于洋务运动时期，即 19 世纪 60 年代。而且，正是中国职业教育的近代化开启了中国教育现代化这个洪流的闸门。因为"中国现代教育的进展，完全为外烁的而非内发的，所以人才教育的产生先于一般教育，因之，实业教育的出现亦早于普通教育"❶。关于教育早期现代化的标准，桑兵在《比较中的审视：中国早期现代化研究》一书中进行了界定，他认为教育现代化不仅表现在新式学校数量的增加，在质上表现为："一是教育观念的转变；二是教育体制的完备；三是教学内容及形式的改善。"❷ 教育的现代化，是社会现代化的重要组成部分，同时"也是实现社会现代化的条件，教育作为全局性、先导性、基础性产业，为我国的现代化建设提供人才支持和知识贡献"❸。无论是职业教育的近代化抑或是现代化，当然也包括本土化，其首要的前提条件是要建立较为完备的体制框架。

## 二、中国近代职业教育体制的制度化

中国职业教育从萌芽、发展到成熟，其学制经历了从无到有，从不完善到逐渐完善的过程。清末时期的实业教育制度，"新政"是个分水岭。洋务运动及维新时期，学堂都是零星设立的，没有办学计划，更谈不上正规教学系统，这个时期的实业教育是处于一种无序、混乱的发展状态，没有统一的规章制度，也缺少行政机构对其进行引导和管理。

职业教育从体制上看，经历了学徒制—实业教育—职业教育的转变历程。职业教育的现代化，反过来成为推动整个世界、区域、国家及民族现代化的重

---

❶ 周予同：《中国现代教育史》，福建教育出版社 2007 年版，第 282 页。
❷ 章沅沅、罗福惠主编：《比较中的审视：中国早期现代化研究》，浙江人民出版社 1993 年版，第 534 页。
❸ 谈松华：《中国教育现代化的区域发展》，广东教育出版社 2003 年版，第 107 页。

要因素之一。以中国为例，中国的现代化包括"工业化""民主化""民族化"三个部分❶，职业教育提供技术人力资源推动现代产业发展，促进了中国工业化的进程；职业教育作为传播文化的载体促进了民主化的进程；工业化和民主化的不断进步，提升了中国在世界各国当中的民族威严，加快了民族化的进程。在现代化浪潮席卷全球的过程中，中国"是一个典型的'后发外生型'国家。正是'后发外生'的特点，决定了其教育现代化不可能在一个相对封闭的环境中来完成。这就使教育传统与现代性的时间关联，往往与中西文化的空间互动纠缠在一起。所以，在分析中国教育传统与现代化之间的现实关系时，就会发现其中蕴含着丰富而又复杂的内涵"❷。职业教育也是如此，它是自国外引进而来，但是中国自古又有学徒制的存在，以至于清末实业教育中还存在某些学徒制的特征，直到民国中后期随着职业教育制度趋于完备，职业学校中学徒制的影子才逐渐隐没。

实业教育真正步入正轨是清末"新政"时期，随着清王朝发展实业的需要，加上实业教育制度的引入，使它"作为教育系统的重要组成部分之一，已经为越来越多的人所认识，伴随着实业教育制度的建立，各级各类实业学堂在中国广泛建立"❸。1902 年 8 月管学大臣张百熙制定了《钦定学堂章程》，这是我国近代第一个正式的学制，又被称为"壬寅学制"。该学制规定实业教育附设普通教育之中，分初、中、高三等级。根据实际情况，规定"于商务盛处，则设商业专门实业学堂；矿产繁处，则设矿务专门实业学堂，皆宜相度地方情形逐渐办理"❹。这种依照实地条件办理实业学堂的原则是可取的，并且在后来的"癸卯学制"中得到了继承。"壬寅学制"并没有为实业教育单独制定章程，但把实业教育首次正式纳入国家教育体系之中。该学制颁布后，并没有得到实施。1904 年 1 月，张之洞会同张百熙、荣庆拟定了《奏定学堂章程》，又称为"癸卯学制"，这是近代中国颁布并施行的第一个学制。在该学制中，实业教育

❶ 中国的现代化进程包含"工业化""民主化""民族化"这三个部分的提法详见虞和平主编：《中国现代化历程》（第一卷），江苏人民出版社 2007 年版中的绪论部分。

❷ 黄济、郭齐家：《中国教育传统与教育现代化基本问题研究》，北京师范大学出版社 2003 年版，第 206~207 页。

❸ 谢长法：《中国职业教育史》，山西教育出版社 2011 年版，第 2 页。

❹ 璩鑫圭、唐良炎：《中国近代教育史资料汇编·学制演变》，上海教育出版社 1991 年版，第 256 页。

独成体系，分初、中、高三个层次，关于实业教育的章程性文件有《奏定实业学堂通则》《奏定初等农工商实业学堂章程》《奏定艺徒学堂章程》《奏定实业补习普通学堂章程》《奏定中等农工商实业学堂章程》《奏定高等农工商实业学堂章程》《奏定实业教员讲习所章程》，其中《奏定实业学堂通则》是对当时实业教育的总括性规定，现将其内容所列如下。

**设学要指章第一**

第一节　实业学堂所以振兴农工商各项实业，为富国裕民之本；其学专求实际，不尚空谈，行之最为无弊，而小试则有小效，大试则有大效，尤为确实可凭。近来各国提倡实业教育，汲汲不遑，独中国农工商各业故步自封，永无进境，则以实业教育不讲故也。今查照外国各项实业学堂章程课目，参酌变通，别加编订，听各省审择其宜，亟图兴建。

第二节　实业学堂之种类，为实业教员讲习所、农业学堂、工业学堂、商业学堂、商船学堂；其水产学堂属农业，艺徒学堂属工业。

第三节　各项实业学堂均分为三等：曰高等实业学堂，曰中等实业学堂，曰初等实业学堂（统称则曰某等实业学堂，专称则曰某等某业学堂）。高等实业学堂程度视高等学堂，中等实业学堂程度视中学堂（水产学堂亦系中等实业），初等实业学堂程度视高等小学堂，其实业补习普通学堂，艺徒学堂，均可于中小学堂便宜附设，不在各学堂程度之内。至实业教员讲习所，即实业之师范学堂。

第四节　各项实业学堂，各省均应酌量地方情形随时择宜兴办，而实业补习普通学堂、艺徒学堂，尤足使广众人民均有可执之业，虽薄技粗工亦使略具科学之知识；所以厚民生而增国力，为益良非浅鲜。各处中小学堂内可便宜附设，增筹经费无几，各省务宜及时兴办。至实业教员讲习所为实业学堂师范所资，尤为入手要义，万不可置为缓图。

第五节　现在各省筹款不易，各项实业学堂教习亦难得其人；即力能延聘外国教师，而无通知科学曾习专门之翻译，则亦无从讲授。除实业补习普通学堂、艺徒学堂举办尚易，及本省已有出洋学习实业学生毕业回国，即可添聘外国教师开办实业学堂者不在此例外，各省大吏宜先体察本省情形，于农工商各种实业中择其最相需最得益者为何种实业，即选派年轻体健、文理明通、有志于实业之端正子弟，前往日本或泰西各国，入此种实业学堂肄业。分为两班：一班学中等实业，一班学高等实业。一面宽筹经费，将应设之学堂，或在省城，或在繁盛地方预为布置，至少总须设成一所。

第六节　俟出洋游学中等实业学生毕业回国，即将所设学堂开办，先教浅近简易之艺术，并于学堂内附设教员讲习所，广为传授；俟高等实业学生毕业回国，再行增高学堂程度，以教精深之理法。力能延聘外国教师者，届时添聘数人充本学堂正教员，而以毕业学生充助教，则高等教法尤可及期完备。俟讲习所学生渐次毕业，即可陆续分派各府州县为次第扩充之举。总期愈推愈广，将来各地方遍设有实业学堂，方为正当办法。

第七节　查选派学生出洋，如至西国，每生约需学费旅费千数百两，如至日本每生止需学费旅费四百余元；选派学生一二十名，需款尚不甚多，不如此则实业学堂永无办法。无论如何为难，各省务于一年内办妥，并将实在筹办情形先行陈奏。

第八节　现在出洋游学生已定有奖励章程奏准通行；各省务实力劝导绅富之家，慎选子弟，自备资斧，出洋学习各项实业；将来毕业回国，既可得科名奖励，并可兴办各项实业，利国利家，确有实益。

第九节　各省官员绅富，有能慨捐巨款报充兴办实业学堂经费者，或筹集常年的款自行创设实业学堂者，或指明报充官派出洋实业学生学费旅费者，应量其捐资之多寡，分别奏请从优奖励，以为好义急公者劝。

### 入学资序章第二

第一节　实业教员讲习所，应附设于农工商大学及高等农工商业学堂之内，以年在二十岁以上，已毕业初级师范学堂；中学堂、中等实业学堂课程者考选入学。

第二节　高等农工商业学堂，以年在十八岁以上，已毕业中等学堂课程者考选入学。

中等农工商业学堂，以年在十五岁以上，已毕业高等小学堂课程者考选入学。

初等农商业学堂，以年在十三岁以上，已毕业初等小学堂课程者考选入学。

实业补习普通学堂，以在高等小学修业二年以上，及年过十五岁，已在外操作实业，愿增充其学力者考选入学。

艺徒学堂，以年在十三岁以上，已毕业初等小学者考选入学。

第三节　各实业学堂应收学生贴补学费，听各省察酌本省筹款难易核计本学堂常年经费，随时酌定。其实业教员讲习所，应照师范学堂例免收学费；惟教员学成后亦应比照师范生例效力义务六年，听各省督抚指派，实力从事教育，不得有所规避。

第四节　凡从事实业学堂之学生，均须品行端谨，体质强健，其学力与各学堂程度相当者，取具妥实保人保结，始准考选入学。

第五节　各实业学堂开办时，如尚无毕业中小学堂之合格学生可资选录，应准酌量变通，考选年岁相当、文理通顺、略知算术者，取具的保，准其入学。

### 学堂职务章第三

第一节　各实业学堂，当按照所设学堂程度及各学科课目，与授业时刻若干，学生级数若干，选派相当之教员分同教授。中国现尚无此等合格教员，必须聘用外国教师讲授，方有实际；但仍须有通晓实业科学之翻译，始能传达讲义。如一时翻译实难其选，惟有及早选派学生出洋，最为要义。

第二节　高等实业学堂应设监督及各项职员，照高等学堂章程办理；中等实业学堂应设监督及各项职员，照中学堂章程办理；初等实业学堂应设堂长及各项职员；照高等小学堂章程办理。惟实业学堂另有实验场等处，事务较为繁杂，须随时体察情形，增置委员司事，以资经理。❶

"癸卯学制"确立了较为完整、独立的实业教育体系，使各级各类实业学堂的创办有章可循。较之"壬寅学制"，"癸卯学制"的颁布和实施无疑使实业教育制度更趋于完善。除了政府制定并颁布实业学堂通则外，全国各地各等级、各类实业学校在清末也制定了各自的章程，例如山东兖州初级农业学堂、云南省会中等农业学堂、上海高等实业学堂等均制定了办学章程，这里不一一赘述。

民国伊始，南京临时政府极其重视学制的改革。1912年9月，教育部颁

❶《奏定学堂章程·实业学堂通则》，载朱有瓛主编：《中国近代学制史料·第二辑·下册》，华东师范大学出版社1989年版，第1~4页。

布了《学校系统令》，称为"壬子学制"。在实业教育方面，至1913年，教育部陆续出台《专门学校令》《实业学校令》《实业学校规程》等条文，后来被合称为"壬子癸丑学制"。该学制将实业教育分为乙种实业学校、甲种实业学校及专门学校，分别对应清末"癸卯学制"的初、中、高三等。较之"癸卯学制"所规定的实业教育，"壬子癸丑学制"中的实业教育缩短了学制年限，学年分配更加合理；女子职业教育纳入教育体制中；实业教育不再以升学为目的，学生毕业即就业。随着民国时期资本主义经济的发展，对教育提出了新要求，学制改革也提上了日程。1922年11月，北京政府以"大总统令"公布了《学校系统改革案》，又称"壬戌学制"。该学制是对美国学制的引入与借鉴，实行单轨制；职业教育纳入普通教育之中；在结构上，有小学高年级职业预备教育、初级中学的职业科、高级中学的职业科、职业学校、大学及专门学校附设的职业专修科以及补习学校的职业科。不同于十年前的"壬子学制"，"壬戌学制"将实业学校改为职业学校，这样职业教育不但得到了正名，而且办学内涵和范围都比实业教育宽泛；将职业教育结合到普通教育当中，可保持职业教育升学的连贯性，也提高了职业教育的社会地位；修业年限更加有弹性，也兼顾升学和就业，学生在毕业时可就业，也可选择升学，更加灵活机动。"壬戌学制"建立了职业教育系统，以此代替了清末的实业教育，首次确立了职业教育在学制中的地位，形成了完整的制度体系。

在职业教育的行政管理上，1904年1月清廷改管学大臣为学务大臣，下设专门处、普通处、实业处、审订处、游学处和会计处，其中实业处负责管理实业学堂的创办、教学、教职员考核等事宜。1905年科举废除，清政府设立学部，统辖全国教育事宜。学部内置总务、专门、普通、实业、会计五司。实业司负责"核办农业学堂、工业学堂、实业教员讲习所、实业补习普通学堂、艺徒学堂及各种实业学堂之设立维持、教课规程、设备规则及关于管理员、教员、学生等一切事项；调查各省实业情形及实业教育与地方行财政之关系，并筹划实业教育补助费等事项"❶。在省一级，1906年建立了学务公所来管理全省的学务，公所分六课：总务课、专门课、普通课、实业课、图书课和会计课。

---

❶ 璩鑫圭、唐良炎：《中国近代教育史资料汇编·实业教育师范教育》，上海教育出版社1991年版，第18页。

其中实业课"掌管本省农业学堂、工业学堂、商业学堂、实业教员讲习所、实业补习普通学堂、艺徒学堂及各种实业学堂之设立维持、教课规程、设备规则及关于管理员、教员、学生等一切事务；并考察本省实业情形，筹划扩张实业教育费用"❶。1912 年 1 月，蔡元培成为民国首任教育总长，并设立了教育部以取代前清学部。教育部设有实业教育司，管理农、工、商、艺徒、实业补习学校等事项，并负责筹划实业教育补助费。在蔡元培的领导下，教育部对实业教育从形式到内容进行了除旧布新的改革，使职业教育的早期现代化迈出了一大步。

近代职业教育制度的逐步建立带来的结果，一是职业教育科目的细化。从清末实业教育到民初职业教育的发展中，职业教育早期现代化在学校类型、专业设置及授课内容上经历了由少到多、由粗糙到细致这样一个过程。洋务运动时期开办实业学堂、培养人才主要是为其军事现代化服务的。最早出现的是翻译学堂，其次是军事学堂，辅助军事变革又兴办了电报、铁路、矿物等技术学堂。这些学堂，主要进行军事技术教育，培养的技术人才主要集中在军事、造船、器械、铁路、矿山等方面，国防是当时实业教育的主流导向。可以说，洋务派所开办的实业教育种类更多的是出于政治和军事的考量，缺少经济动因。维新运动时期，甲午战争的惨败，使中国有志之士认识到"兵战不如商战""商战不如学战"，兴办实业教育，大力发展实业成为当时的热潮。这一时期实业教育的导向转向了民用，在原有实业学堂种类的基础上出现了不少的农业和桑蚕学堂。中国是农业大国，农业是立国之本，开展农业教育是中国走向富强的基石。在维新派的鼓吹下，直隶、湖北、广东、广西、福建、江苏等省陆续创办了农业和桑蚕学堂。较之洋务运动时期，这时的实业学堂种类有了一定的增加。"新政"时期，"癸卯学制"的颁布和实施规范了实业教育的种类和专业设置，实业教育有了进一步的发展。在学堂种类上，主要分为农业学堂、工业学堂、商业学堂、商船学堂，其中水产学堂属农业，艺徒学堂属工业；各类实业学堂分为初、中、高三等；又设立了实业教员讲习所。较之以前，"新

---

❶ 璩鑫圭、唐良炎：《中国近代教育史资料汇编·教育行政机构及教育团体》，上海教育出版社 1991 年版，第 44 页。

政"时期"实业学堂的课程设置逐渐规范,其中专业课程更加丰富和细化"❶。以高等工业学堂为例,可见一斑。其专业包括应用化学科、染色科、机织科、建筑科、窑业科、机器科、电器科、电气化学科、土木科、矿业科、造船科、漆工科以及图稿绘画科。不仅学科设置专业且精细,在授课内容的安排上也极为丰富。以其中的矿业科为例,主要开设了地质学、采矿学、冶金学、试金法、应用力学、发动机、测量制图及坑内演习、工厂实习及实验等专业课程。到了民国时期,职业教育的种类比清末有所增加。从1915年2月北洋政府袁世凯发布的《特定教育纲要》来看,政府要开设实业师范学校,这比之前的实业教员讲习所更加正式。《特定教育纲要》将中等实业学校,分甲乙两种,类型上划分为农业、工业、商业、实业补习、蚕业、森林、兽医、水产、艺徒、女子职业等各职业学校。在高等实业教育这个层次,设立农工商医四种专门学校。医学校和女子职业学校被纳入教育体系当中,扩充了民初职业教育的种类。

二是职业教育的办学力量也更加多样化。从封建统治阶级到新兴资产阶级,办学力量的变化使中国职业教育更具有现代性。在兴办职业教育的机构上,经历了商部—商会—教育团体这几个阶段。"新政"时期清政府设立了商部,1904年初商部上《奏办实业学堂折》指出:"今欲振励才能精求实学,应先从设立学堂下手,学堂之设,以考求实用能夺西人所长为主。"❷商部直属的实业学堂有京师高等实业学堂和上海高等实业学堂两所。随着近代中国资本主义经济发展,1904年以后新成立的工商业组织——商会,将发展实业教育作为一项重要活动内容,纷纷筹设实业学堂,以培养实用人才。继商会之后,留学生组成的各种教育团体在民初职业教育的创办中发挥了主要作用。民初兴办职业教育最具代表性的教育团体当属由黄炎培、蔡元培、蒋维乔及顾树森等创办的中华职业教育社,该社成立后,即将设立职业学校作为其工作内容之一。1918年5月,创办了中华职业学校,从创立到1952年结束,该校共存在34年之久,其鲜明实用的办学特点为其他职业学校的创办树立了榜样。在中华职业教育社的带动下,其他教育社团纷纷成立,如江苏省教育会、中华教育改进

---

❶ 李霞:《近代中国实业教育的历史考察》,《湘潭大学学报(社会科学版)》2005年第3期。
❷ 《商部奏办实业学堂折稿》,《大公报》1904年4月18日。

会、北京大学平民教育演讲团、北京高等师范学校平民教育社、中华平民教育促进会、全国省教育联合会等。这些教育团体的出现，掀起了民初兴办职业教育的热潮，有力地推动了中国职业教育早期现代化。

三是新的体制又催生出新的职业教育思潮。在这些思潮中，比较有代表性的当属黄炎培的大职业教育主义。大职业教育的提出背景是"一战"结束后，帝国主义加紧对中国进行经济压榨，中国资本主义经济陷入十分困难的境地，连带着职业学校学生的就业也受到了极大的打击。面对这种局面，很多教育家开始反思之前他们的职业教育理论，为此黄炎培在 1925 年 12 月首次提出"大职业教育主义"的理论；翌年 1 月，他在《教育与职业》第 71 期又发表了《提出大职业教育主义征求同志意见》一文，全面深刻地论述了"大职业教育主义"理论。该理论首先强调职业教育必须与普通教育紧密结合，把职业教育纳入整个国民教育体系之中。黄炎培认为任何教育都带有职业的性质，应该把职业教育贯穿于各级各类教育之中。他指出："职业教育，以广义言之，凡教育皆含职业之意味。盖教育云者，固授人以学识技能，而使之能生存于世界。"[1] 其次，黄炎培强调教育要紧密联系职业，尤其是职业教育，加强同行业的联络，是其生存和发展的基础。因此，他倡导"施教育者对于职业，应有极端的联络；受教育者对于职业，应有极端的信仰"，只有这样，才能"使无业者有业，使有业者乐业"。[2] 再次，黄炎培重视职业教育与社会之间的联系，兴办职业教育要根据社会的实际需要，因为"职业教育比其他任何教育与社会生活有着更紧密的联系，更严格地受社会经济发展的制约"[3] 进而他认为办职业教育必须"注意社会之需要，各种教育都应以社会需要为出发点，职业教育尤应如此，所以办理职业教育，事前必须有缜密调查，以决定社会需要，职业趋向，环境要求。事后尤须有详细调查，看所造就人才是否能适应职业的环境，切合职业界的要求"[4] 只有与社会紧密结合，职业教育才可以做到有的放矢。最后，职业教育要既为人计，又为事计。为人计，一层意思是强调职业教育是平民化的，是要为大多数平民谋生计，求幸福；另一层意思是要谋"个性

---

[1] 中华职业教育社编：《黄炎培教育文集》，中国文史出版社 1994 年版，第 263 页。
[2] 中华职业教育社编：《黄炎培教育文集》，中国文史出版社 1994 年版，第 263 页。
[3] 林苏：《黄炎培大职业教育主义研究》，《南京师大学报（社会科学版）》2006 年第 6 期。
[4] 中华职业教育社编：《黄炎培教育文集》，中国文史出版社 1994 年版，第 263 页。

之发展"，使个人自身得到提升。为事计，则强调职业教育"以供社会分业之需要也"❶。

总而言之，自工业革命及工厂制度发展以来，职业教育应运而生。职业学校的创办及运行，必须要有完备的法律保证和健全的制度架构，这样的职业教育发展才能够有较好的环境。

## 第二节　中国近代职业教育的法规

以往关于近代中国职业教育的研究，大多把重点放在了职业教育制度的形成及演变上，而对于职业教育法律法规尤其是地方性的职业教育法规和各类职业学校的学则，在研究上还有欠缺。研究地方的职业教育法规可以直接了解当地政府对本地职业教育的政策及倾向；研究职业学校的学则可以具体掌握该校的教学日常管理及运行机制。在近代职业教育法规发展过程中，真正成型时期是民国，所以本章主要介绍民国时期的职业教育相关法规，尤其是 20 世纪 30年代出台的职业教育法令，以便对这一时期的职业教育法规有总揽性的掌握。通过对民国时期地方性职业教育法律制度的研究，揭示出这一时期该区域职业教育的法规和学制的完善程度。同时，介绍民国时期各类职业院校的学则，了解这些职业学校的教学日常管理和运行机制。

### 一、民国中央政府的职业教育法规

（一）《实业学校令》与《实业学校规程》

民国时期，中央政府较早出台的职业教育法规是教育部于 1913 年 8 月 4日颁布的《实业学校令》。这一时期职业学校还沿承清末"实业学校"的名称，后来在 1922 年的"壬戌学制"中，明确将实业学校的称谓改为"职业学校"。

《实业学校令》的主要部分一共有十个条款，从实业学校的分科、目的、

---

❶　中华职业教育社编：《黄炎培教育文选》，上海教育出版社 1985 年版，第 101 页。

种类、行政、经费、设立者及层级等方面进行了总括性的说明。更为详细的是教育部于同一年公布的《实业学校规程》，分为通则、农业学校、工业学校、商业学校、商船学校、实业补习学校以及附则，共计七章。在通则部分对实业学校的名称、学科、教员资格、校舍、校具及学则等进行了规定，其中对实业学校教员资格的要求，还是较为严格的，规定甲种实业学校的教员必须是："一、在国立专门学校毕业者，二、在外国专门学校毕业者，三、在高等师范学校毕业者，四、在教育部认定之公立、私立专门学校毕业者，五、有中等学校教员之许可状者，六、在甲种实业学校毕业者及有研究者。"对于乙种实业学校教员的要求，就稍有降低，"一、在甲种实业学校毕业者，二、在师范学校毕业者，三、有高等小学校正教员或副教员之许可状者，四、在乙种实业学校毕业及有研究者。"❶ 而剩下的部分，主要是对各类职业教育的科目设置、修业年限、教师与学生等要素分别作出规定。

总体而言，民国初期颁布的《实业学校规程》，为民国时期职业教育的发展奠定了制度基础。但是随着时代的发展，1922 年的职业学校在许多方面已经不同于民初的实业学校。到了 20 世纪 30 年代，随着全国掀起创办职业教育的热潮，使得这一时期的职业教育呈现出许多新特征。

(二)《职业学校法》

1932 年 12 月 17 日国民政府颁布了《职业学校法》，该法规指出职业学校的宗旨是培养青年生活的知识与生产的技能，在层次划分上分为初级和高级职业学校两种。

在设立上，要以单科为原则，在特别情形下一所职业学校可以开设数科。在生源的资格上，初级职业学校招收小学毕业生或已经工作但有相当程度的人，这里对于年龄没有明确的限制，只是要求了学历程度，修业年限为 1~3 年。高级职业学校招收初级中学毕业生或具有相当水平的人，修业年限是 3 年。当然也可以招收小学毕业生或已经工作但有相当程度的人，但是修业年限则要延长至 5~6 年。学生在进入职业学校就读之前，必须要参加入学考试

---

❶ 璩鑫圭、唐良炎：《中国近代教育史资料汇编·学制演变》，上海教育出版社 1991 年版，第 722 页。

并及格方可。鉴于当时职业教育的发展程度，该法规还要求职业学校需要附设各种职业补习班，以保证职业教育的推广和普及。职业学校还要按照所设的科目称为高级或者初级某科职业学校，但是兼设两个科目以上的学校称为高级或初级职业学校。职业学校原则上由省或直属于行政院的市设立，但是根据地方的实际需要，市县或者两个县合并都可以设立职业学校，当然私人或团体也可以设立职业学校。由省、市或者县设立的职业学校称为省立、市立或者县立职业学校，两个县以上合并设立的称为某某县联立职业学校，私人或团体设立的称为私立职业学校。职业学校的设立、变更或者是停办，必须由省或隶属于行政院的市等教育行政机构呈请教育部备案。各级职业学校的教学科目、设备标准、课程标准及实习规程等，都要由教育部来规定。在行政管理上，每所"职业学校设校长一人，总理校务。省立职业学校由教育厅提出合格人员经省政府委员会议通过后任用之，直隶于行政院之市立职业学校由市教育行政机关选举合格人员呈请市政府核准任用之，县市立职业学校由县市政府选举合格人员呈请教育厅核准任用，均不得兼任。职业学校校长之任用，均应由省市教育行政机关，按期汇案呈请教育部备案。私立职业学校校长由校董事遴选合格人员聘任之，并应呈请主管教育行政机关备案" ❶。从这里可以看出，职业学校的行政机构是由主管单位即教育部和教育厅组织架构的。职业学校的教员由校长聘任，原则上要求专任，但是极特殊的情况允许兼任教员任教，职业学校的职员也是由校长聘任，并且要呈请上级主管行政机关备案。关于教员任用的规程，由教育部予以规定。学生修业期满完成实习并且成绩合格，学校要授予毕业证书。在学生的学费问题上，该法规建议职业学校原则上不征收学生的学费。

《职业学校法》只是从整体上对职业教育的要素进行了概括性的规定，而其中的各个条目并没有具体展开说明。一年以后的《职业学校规程》则对职业教育的方方面面都作了非常详尽的阐释。

（三）《职业学校规程》与《修正职业学校规程》

1933 年 3 月 18 日，教育部颁布了《职业学校规程》，这是 20 世纪 30 年

---

❶ 中国第二历史档案馆编：《中华民国史档案资料汇编·第五辑·第一编·教育（一）》，江苏古籍出版社 1994 年版，第 413 页。

代国民政府颁布的较为全面和系统的关于职业学校的官方规定。1935 年 6 月 28 日，教育部又公布了《修正职业学校规程》。该规程分为总纲、设置及管理、经费、设备、编制、科别及课程、实习、训练、成绩考查及毕业、学年学期及休假日期、纳费及待遇、教职员和附则 13 章，对于职业学校各个方面的要素都进行了极为细致的说明，成为当时全国各省市职业学校创办所要遵循的官方标准。在总纲中规定职业学校是实施生产教育的场所，在教学过程中包括锻炼学生强健体格、陶冶学生的公民道德、养成劳动习惯、充实职业知能、增进职业道德和启发学生的创业精神。在等级上分为初级和高级职业学校两类。初级职业学校主要是传授青年较为简单的生产知识技能，并培养他们从事职业的能力；高级职业学校则传授较为高深的生产知识和技能，培养实际生产和管理人才，并奠定受教者进行深入研究的基础。在入学资格上，初级职业学校招收小学毕业或者有相当学历，并且年龄在 12~18 岁的人，修业年限为 1~3 年，必要时可以缩短年限；高级职业学校招收初级中学毕业或者有相当学历，并且年龄在 15~22 岁的人，修业年限为 3 年，曾在小学毕业并且有相当学历的在 12~20 岁的人，也可以就读于高级职业学校，但是修业年限要延长到 5~6 年。这里较之前的《职业学校法》中关于入学资格的规定，标明了年龄的限制。职业学校的设置以单科为原则，但是经过上级主管部门的特别许可，可以兼设同一产业中的数科。单科职业学校，称为初级或高级某某职业学校，兼设两科及以上的，称为初级或高级农业、工业或商业职业学校，合设几个产业的职业学校称为初级或高级某某职业学校，初高级兼设的就称为职业学校。职业学校还需要根据当地的实际需要，附设职业补习班或职业补习学校。而各地方初级职业学校在未能普及时，可以在小学校附设职业班，也可以根据实际需要设置某种职业科。

在设置及管理方面，初级职业学校以市立和县立为原则，设立、变更或者停办需要由市县的主管教育部门，根据学校所在地及其附近的经济、教育、产业、资源等条件来核准是否审批其要求，并且还要到教育部备案。在初级职业学校的设立上，如果因为某些县的经济条件不足，可以两个县或者数个县合并设立。高级职业学校则以省或者直属于行政院的市设立为原则，当然学校的设立、变动或者停办，也要得到主管教育机关的审批并到教育部备案。条件较好的市和县，也可以根据地方的实际需要，经上级教育主管部门批准，呈报教育部备案后，设立高级职业学校。除了各级政府以外，社团、工厂、商店、农场等职业机关或者私人，都可以开办职业学校，但必须依照私立职业学校的条款，并将办学计划或理由呈请上级主管教育行政机构并得到批准，方可设立。公立和私立专科以上学校所附设职业学校的设置与管理，与公立和私立学校相同。职业学校应该在每学期开学后的一个月内，将一系列材料呈报给主管教育行政机关，再将材料转报给教育部备案，这些材料包括：本学期校长与教职员的学历、经历、职务、薪金、专任或兼任；新生、插班生、留级生、休学生、退学生及各级学生名册；经费、预算、学则、校舍及设备、上一学期的学生成绩单、毕业生的就业状况；上一学期经费收支项目、出品数量及销售状况等。公私立职业学校还需要在每届办理毕业前的两个月内，制作应届毕业生的履历及历年成绩表呈报给上级主管教育部门核准之后，方可参加毕业考试。之后，将毕业考试的成绩表呈报主管教育部门并转报教育部备案。

在经费的划拨上，省立和直辖市立职业学校的开办费、经常费和临时费，由省和直辖市划拨；市立、县立以及联合创办职业学校的经费由所在市县政府划拨；私立职业学校的经费则由校董事会筹划。职业学校的开办费，必须能够保证职业学校有必要的教学建筑及设备为原则；每年的经常费，可以参照当地省立中学的经常费，以其 1.5 倍为原则。职业学校每年扩充的设备所需要的费用，至少要占经常费的 20%。县立职业学校和私立职业学校，如果办学经费实在拮据，省市政府可以根据其办学的成绩和效果，适当发给补助费，这个补助费必须要高于对中学的补助。职业学校每年还要有实习材料费，具体数额根据职业学校的科目设定，但是如果学校自身有营业收入，需要减去实习材料费的一部或全部。职业学校学生实习或者是营业所得的利润，要列入到预算当中。

职业学校的校址，应该选择在适合其科目的地方。例如农业职业学校就应该在农村创办；工业职业学校应该设置在有与其专业对口行业的地方，或者当地有充足的资源可以用于制造，或者有能够提供实习的工厂等地；商业职业学校可以设立在城市的商业繁荣区域；其他各种职业学校的校址，都应该选择适合自身科目并方便实习的区域。职业学校必须有充足的实习场所、图书、机械、仪器、标本、工作模型和消防设备等，其中的仪器、标本、图标、模型及校具等，有条件的可以尽量由本校的学生与教员共同制作。为了便于统计和管理，职业学校必须上交一系列表格和材料，包括：关于职业学校的法令统计、学则、各年级课程表、各班每周教学的时间表、教科书一览表、教学进度预计表、实习方案、学籍簿、出席缺席登记簿、操行考查表、学业成绩表、身体检查表、图书目录、机械目录、标本目录、产品登记簿、产品销售登记簿、营业概况簿、财产目录、预算表、决算表、各项会计表簿及各项会议记录等，以便上级管理单位的核查与监督。在场所上，必须设有教室、实验室、实习场地、营业及推广部、合作社、货样及成绩陈列室、运动场及体育器械室、图书室、营业室及货品室、办公室及浴室等，以确保教学硬件设施的达标。职业学校的开办，一定要"先有种种设备，以应所教各业之需求，然后师生乃能从事于生利。否则虽有良师贤弟子，奈无米不炊。何故？无农器不可以教农，无工器不可以教工，医家之教必赖刀圭，画家之教必赖丹青。易言之，有生利之设备，方可以教职业，无生利之设备，则不可以教职业"❶。

在编制上，职业学校的学生要依照课程进度，划分为各个年级。职业学校每学级的学生人数，要根据实习和设备的情况而定，大致在15~40人。在实习和训练科目的教学中，可以根据具体情况合组上课。在男女学生问题上，应该实行分校或者是分班授课。

在科别与课程上，初级农业职业学校可包括普通农作、蚕桑、森林、畜牧、养殖及园艺等科目；初级工业职业学校包括藤竹工、木工、钣金工、电镀、简易机械工、电机、电料装置及修理、钟表修理、汽车修理、摄影、印刷、制图、染织、丝织、棉袜、毛织、陶瓷及简易化学工业等科目；初级商业职业学校可开设普通商业、簿记、会计、速记、打字及广告等科目；家事职业教育包括烹饪、洗涤、造花、缝纫、刺绣、理发、育婴及佣工等。高级农业职业学校可包括农业、森林、蚕桑、畜牧、水产及园艺等科目；高级工业职业学校包括机械、电机、应用化学、染织、丝织、棉袜、毛织、土木、建筑及测量等科目；高级商业职业学校设有银行簿记、会计、速记、保险和汇兑等；高级家事职业学校有缝纫、刺绣、看护和助产等。职业学校每周教学40~48小时，

❶ 陶行知：《生利主义之职业教育》，《教育与职业》1918年第3期。

其中职业科目占 30%，普通学科占 20%，实习占 50% 为宜，但是商业和家事等职业学校的实习时间可以酌情减少。职业学校每天教学及实习时间的起止，需要由学校根据实际情况来规定，并要得到主管教育行政机关核准，教学科目及课程标准需要由教育部裁定。此外，职业学校科目的设定，一定要考虑职业学校所在地的实际条件，因为"各省市所产之主要原料，及各地方亟应兴办之新实业对于职业教育之推广关系至为重大"❶。实事求是地讲，开办"职业学校下手第一个问题，就是设什么科。假如某省某市某县某乡行政当局，以为吾们已经设有农科工科了，必得再设一商科，总算完全。这样落想，便是大错。职业学校设哪一科，乃至一科之中办哪一种，完全须根据那时候当地的状况。都市中办农科，固然是笑话，就是机械工业没有发达的地方，设机械科，一班一班的培养出来，哪里去找出路呢？无非是增进一部分青年的痛苦罢了。从这点上，已足证明职业学校的基础，是完全筑于社会的需要上"❷。

在实习方面，总的原则是由职业学校自己建设农场、工厂及商店等可供学生实习的场所，当然职业学校也可以与性质相同的农场、工厂、商店等合作，为学生提供实习的机会。如果"学校中人终身不出学校，未尝与实业相接触，而欲其造成之学生与实业，不如方枘纳于圆凿"❸，很难收到应有的效果。之后扩充为"职业学校尚须具备实习场所、营业及推广部、货样室"❹。职业学校也可以自己指定宽广的场所，学生自行组织、经营、耕种或进行其他实习。学生每次的实习时间，以连续三四个小时为限度。在教学侧重上，须先侧重实习，之后才是讲授。实习才能体现出职业教育的实用性，"盖其教育之效果乃在应用，苟为无用，与不教同"❺。实习方式可以分为个别实习、分组实习和共同实习三种形式。实习的时间需要依照预定的工作方案进行，并记录下整个的实习经过。实习的教材要能够直接应用到训练当中，教材中一定要将精细的环节与构造、商品的名称、具体的操作程序写清楚，以免无法指导学生的实习。在实习的过程中，教员也要参加实际的工作并予以现场指导。在训练上，职业学校

---

❶　中华民国教育部编：《十年来之教育概述》，中华民国教育部编印 1939 年版，第 23 页。
❷　黄炎培：《职业教育机关唯一的生命是怎么》，《教育与职业》1930 年第 4 期。
❸　任鸿隽：《我国之实业教育问题》，《教育与职业》1917 年第 1 期。
❹　中华民国教育部中等教育司编：《中等教育概况》，民生印书馆 1949 年版，第 148 页。
❺　任鸿隽：《我国之实业教育问题》，《教育与职业》1917 年第 1 期。

要注意学生的职业知能、职业道德、公民训练、体格锻炼及劳动习惯的训练。其中初级职业学校应注意学生熟练技术能力的培养,高级职业学校要注意学生熟练技术及管理能力的培养。职业学校的训练环境,尽量与学生将来工作环境相一致。

职业学校学生的考查分为临时测验、学期考试及毕业考试三个部分。学生的平时成绩由日常作业成绩与临时测验的成绩合并计算,其中日常考查占平时成绩的 2/3,临时测验占 1/3。学生的学期成绩由平时成绩与学期考试构成,其中平时成绩占学期成绩的 2/3,学期考试成绩占 1/3。学生的毕业成绩由各学期成绩与毕业考试成绩合并计算,平时成绩占学期成绩的 2/3,毕业考试成绩占 1/3。实习学科需免除各种测验,其成绩以平时成绩累积,实习成绩要占总成绩的 1/3 以上。学业、实习、操行以及体育有不及格的,不能够升级或毕业。学生修业期满,其成绩均合格,学校需要发给毕业证书,并且学校还要将学生分配到职业机构中见习。至于操行成绩考查办法及学业成绩的计算法,由省市教育行政机构予以规定,并呈请教育部核准备案。

职业学校的每学年开始于 8 月 1 日,到次年的 7 月 31 日结束。一个学年分为两个学期,从 8 月 1 日到第二年的 1 月 31 日为上学期,从 2 月 1 日到 7 月 31 日为下学期。如果是春季入学的学生,以本年的第二学期为上学期,下一学年的第一学期为下学期。职业学校在规定的假期中,需要进行实习的,必须停止放假或者缩短假期,进行假期的实习工作。职业学校具体的假期实习办法,由省市教育行政机关根据该校的学期进行情况而定,并呈报教育部核准实行。在践行假期实习作业时,学生必须一律参加,其成绩计入平时成绩中。

在学费的问题上,职业学校以不收取学费为原则,但是如果有必要,得呈请主管教育行政部门核准后再进行征收,初级职业学校每学期收取每个学生学费 4 元为限,高级职业学校是 8 元为限。当然,根据实际情况,职业学校可以适量收取少许的材料费,初级职业学校以 4 元为限,高级学校是 8 元,收取的材料费必须列入预算中。但是如果该校收取了学生的学费,那么材料费的收取不可以超过学费的一半,收取的所有费用要计入预算之内,还要呈请上级教育行政机关核准。在学生的待遇方面,职业学校有责任联系职业机关组织及职业介绍部,介绍毕业的学生就业。当毕业生在就业存在困难时,职业学校有责任随时对失业学生进行指导。职业学校的出品，如果在经营发售后有盈利，可以拿出一部分奖励给成绩优良或者是普通的学生，以资鼓励。

《修正职业学校规程》拿出了最大的篇幅对职业学校的教职员进行规定，一共有 23 条规则，由此可见国家对于职业学校师资的重视。而就当时的情况来看，师资紧缺是发展职业教育最为棘手的问题。不可否认，当时也缺少经费，但是只要经费到位了，硬件设施就可以快速建设起来，但是师资紧缺的问题，需要长时间的努力才能够有所缓解。该规程规定职业学校设一名校长，总理学校的事务，同时还要担任教学工作，其教学时间不能少于专任教师教学时间的 1/2，而且还不能另行支取薪酬。职业学校的教师，由校长开具合格人员的详细履历表，呈请上级主管教育部门核准后，由学校聘任。职业学校的教员原则上是专任，但有特殊情况，经过主管机构的批准，也可以聘任兼任的教员，但是兼任教员不能超过专任教员的 1/4。兼任教员有责任对学生进行训育，并且原则上是住校的。初级职业学校的专任教员，每周的教学时数为 22~26 小时，但是担任实习学科的教师，其教学时数为 26~30 小时。高级职业学校的专任教员，每周的教学时数为 20~24 小时，担任实习学科教学的，每周教学时数为 24~28 小时。兼任主任或者是训育员的专任教师，教学时间可以减为最低额度的 2/3，但不能另行开支。职业学校设一名教导主任，学级较多的学校还需要分设教务处主任一人，分担教导主任的工作。专任教师每日在校需 7 小时以上。职业学校还要设一名实习主任和事务主任，这些主任职务均由专任教员兼任。职业学校还需要设一名校医，如果学校的事务较为繁忙，还要设事务员及书记若干名，但其人数不能超过教员的 1/4。省市立职业学校的会计，由主管教育部门指派专人充当。职业学校的会议包括以下几个部分。

　　1. 校务会议，以校长全体教员、校医及会计组织之，校长为主席，讨论全校一切兴革事项，每学期开会一次或二次；

　　2. 教务会议，以校长及全体教员组织之，校长为主席，校长缺席时，教导主任或教务主任为主席，讨论一切教学实习及图书设备购置事项，每月开会一次；

　　3. 训育会议，以校长各主任及校医组织之，校长为主席，校长缺席时，教导主任或训育主任为主席，讨论一切训育及管理事项，每月开会一次或二次；

    4. 事务会议，以校长各主任全体教员组织之，校长为主席，校长缺席时，事务主任为主席，讨论一切事务进行事项，每月开会一次。❶

    通过这四种会议，职业学校可以部署本校的发展计划，并且如果遇到问题可以通过会议讨论解决。同时职业学校还要设置三种委员会，首先是训育指导委员会，该委员会由校长、主任、专任教员及校医组成，主席由校长担任，负一切指导学生的责任，每个月开一到两次会议；其次是职业指导推广委员会，由校长、主任及实习学科的教师组成，校长担任主席，负责指导毕业生及推广职业知能之事，每个学期开一到两次会议；再次是经费稽核委员会，就原任教员中公推三个人或五个人组成，由委员轮流充当主席，负责审核收支项目及实习出品销售的情况，每个月开会一次。初级职业学校的校长，必须品格健全，对于所在学校的某个学科，要有专长，同时还必须是职业师资训练机关毕业后，充任职业教育一年以上且有成绩者；也可以是国内外大学毕业后，从事职业教育一年以上有成绩者；或者是国内外专科学校、专门学校或者高等师范专修科毕业后，从事职业教育教师两年以上有成绩者；具有专门技能或者热心职业教育并曾任教育机关职务两年以上的人也可以担任初级职业学校的校长。高级职业学校的校长需要曾经担任公私立专科以上学校教员两年以上者；或者是曾经担任规模较大职业机关的高级职务两年以上并有成绩者；曾任初级职业学校校长三年以上以及高级职业学校教员四年以上的，都可以担任高级职业学校的校长。高级职业学校的教员必须符合下列条件之一才能任教：一是职业师资训练机构毕业后，有一年以上的职业经验者；二是国内外大学、专科学校、专门学校或者是高等师范专修科毕业后，有两年以上的职业经验者；三是有专门的职业技能，曾经担任职业机关相当职务四年以上并且有成绩的，以上三种人都有资格到高等职业学校任教。具有高级职业学校教员规定资格者，国内外大学专科学校、专门学校或者是高等师范专修科毕业后有一年以上的职业经验者

---

❶ 中国第二历史档案馆编：《中华民国史档案资料汇编·第五辑·第一编·教育（一）》，江苏古籍出版社 1994 年版，第 470 页。

以及高级职业学校或者与高级职业学校程度相当学校毕业后，有两年以上的职业经验者，都可以担任初级职业学校的教员。但是如果曾经犯过罪、成绩不良、旷废业务、身体有疾病、行为不检者都不能充当职业学校的校长和教员。此外，各省市的教育行政机构，要随时派遣职业学校的教员到全国各地职业教育机关参观或学习，以便提升职业学校教员的专业素质。由此可见，《修正职业学校规程》对于职业学校的校长和师资都有非常严格的要求，也体现了当时中央政府对于职业教育师资的重视。有了这样的明确规定，各个地方在执行过程中，必然会减少职教师资滥竽充数的现象。

总之，《修正职业学校规程》的颁布带有奠基性的意义，"中央方面对于职业教育之计划与提倡。可谓无微不至，因之近年来的职业教育特别的兴盛。且比较的能为合理的发展" ❶。它能够保证以后全国职业学校的开办有章可循，职业教育的发展更加规范化。在此之后，各地方的职业教育基本上是按照其要求去办理的，但是有些职业院校因为经济等条件所限，有些方面包括师资、经费及实习时间和场地等达不到《修正职业学校规程》中的既定标准，这也是在所难免的，毕竟实然与应然之间是有一定差距的。

## 二、河北地区的职业教育法规

在民国中央政府颁布出台了一系列职业教育法规后，全国各个省份也相继拟定了各类职业教育相关规定，不少职业学校也制定了学则，以附和中央的政令。例如 1935 年天津市政府颁布了《天津特别市私立各种职业教育处所立案暂行办法》，该暂行办法规定凡是私人或者团体所设立学校系统外的各种职业教育处所必须呈请天津市教育局备案，在备案时创设人需要备具呈文，填写立案用表，连同将所开设职业教育处所的各项学则以及说明书送到教育局核定。私立的职业教育处所在经费上至少要能维持到第一期的学生毕业，设备必须能够最低限度支撑学生上课及实习，全体教员必须有相当资格能够在教学和实习中指导和示范，必须由专门人员组织职业教育处所的事务，开设的课程需要符

---

❶ 江恒源、沈光烈：《职业教育》，正中书局 1940 年版，第 16 页。

合职业教育的性质以及该处所的宗旨，招收学生的年龄需要与所习学科相宜。只有在天津市教育局派专员对职业教育处所进行审查，认定上面的要素都能够达标时，才能允许该处所开办。但是"凡已立案之私立职业教育处所如措施失当，成绩不良或藉端敛钱者，教育局得撤销其立案或解散之"❶。如果立案的职业教育处所变更或停办时，需要呈请教育局备查。

对于私立职业教育处所的规定还是非常必要的，这可以保证这些私立性质的职业教育运行更加正规化。首先从教育资源角度来看，本来这些私立职业教育处所各方面的条件就较差，如果没有明确的规章制度对之进行约束，那么它的很多办学要素都将无法达到一个职业教育机构应有的标准，最后其办学也仅仅是流于形式，这将会极大浪费本不充裕的职业教育资源；其次从另一个方面来看，私立职业处所不能保证自己的教育质量，那么会造成误人子弟的严重后果，导致社会人力资源的极大破坏。因此，对于私立职业教育机构有明确的要求，不仅在当时，就是今天也依然适用。本书选取河北地区的职业教育法规和学则加以分析，以便了解地方的一些实际状况。

(一)《河北省立保定工业职业学校学则》

1947年3月保定工业职业学校颁布《河北省立保定工业职业学校学则》，该学则由修业年限、课程、入学、纳费、注册、请假缺席、旷课、休学复学、退学、奖惩、考试补考及留级、成绩计算方法等部分组成。在修业上，该校高级各科学生的修业年限分别为3年和5年，招收初级小学及中学的毕业生或具有同等学力者。该校的课程标准和每周的教学时数根据河北省教育厅的指令施行，但是根据实习和试验的需要，可以酌量进行变更。该校在每学年开始之前，要对新生进行招考。招考生源的条件有："1. 曾在小学毕业或具有相当程度，年在十二足岁至廿岁者编入五年制高级一年级；2. 曾在初级中学毕业或具有相当程度，年在十五足岁至廿二岁者编入三年制高级一年级。"❷

在学年开始之时，新生需要亲自来学校注册，不能够让别人代办，注册包括的事项有填写各项表格、缴纳各项费用、领取学生证及办理寄宿手续。如果

---

❶ 殷梦霞、李强：《民国教育公报汇编》( 第 12 卷 )，国家图书馆出版社 2009 年版，第 304 页。
❷ 《河北省立保定工业职业学校学则》，河北省档案馆未刊资料，编号：617-2-318，第 98 页。

上课一周之后还没有到学校注册，且已经请假，需要休学一年。学生不能上课时，如果已经请假并得到核准，算作缺课，如果没有请假或者请假没有得到学校的批准，作为旷课处理。"学生因不得已事故缺席时，须先由家长或保证人具函叙明理由签字盖章，向训育课请假。倘因急事预先不及请假，得事后补假，但补具证明不得逾三日，逾期以旷课论。其请病假者须具有医师诊断书证明书或家长证明函件。" ❶ 学生上课迟到或早退五次以旷课一小时处理，如果一个学期之内旷课 20 小时，勒令学生休学。父母丧假以两周为期限，免于扣分，超过两个星期以事假处理。学生每缺课一个小时，扣掉总平均分一厘，每旷课一小时扣掉总平均分五厘。学生因为生重病或不得已的事故请求休学，必须由家长或保证人出具签名盖章的申请书，病假需要附医师的证明书，一并送交给教务课，经过核准之后方才生效。学生休学以一年为期限，如果因为特别的事故，请求继续休学的学生，需要延长一年的，仅能再休学一年。在一学期内缺课达到该科目学时的 1/3 或身体患有疾病经校医诊断为必须长期疗养以及旷课达到 20 小时的学生，都必须休学一年。休学的学生不发给修业证明书，休学过期或受到退学处分的学生，不发给毕业证书。休学的学生请求复学，其手续应于学年开学前两周内办理，经核准后编入适当的年级学习，过期即认为退学，开除学籍。自愿退学的学生需要由家长或保证人出具签名盖章的退学声明书，送交给教务课，经过核准之后，才可以退学并依照学生的要求发给修业证明书。冒名顶替或者连续两次留级，品行不端违反学校规定，屡教不改以及记三次大过的学生，学校将勒令其退学。

在奖惩方面，一个学年之内没缺课的或者各科成绩均在 85 分以上，课外作业经审定认为有特殊成绩的以及在校内外热心公益勤劳的学生，只要具备上面条件之一，就可以被评为甲等学生，酌情予以奖励。奖励的方式包括口头奖励、记功和物品奖励。学生若违反校规则，学校将处以警告、记过以及开除学籍的处分。其中口头奖励及警告依照学生行为的轻重，单独对个人或召全体学生集会时全校通报。记小功一次加操行成绩 5 分，记小过一次扣操行成绩 5 分。三次小功合为一次大功，加操行成绩 20 分，三次小过合为一次大过，扣

❶ 《河北省立保定工业职业学校学则》，河北省档案馆未刊资料，编号：617-2-318，第 100 页。

操行成绩 20 分，记大过两次的学生开除学籍。

　　该校各科目一概以考试的方式来考核学生的学业成绩，考试分为：临时考试，随时举行，每学期至少两次；学期考试，在学期结束的时候举行；毕业考试，在修业期满之后举行。如果学生因为父母丧病不能参加学期考试或毕业考试，需要向教务课请假，经过核准之后才能参加补考。学期考试的补考于下一个学期上课后一周内举行，毕业考试的补考则在呈报应届毕业成绩之前举行，学生的补考成绩按照正常成绩的 80% 计算，过期不再举行补考。凡是没有参加考试的科目，都以无成绩处理，第一学期学生补考过期不到或者不准时的，令其休学，第二学期补考不到或不准时则必须留级处理。学年成绩不及格的学生留级，应届毕业生无成绩的发给修业证明书。学生的成绩分为四等，80~100 分为甲等，70~79 分为乙等，60~69 分为丙等，不到 60 分为丁等，按照不及格处理。学生成绩的计算方法如下。

　　1. 学生平时成绩由日常作业成绩（实习制图报告计划等）与临时试验成绩合并计算，日常作业成绩占平时成绩三分之二，临时试验成绩占三分之一；

　　2. 学生各科成绩由平时成绩与学期考试成绩合并计算，平时成绩占学期成绩三分之二，学期考试成绩占三分之一；

　　3. 每生各科学期成绩之平均分数为该生之学期成绩；

　　4. 每学年之第一学期成绩与第二学期成绩之平均即为学年成绩；

　　5. 学生毕业成绩由各学期成绩平均与毕业考试成绩合并计算，各学期成绩平均占毕业成绩三分之二，毕业考试成绩占三分之一。❶

　　实习学科免除各种考试，其成绩以平时成绩累计计算，学生的实习操行或体育成绩不及格则不能升级或毕业。学生的操行评定标准包括忠勇、孝顺、仁爱、信义、和平、礼节、服从、勤俭、整洁、助人、学问及有恒，通过全面的考察，来对学生的操行进行评判。

---

❶ 《河北省立保定工业职业学校学则》，河北省档案馆未刊资料，编号：617-2-318，第 104~105 页。

　　根据对《河北省立保定工业职业学校学则》的分析来看,从学生入学到毕业,校方都有非常明确的规定,而且在执行中都是极为严格的。职业学校招收的学生本来就不是升学者当中的上层群体,而且很多进入职业学校学习的也并非出于真实意愿。在这样的背景之下,职业学校必须通过系统、严厉的学则对学生加以约束,以矫正他们散漫、懒惰及放荡不良习气,防止他们在混日子的心态下虚度年华。传授专业技术对职业学校来说责无旁贷,但是培养学生应有的职业情操也是职业学校的分内之事,必须让学生职业技术和风貌兼备,那才能算是一名合格的职业学校毕业生。

### (二)《河北省立北平女子职业学校组织规程》

　　1948年6月22日北平女子职业学校颁布了《河北省立北平女子职业学校组织规程》,该组织规程共分为总纲、组织、学制、学年学期和休假日期、退学休学及复学、成绩及考查、缺席、奖励与惩戒、纳费待遇以及附则等。在总纲中规定该校以培养女子生活知识与生产之技能为宗旨,学校定名为"河北省立北平女子职业学校"。在组织上,该校设一名校长,总理全校的事务。在组织机构上,该校设立教育处、训育处、实习处、体育处和事务处五个机构,每个处设主任一人,协助校长主持本处的行政事宜。根据各处事务的繁简程度,还可以设有教务员、训育员、事务员、出纳员和文牍员,帮助各处处长处理事宜。此外,该校还设有校医和人事管理各一人,教务助理员、训育助理员、事务助理员各一人,书记两人,协助校长处理各项事务。该校设有一间会计室,设有主任一人,帮助校长管理全校的财会事务,附设一个会计员,帮助主任办理会计室事务。该校设校务会议,为最高会议,由校长、各主任、体育教员、校医及会计组成,由校长指定上述的具体人员组织会议,校长是主席。校务会议的工作包括审议预算案和各项章则;规范学生入学、退学、毕业管理及奖惩;计划全校事务;训育、体育、教务、实习的改进及督促事项;决议其他会议未能解决的问题以及校长提交的议案等。该校还设有教务会议,由校长在各处主任和全体教员当中指定具体人员组织会议,校长为主席,校长缺席时以教务主任为主任。教务会议的职权包括审定课程;拟定教学计划及实施方案;计划教学进度事项;讨论教学方法;决议学生试验事项;讨论决定学生实习及参观事项；审定学生成绩；决议校长的交议事项及其他教务。学校的训育会议校长为主席，校长缺席时训育主任为主席。训育会议主要负责指导学生自治会及课外作业事项；审议学生操行的优劣及奖惩；检查学生的寄宿及卫生；指导学生学校生活及校外活动；督导训育一切改进事项及其他的训导事项。实习委员会的职权有审定实习计划、计划和分配实习材料、商讨实习应行改进的事项以及其他实习事项。体育会议的职权包括审定学生体育分数、计划关于体育训练的事项、举办和参加运动会及其他体育的事项。事务会议的职权包括关于校舍的建设及修缮、仪器图书及校具教具的购买、学校经费的分配、全校的卫生事项、产品保管及经营和其他学校事务的事项。此外，该校还设立升学指导委员会、就业指导委员会、招考委员会、训育指导委员会、公费生审核委员会、经费稽核委员会，管理学校其他各项事务。该校设有员生消费合作社，办理有关教师和学生的福利事项，同时还设有员生服务社，办理全校师生的生产合作事项。为了方便学生的学习和医疗，学校还设有图书阅览室和诊疗室。

在科目设置上，该校设有初级缝纫科、高级缝纫科和高级商业科，每个班的学生人数以 15~40 人为限，高级和初级科的修业年限都是 3 年，修业期满且毕业考试合格的，学校颁发毕业证书。在教学时数上，该校每周教学时间是 40~48 小时，其中职业科的教学占 30%，普通学科占 20%，实习的时间占有整个教学时间 50%，但是商业科由于学科的性质，实习占有教学时数的 30%。该校两个学期为一学年，当年的 8 月 1 日到第二年的 1 月 31 日为第一学期，第二学期是 2 月 1 日到 7 月 31 日。休假的日期除了星期日以外，剩下的要依照教育厅颁布的校历执行。在招生上，该校的高级职业科招收年龄在 15~22 岁的初中毕业或者有同等学力的学生，初级职业科目招收的年龄在 12~18 岁之间，小学毕业或者曾在与小学性质相同的学校修业期满的学生。入学要在每学年开始前进行测验，测验包括学科试验、体格检查及口试。应试的学生需要填具报名单，呈递合格证书，并要上交近期的二寸照片及试验费。录取的学生需要依照学校告示的期限来学校填写入学志愿书，并且和保证人一起来学校填具保证书，过了期限即取消入学资格。

学生因为疾病或其他原因而要退学的，先由保证人来信说明退学理由，经过该校认可后才可以退学。但是如果学生思想不端正、操行学业过劣、旷课超过 20 小时、留级一次还不能升级、有顽疾和传染病及其他问题不适合修业的，都要勒令退学。学生因为身体或家庭的特殊情形可以请求休学一年，休学期满之后，学生可以请求入学，并与原学年的学业进行衔接学习。在成绩考查上，该校的"学生成绩分为学业成绩、操行成绩及体育成绩三项，其各项成绩考查之结果则分为甲乙丙丁四等，百分以下八十分以上者为甲等，七十九分以下七十分以上者为乙等，六十九分以下六十分以上者为丙等，五十九分以下者为丁等。成绩以百分为最高数，六十分以上为及格，五十九分以下为不及格"❶。学业成绩的考查分为日常考查、临时考试、学期考试和毕业考试四种。其中日常考查的方式依照各科的性质分为口头问答、演习、练习、实验、实习、读书报告、作文测验、调查、采集报告、其他工作报告及劳动作业等，可以根据实习的需要选择考核的方式。临时考试由各科教员在教学时，随时举行，不能事先通知学生，每一学期每科至少有两次临时测验。学期考试是在学期结束，各科教学完毕时，就本学期所学的课程进行考试。毕业考试是在修业期满后，就所学习的课程进行考试。各科的日常考查成绩与临时测验的成绩合并计算，为各科的平时成绩，日常考查的成绩占平时成绩 2/3，临时测验成绩占 1/3。各科的平时成绩与学期考试成绩合并计算，为各科学期成绩，平时成绩在学期成绩内占 2/3，学期考试成绩占 1/3，修业期限内最后一学期，得免除学期考试，而以各科平时成绩作为学期成绩。每个学生各科学期成绩的平均分数为该学生的学期成绩，每个学生第一和第二两个学期的平均成绩，为该学生的学年成绩。高级和初级学生各学年的平均成绩与其毕业考试成绩合为该学生的毕业成绩，各学年的平均成绩在毕业成绩内占 2/3，毕业考试成绩占 1/3。学生的操行成绩或体育成绩不及格的，不能升级或毕业。每个学期各科旷课时数达到该科教学总学时的 1/3 以上时，学生不能参与这门学科的学期考试。没有学期成绩的学科或成绩不及格的学科在三科以上，或者两个主要科目不及格或没成绩的学生，不能升学，跟下一级的学生重新学习。如果学校没有相当的学级则给该生发给转学证书。如果"无学期成绩之学科或成绩不及格之学科，仅有一科之学生或虽有二科无学期成绩或不及格，但其科目不属于主要科之学生，应

❶《河北省立北平女子职业学校组织规程》，河北省档案馆未刊资料，编号：617-2-318，第 75~76 页。

均令其于次学期仍随原学级复读。一面设法补习各该科目，经补习学期考试成绩及格后，准予正式进级。如仍不及格，应于次学年仍留原学级肄业。但此项补考及留级均以一次为限。如果仍不能进级，发给修业证书，令其退学"❶。在毕业考试当中，三科以上或两个主要科目不及格的学生，需要留级一年，但是只能留级一次。如果还是不能毕业，发给修业证书，并勒令学生退学。毕业考试成绩当中有一科不及格或两个非主要科目不及格的学生，需要进行补考，如果补考不通过，则要留级。学生的操行成绩由教师平时对学生多方观察予以评定，并在每一届的期末给分。学生记过一次，扣本学期学业成绩总分数一分，记一次大过扣三分，记两次大过扣六分，记三次大过则勒令学生退学。学生的体育成绩由体育教师平时进行考查，到了每一届的期末再行决定。

学生因不得已的事情缺席，需要事先由家长或保证人来函说明缺席的理由，加盖名章代为请假。请一个小时的病假，扣本学期学业成绩总分数的一分，事假一个小时扣二分。凡是缺席而不请假的学生，作为旷课处理，扣三分。迟到两次或早退一次按照旷课一小时计算。学生在一学期当中操行成绩列甲等，学业成绩有 2/3 的科目也列为甲等，而且未曾缺席或迟到早退的学生，学校酌量对之进行奖励。学生行为不良或者厌恶学习的，应该根据轻重对之施以训诫、记过、休学和斥退这四种惩罚方式。

该校原则上不收学费，但每学期酌量收取杂费、体育费和住宿费，此外应用文具、书籍、制服及膳费等，都要由学生自理。该校设公费生名额，缝纫科80% 及商业科 40% 都是公费，公费生的审核事宜由本校公费生审核委员会执行，公费生的选取标准以成绩优良家境清贫的学生为原则。不收或减收学费是职业教育较之于其他教育类型更吸引人的地方，尤其是对贫苦家庭出身的孩子来说，是非常有吸引力的，减少家庭经济负担的同时，还能获得谋取生存的技能，可谓一举两得。而且在职业学校期间，通过自己的努力学习来赚取奖学金可以培养学生独立自主、吃苦耐劳的职业品格，对学生来说是很有裨益的。

---

❶ 《河北省立北平女子职业学校组织规程》，河北省档案馆未刊资料，编号：617-2-318，第 80 页。

（三）《天津公立商科职业学校校则》

1936 年，天津公立商科职业学校颁布了《天津公立商科职业学校校则》，该校则由总则、学制、组织、会议、委员会、学年学期及休假、训育标准及其成绩考察、体育标准及其成绩考查、课程标准、学业成绩及其考查、升级与留级、休学及复学、转学、毕业、请假及缺席、奖励及惩罚、纳费、职业介绍、学生通则及附则组成。该校以培养青年生活之知识与生产之技能，并使其具向上研究之基础为宗旨，定名为天津公立商科职业学校，英文译名为"The TienTsin Vocational of Commerce"，为利用环境，该校设于天津市东马路。天津公立商科职业学校设高级普通商业科，修业年限定为五年，采取通学制。

在组织上，该校设校长一人，统辖全校一切行政事宜。为增进行政效率设事务、教务和训育三课，各课设主任一人，秉承校长意旨，督责事务员办理各项事务。各课分股，设事务员若干人，办理股中一切事项。该校设图书馆，并设主任一人，秉承校长总理馆内一切事务。此外学校设校医一人或两人，处理检验、诊疗、预防等事项。该校职员不得兼任校外职业，但校医得校长的许可，可以在外做兼职。该校依照《职业教育组织规程》的规定定期举行四种会议，分别是：校务会议，讨论全校一切兴革事项；教务会议，讨论一切教学实习及图书设备购置事项；训育会议，讨论一切训育及管理事项；事务会议，讨论一切事务进行事项。各学科会议由教务主任规定并召集，参加人员限于各学科教员，专为讨论各学科的改进事项。该校还设有校务委员会、训育指导委员会、职业指导委员会、经费稽核委员会、体育委员会、图书馆委员会、基金保管委员会、考试委员会、学生实习储蓄银行委员会、商品陈列室委员会、学校商店委员会及出版委员会，管理学校各方面的具体事务。

该校的学年度开始于 8 月 1 日，终于次年 7 月 31 日，一学年分为两学期，自 8 月 1 日至次年 1 月 31 日为第一学期或称上学期，自 2 月 1 日至 7 月 31 日为第二学期或称下学期。休假日除星期日例假及本校纪念日外，均依照河北省教育厅颁布的每年度学校假期实行，但寒暑假的全部或一部分得定为实习时期。

该校的训育根据孙中山恢复民族精神的遗训，特别注意刻苦勤劳习惯之养成与严格规律生活的培养。具体的训育内容如下。

1. 使学生明了中国青年所处之地位及应有之责任，并扩大其国家之意识；

2. 使学生明了国家社会组织习惯之缺点并指示其改善之方法与途径；

3. 使学生明了国际经费情况，暨本国经济情况，以为改善国家环境之基础；

4. 对于学生人格训练，务使其具自重简朴、诚恳勤勉、敏捷勇敢等美德与精神；

5. 阐发中国旧有之忠孝仁爱信义和平诸美德；

6. 指导学生课外作业，以养成其服务社会之精神；

7. 训导学生富于救助心；

8. 学生生活要集团化；

9. 学生性行要善良化与纪律化；

10. 学生身体要健全化。❶

操行成绩以课业考查、自修考查、服务考查、心性考查、言语考查、行动考查、校外考查这七个方面进行评判。学生操行成绩除由训育课职员专责考查外，各科教员同负考查责任。训育课负责执行学生奖励及惩罚事项，但遇重大事故认为有召集训育会议之必要时由校长召集会议处理。评定操行成绩以80分计算，分为四等，甲等操行成绩满80分；乙等满70分；丙等满60分；丁等不满60分，甲乙丙等为及格，丁等为不合格。学生操行成绩不及格者不得升级或毕业，满55分得勒令退学。学生于一学期内旷课缺席时数达20小时，操行成绩减低一等，达24小时再递减一等，达40小时以上为不及格。学生于一学期内，请假缺席时数达10小时为一单位，操行成绩分数应减1分，超过一单位不满10小时者，亦以一单位计；学生迟到次数一个月内达10次以上，操行成绩分数减少5分；学生犯记小过处分，每一小过操行成绩分数减少4

---

❶ 《天津公立商科职业学校校则》，天津市档案馆未刊资料，电子数据库索引号：401206800-J0110-1-000063-001。

分；学生犯记大过者，每一大过分数减少 10 分。学生操行成绩考查的各种册簿，每学期末由训育课提出校务会议共同审定，学期学年结束时，须将操行成绩报告其家长或保证人。这里可以看出，这个学校对于学生的平时成绩，也就是出勤有非常严格的要求，很重视学生的平时表现。

该校的体育训练以适合个人身体锻炼强健体格、启发创业精神、养成劳动习惯以期能适应其职业环境为标准，包括精神方面、技术方面和卫生方面的训练。体育成绩包括体育道德，占成绩比例 25%，考查学生运动时态度优良及守纪律，能合作忠诚。体育技术，占成绩比例 25%，考查学生运动时姿势优良、精神活泼及各种体育技术。体育考勤，占成绩比例 20%，学生运动时无故缺席达 4 次以上者，扣减 5 分；达 6 次以上者，扣减 10 分；达 12 次以上者无分，已经请假达 10 次以上者，扣减 5 分；达 14 次以上者，扣减 10 分，达 20 次以上者无分。体育科学，占成绩比例 10%，考查关于理论方面事项。身体检查，占成绩比例 20%，主要是关于身体疾疫预防。体育成绩考查分为平时考查，随时举行，其成绩由一学期内考查所得的成绩平均计算；学期考查，学期结束定期举行，其成绩由平时成绩与学期测验成绩平均计算；毕业考查，于修业满定期举行，其成绩由各学期成绩累积加毕业测验成绩平均计算。评定体育成绩分为四等，80 分以上为甲等，70 分以上为乙等，60 分以上为丙等，60 分以下为丁等，甲乙丙各等为及格，丁等为不及格。体育成绩分数不及格者不能升级或毕业，在 55 分以下者令其退学。学生于体育科内缺席时数达授课与受训练总时数 1/3 者，于学期体育成绩总平均分数内扣减 10% 分数，体育教师应于每学期终了填写学生体育成绩表交教务课核计存查。表 3-1 是天津公立商科职业学校的课程安排及教学课时。

该校的学业成绩分为四种：平时成绩、学期成绩、毕业成绩及实习成绩；考查分为日常考查、临时测验、学期测验和毕业测验。日常考查包括口头问答、演习练习、实验实习、读书报告、调查报告、其他作业、设计及测验。临时测验由各科教员随于教学时间内举行，每学期至少两次，不得预先通告学生；学期测验于学期终了时，由教务课定期举行；毕业测验于修业期满由教务课定期举行。平时成绩由日常考查成绩与临时测验成绩合并计算，日常考查成绩占平时成绩 2/3，临时测验成绩占 1/3。学业成绩由平时成绩与学期试验成绩合并计算，平时成绩占学期成绩 2/3，学期测验成绩占 1/3。毕业成绩由各学期成绩与毕业测验成绩合并计算，各学期成绩占毕业成绩 2/3，毕业测验成绩占 1/3。实习成绩以其平时成绩累积计算，实习成绩分数不及格者不准升级或毕业。评定学业成绩以百分计算，分为甲、乙、丙、丁四个等级。

表 3-1　天津公立商科职业学校课程及每周教学时数统计表

单位：课时

| 科目 | 第一学年 | 第二学年 | 第三学年 | 第四学年 | 第五学年 |
|---|---|---|---|---|---|
| 公民 | 2 | 2 | 商业道德 1 | | |
| 体育 | 2 | 2 | 2 | 2 | 2 |
| 童子军 | 1 | 1 | 1 | | |
| 军事训练 | | | | 1 | 1 |
| 国文 | 9 | 9 | 6 | 2 | 2 |
| 英文 | 9 | 8 | 6 | 6 | 6 |
| 英习字 | 1 | | | | |
| 汉习字 | 1 | 1 | 1 | 1 | 1 |
| 数学 | 算术代数 4 | 几何 4 | 三角 2 | 商业算数 2 | |
| 地理 | 本国地理 2 | 本国地理 2 | 商业地理 2 | | |
| 历史 | 本国历史 2 | 本国历史 2 | 商业历史 2 | | |
| 博物 | 2 | | | | |
| 生理 | 2 | | | | |
| 物理 | | 2 | | | |
| 化学 | | 2 | | | |
| 图书 | | 2 | | | |
| 商业通论 | | | 3 | | |
| 英文通信 | | | 社交通信 2 | 商业通信 2 | |
| 经济原理 | | | 3 | | |
| 簿记 | | | 商业簿记 4 | 银行簿记 4 | |
| 法学 | | | 法学通论 2 | 民法 3 | 特种民事法 3 |
| 货币银行 | | | | 3 | |
| 广告 | | | | 2 | |
| 售货术 | | | | 2 | |
| 商品学 | | | | 2 | |

续表

| 科目 | 第一学年 | 第二学年 | 第三学年 | 第四学年 | 第五学年 |
|---|---|---|---|---|---|
| 商业常识 | | | | 2 | |
| 仓库 | | | | | 2 |
| 运输 | | | | | 2 |
| 会计学 | | | | | 3 |
| 统计学 | | | | | 2 |
| 国际贸易 | | | | | 2 |
| 汇兑论 | | | | | 2 |
| 保险学 | | | | | 2 |
| 公司财政 | | | | | 2 |
| 商业组织及管理 | | | | | 2 |
| 珠算 | 1 | 1 | 1 | 2 | 2 |
| 实习打字 | | | 10 | 12 | 12 |
| 总计 | 38 | 38 | 48 | 48 | 48 |

资料来源:《天津公立商科职业学校校则》,天津市档案馆未刊资料,电子数据库索引号:401206800-J0110-1-000063-001。

对于学生的升级或留级,该校也有非常明确的规定。凡操行、体育、学业及实习各项成绩分数及格而学业成绩并无三种学科以上分数不及格的学生应准升级,学业成绩分数不及格而满 55 分以上的学生,得随班授课以观后效。学业成绩分数不及格而满 50 分须留级。学业成绩分数及格而有三种学科以上分数不及格者,得随班学习以观后效;学业成绩分数及格而连续两次三种学科以上分数不及格的学生留级。凡毕业前一学期测验学业成绩分数及格而有三种学科以上分数不及格的学生留级,毕业测验学业成绩分数及格而有三种学科以上分数不及格或一种学科得零分的学生均应留级。学期测验体育成绩分数、操行成绩分数或者实习成绩分数不及格而满 55 分的学生必须留级。

在生源的招录上,该校要求新生入学须具高级小学校毕业者或有相当程度而年龄在 18 岁以下者。报名手续包括填写报名书、呈缴本人最近两寸半身相片一张、呈验毕业证书或学校证明书及缴纳报名费五角。入学测验包括国文、数学和口试,非高级小学校毕业学生得加试本国史地两科,入学测验于每学期开学前定期举行。新生取录后逾一星期不到且无家长函件声述理由即取消其入学资格。入学前缴讫各项费用并须填具保证书呈校备查，方准发给入学证。如果学生有下列问题之一，须勒令其退学。

1. 操行成绩不及格合于本校则第三二条之规定者；
2. 体育成绩不及格合于本校则第四七条之规定者；
3. 学业成绩不满五十分者；
4. 实习成绩不满五十分者；
5. 连续三次三种学科分数不及格者；
6. 连续两次学业分数不及格合于本校则第六七条及第六八条各规定连续发生两次者；
7. 连续两次留级合于本校则第七一条及七二条之规定先后发生者；
8. 旷课缺席时数一学期内满足二星期者；
9. 请假缺席时数一学期内满足六星期者；
10. 违犯本校则第一一七条各项规定之一者；
11. 有不正当之行为者；
12. 患精神病者。❶

被学校勒令退学的学生不可以要求给予修业证明书，学生因身体或家庭特殊事故申请退学时须有家长声请函或保证人证明函，经家长核准后，学校给予修业证明书。

学生因身体或家庭特殊情形不能继续求学时，须请求休学但须学生家长具函声述理由或由保证人出具证明书，休学期间以一年为限，学生在休学有效期间内可以请求复学。学生请求复学时，其肄业班级须与休学时原班级衔接，在学期结束时测验及格而请求休学的学生其复学时仍应编入休学时原肄业班级，凡是未经家长具函声述理由或由保证人出具证明书的休学学生应以退学处理。该校学生于学期或学年结束，测验成绩及格，但因不得已事故经家长函请转学

❶ 《天津公立商科职业学校校则》，天津市档案馆未刊资料，电子数据库索引号：401206800-J0110-1-000063-001。

他校者，学校是准予的，并且给予转学证明书，但是被该校劝退的学生不能请求转学。

年龄在 20 岁以下的初级中学毕业经会考及格者、初级商科职业学校毕业经会考及格者或同级商科职业学校肄业两年以上，持有院校转学证书暨成绩报告书者，经测试成绩优良，都可以转到本校并编入高级普通商业科第三年级第一学期。学生修业期满举行毕业考试，操行、体育、学业、实习各项成绩分数及格的学生，学校准予毕业并发给毕业证书。

如果学生因身体或家庭事故需要请假时，应由学生家长具函声述理由方得准许，否则以旷课处理，假期既满仍须续假时，学生家长应再函声述，否则也以旷课处理。上课时凡不到课堂的学生即为缺席，已经准假的缺席在学生考勤簿上记"请假缺席"，而未请假或未经准许请假的缺席在学生考勤簿上记"旷课缺席"。

如果一个学期中操行、体育、学业等成绩优良或课外勤业及服务公益卓有成绩者，可以给予口头奖励、牌示奖励、记勤、记功、给予奖品、给予奖章或褒状、免纳一部分或全部学费的奖励。具体来看，学生自入学至毕业全勤并无任何过失，给予奖章或褒状奖励；全学年全勤并无任何过失给予奖品奖励；全学期全勤并无任何过失，给予牌示奖励或记勤奖励；学生课外勤业及服务公益均著有特殊成绩并且学期测验、操行、体育三项成绩俱列甲等，前三名可免纳下学期全部学费；学期测验学业成绩列甲等前三名并且操行、体育两项成绩俱列甲等可以免纳下学期一半的学费；学期测验学业成绩列甲等前三名且操行、体育成绩有一项或两项未列甲等者可以免纳下学期全部学费的 1/6。

学生性情不良及行为违犯校规或学业荒废应分别情形予以惩罚，惩罚方法包括训诫、褫夺所得奖励、记小过、记大过、勒令退学以及开除学籍。训诫处分包括规避纪念周者、藏匿他人物品以资取笑者、随意吐痰涕唾者、讲室中乱掷纸屑果皮者、在讲室或院中食零物者、一星期内迟到两次以上者、集会时不守秩序者、大声呼唤校役者、不遵级长规劝者、服装不整洁者、不洗面不沐浴者以及其他行为应行训诫者。经训诫不知改悔者和有犯记过的学生将受褫夺所得奖励处分。记小过处分包括经训诫不知改悔者、吸纸烟者、不知爱护校具者、同学口角者、偷看各项唱本及不关学术之小说小报者、无故入校役室闲谈或在校门口徘徊者、争出校门看热闹者、休息时大声喧笑或无故鼓掌者、私自引导来宾入教室或休息室者和其他行为者应记小过。记大过处分则包括经记小过不知改悔者、对师长处断拒不服从者、不敬师长者、考试时舞弊者、藏匿他人物品始终隐密不告者、上课时偷看各项唱本及不关学术之小说小报者、同学口角不已继之以谩骂动武者、有意侮辱或诈欺同学者、开卑鄙之玩笑者、故意发作怪声引起同学喧嚣者、敲打桌面涂抹公布文件及墙壁者、理课时扰乱秩序者、在校饮酒赌博者、上课时私自退席者以及其他行为应记大过者。勒令退学处分包括一学期内曾记大过两次仍不知改悔再犯者、经训育委员会议决认为不堪造就者、不服管训属实者、欠缴学费无办法者、未毕业结婚者以及其他行为应勒令退学者。开除学籍处分包括侮辱师长者、以强力左右全班鼓动风潮或借端罢课者、引诱同学为一切不规则的行为查有确据者、领用公款收支不清者、故意毁坏校具不为赔偿者、在外滋生事端致警察干涉者、为一切败坏本校名誉之行为者以及其他行为应开除学籍者。

对于学生，该校还制定了学生通则，规定学生对校务有意见时可用书面署名或面陈校长听候采纳，对教学上有意见时可面陈校长、教务主任或该科教师。学生得到学校许可后可在训育课指导下组织关于研究学术或练习技能等各项团体。学生对学校有一切服务义务，对同学有彼此规劝义务，对学校名誉和校内公物有绝对爱护义务。学生的书籍、服装等费由学生自备，既经到校不得无故离校，但因猝发疾病不及请假者不在此限。违犯校规关于学生各类事项各条的规定，应照该校则关于学生惩罚事项各条及其他各条规定予以处理。学生除应遵守本校则外并应遵守教室规则、休息室规则、试验规则、体育场规则并其他各项单行规则。学校拿出这么多的篇幅规定对学生的惩罚，可见其对于学生各方面的要求都是极为严格的。这个学校不仅要求学生专业技术的学习达到既定标准，更侧重学生的德育和体育，以此来提升学生的综合素质。

在缴费方面，学生每学期需要缴纳学费18元、体育费1元、讲义费2元以及书报费5角。新生取录后应于五日内缴纳各项费用，否则取消其入学资格，各级肄业学生应于每学期开学前三日一律缴清本校各项规定费用，否则不许入班学习，凡中途休学、退学或被开除学籍学生对已缴各种费用不得请求发还。

比较有特色的是，该校非常注重学生的职业介绍。为谋毕业生的出路，天津公立商科职业学校设立了职业指导委员会及职业介绍所，要求毕业学生未就业者需要向职业介绍所申请登记，在职业介绍所登记后如果已谋得职业应于就业后从速报告职业介绍所。职业介绍所按照登记志愿，介绍相当职业时被介绍者不得无故推诿不就，被介绍毕业生于就业后应诚恳接受职业指导委员会指导并恪守职业介绍所的各种则例。从这一点来看，天津公立商科职业学校的整个培养系统还是比较健全的，很多职业学校不重视职业指导和职业介绍，认为学生只要各科成绩合格，毕业之后学校就不用再承担任何责任与义务了。这样的想法与职业学校的办学宗旨是完全相悖的，职业学校的最终目的就是要让学生就业，但是很多职业学校学生毕业后根本无法就业。而设立职业介绍所，有利于增强毕业生的就业率。更为重要的是，职业介绍所是一个窗口或一架桥梁，它可以让职业学校及时掌握社会上经济产业的发展状况，同时根据学生的就业率来及时调整专业设置及课程安排，这样才能保证职业学校与经济产业的紧密对接。

## 三、民国时期卫生类职业学校法规

### （一）《高级护士职业学校暂行通则》

20世纪30年代国民政府在颁布总括性的《修正职业学校规程》之后，出于职业学校分门别类的考量，教育部还发布了各类职业学校的规程。例如1935年教育部出台《高级护士职业学校暂行通则》，对于全国如何开展护士职业教育作出较为全面的规定。该通则中指出护士职业学校的宗旨是造就医务、卫生及护士类的人才，入学资格除了依照《修正职业学校规程》的第七条的规定以外，生源的年龄需要在18~30岁。护士职业学校各学年的学习科目以及教学时数如表3-2所示。

表 3-2 护士职业学校各学年学习科目及教学时数安排表

单位：小时

| 第一学年 | | 第二学年 | | 第三学年 | |
|---|---|---|---|---|---|
| 教授科目 | 时数 | 教授科目 | 时数 | 教授科目 | 时数 |
| 解剖生理学 | 100 | 护病学（续） | 40 | 产科学 | 60 |
| 细菌学 | 20 | 护病技术（续） | 60 | 产科技术 | 60 |
| 护士伦理及历史 | 30 | 眼耳鼻喉科 | 30 | 妇科或花柳科 | 20 |
| 药物学 | 60 | 国文 | 40 | 公共卫生 | 80 |
| 护病学 | 60 | 饮食学（续） | 30 | 护士卫生问题 | 10 |
| 护病技术 | 60 | 外科 | 20 | 病室及公共卫生实习 | 1850 |
| 个人卫生 | 20 | 内科及传染病学 | 40 | | |
| 公民 | 40 | 小儿科护病学 | 30 | | |
| 社会学 | 20 | 外国文 | 40 | | |
| 国文 | 80 | 物理治疗学 | 10 | | |
| 外国文 | 80 | 急救术 | 20 | | |
| 饮食学 | 30 | 家政学 | 10 | | |
| 心理学 | 20 | 病室实习 | 1710 | | |
| 病室实习 | 1460 | | | | |
| 总计 | 2080 | 总计 | 2080 | 总计 | 2080 |
| 每周共 51.5 小时，理论 16 小时，实习 35.5 小时 | | 每周共 51.4 小时，理论 9.4 小时，实习 42 小时 | | 每周共 51.5 小时，理论 5.5 小时，实习 46 小时 | |

资料来源：中华民国江西省政府教育厅编：《中等教育法令汇编》，中华民国江西省政府教育厅编印 1940 年版，第 698~700 页。

护士职业学校的各门科目，应该理论与实践并重，并且一律使用国语授课。在第一学年的第一学期，主要学习基本学科的课程，在这期间，学生除了担当实习护士生外，不能担任夜班及管理病房等职务。护士职业学校的男生，必须要学习泌尿和花柳病的各种看护技术，女生必须学习妇产科。当地医院的皮肤花柳科、小儿科、眼耳鼻喉科或者是物理治疗，如果没有单独设置这些科目，只能将皮肤花柳科并到内科或者是外科、小儿科并到内科、眼耳鼻喉科并到外科、物理治疗并到护病技术之类。护士职业学校的学生，在本学科修完之后，需要在学校所属的医院及卫生诊疗所进行日班或夜班的实习，每次以 8 个小时为限，最多不能超过 9 小时。每周除了六天的值班外，应该有一天或两个半天的休息日。在"护士职业学校所在地，如有公共卫生护士机关，应由学校向该机关商洽，尤许学校于最后学期前往实习。若无正式公共卫生机关，而当地医院如果伴有保健预防及各项公共卫生事业时，护士职业学校亦应令学生前往实习"❶。在实习时间的分配上，外科、骨科、内科、传染科、妇产科及花柳科需要实习 4 个月，小儿科和公共卫生部需要实习 3 个月，眼耳鼻喉科、手术室实习 1 个月，门诊部和特别餐饮部实习 1 个月。在实习过程中，需要由护士教师进行监督。护士职业学校需要附设医院或与其他医院合作以供学生实习，实习的医院至少要设有内科、小儿科、外科、妇产科、手术室及门诊处等。学生在实习期间白天需要护理 4~5 名病人，晚间一名学生要护理 15~20 名病人。在收费方面，护士职业学校第一学年的第一学期可以酌情收取学费、实习及膳宿费等。第二学期起，除了由学校供给洗衣费以外，学费、实习及膳宿费等，得依据学校的经济状况，予以适当的削减，但是书籍、文具、制服等费用，需要学生自理。护士职业学校校长和教师的资格，除了依照《修正职业学校规程》的第八十八条和第九十条两条规定外，如果有特殊的情形，可以由具有护士职业学校毕业证书而且有三年以上护士教学经验的人担任。护士职业学校的学生在医院实习时，除了病房原有护士长为实习指导教师外，夜间还应该添聘护士长一人或几人，专门指导学生的实习。

《高级护士职业学校暂行通则》颁布以后，当时各省市所呈递的公立护士职业学校概况的调查表，并没能进行全面的统计以反映实际的办学状况，而且私立职业学校，大多没能够照章立案。粗略统计，当时全国各省公私立医院附设的护士学校或训练班及传习所等，大约有 160 余处，且大多未能照章备案。其中有许多达不到高级水平的护士职业学校，在办学规模、经费、设备、师资、实习场所等方面，还有很多地方需要根据通则加以改进。

（二）《高级助产职业学校暂行通则》

同样是在 1935 年，教育部还颁布了《高级助产职业学校暂行通则》，规定高级助产职业学校主要是造就助产及妇婴卫生人员。在入学资格与修业年限上

---

❶ 殷梦霞、李强：《民国教育公报汇编》（第 38 卷），国家图书馆出版社 2009 年版，第 530 页。

与《高级护士职业学校暂行通则》中对于护士的规定相同。助产学校是由"卫生部咨助产学校立案事项，归本部主管，但仍由助产教育委员会审查"❶。助产职业学校的第一学年注重基本学科的学习，并且在见习妇产医院进行一般的实习。第二学年注重学习专门学科及各种助产的基本实习，包括门诊、产室、产家等。第三学年专门从事专业技术实习和管理实习。第三年的实习除了在学校进行外，学校还需要与公私妇婴卫生及医疗机关接洽，以便学生进行实地训练。当然，学生在校外服务实习时，应该由学校进行指导，并请实习机关的主任核查学生的实习成绩。高级助产职业学校招收学生的人数，不能超过其附属产院床位数目的两倍。学生第三年的实习，必须要有充分的实习场所。表3-3是助产护士职业学校各个学年所学的科目及课时数的安排。

表 3-3  助产护士职业学校各学年学习科目及教学时数安排表

| 科目 | 第一学年（科）* | | 第二学年（科） | | 第三学年（科） | | 总计（小时） |
|---|---|---|---|---|---|---|---|
| | 第一学期 | 第二学期 | 第一学期 | 第二学期 | 第一学期 | 第二学期 | |
| 解剖生理学 | 4 | 2 | | | | | 123 |
| 细菌学 | 3 | | | | | | 61.5 |
| 药物学 | | 2 | | | | | 41 |
| 家政学 | 2 | | | | | | 41 |
| 社会学 | 2 | | | | | | 41 |
| 公民 | 1 | 1 | | | | | 41 |
| 国文 | 1 | 1 | 1 | 1 | | | 82 |
| 护病学 | 4 | | | | | | 82 |
| 救急术 | 1 | | | | | | 20.5 |
| 外国语 | 2 | 2 | | | | | 82 |
| 音乐 | 1 | 1 | 1 | 1 | | | 82 |
| 临症化验学 | | 2 | | | | | 41 |
| 产科（生理） | | 3 | | | | | 61.5 |
| 卫生学 | 2 | | | | | | 41 |

---

❶ 中华民国教育部编：《教育部民国十八年六月份工作报告表》，中华民国教育部编印1929年版，第27页。

续表

| 科目 | 第一学年（科）* | | 第二学年（科） | | 第三学年（科） | | 总计（小时） |
|---|---|---|---|---|---|---|---|
| | 第一学期 | 第二学期 | 第一学期 | 第二学期 | 第一学期 | 第二学期 | |
| 育婴学及儿科概要 | | 1 | 2 | | | | 61.5 |
| 饮食学 | | 1 | | | | | 20.5 |
| 妇婴卫生 | | | | 1 | | | 20.5 |
| 妇科学 | | | 2 | | | | 41 |
| 内科概要 | | | 1 | | | | 20.5 |
| 外科概要 | | | 1 | | | | 20.5 |
| 皮科概要 | | | 1 | | | | 20.5 |
| 产科（病理） | | | 3 | | | | 61.5 |
| 临症讲义 | | | 2 | | | | 41 |
| 模型实习 | | 1 | 1 | | | | 41 |
| 门诊实习 | | | 6 | 6 | 6 | 6 | 492 |
| 接产实习 | | | 4 | 4 | 4 | | 246 |
| 各种实习 | | 24 | 22 | 27 | 32 | 26 | 2685.5 |
| 管理实习 | | | | | | 22 | 451 |
| 共计 | 23 | 41 | 47 | 40 | 42 | 54 | 5063.5 |

注 * 每科需修习 20.5 小时

资料来源：中华民国教育部中等教育司编：《职业教育法令汇编》，中华民国教育部教育司编印 1942 年版，第 31~32 页。

　　在教学科目的安排上，高级助产职业学校需要理论与实践并重，并且用国语进行讲授。在实习期间，以 1~3 人为一组，分别负担接生及一切产后的照料事宜，学生至少要在院内接生 25 次，院外 5 次，以熟练自己的技能。学生在学科实习结束后，还要参观其他妇婴卫生及公私医疗机构。在床位设置上，每增加两名学生便增加一个床位。第一学年和第二学年，可以适量收取学生的学费及膳宿费，第三学年应该酌量减少以上的费用。高级助产职业学校的校长和教师，必须要符合《修正职业学校规程》第九十条和第九十二条，实习妇产医院的指导教师，必须由高级助产职业学校毕业而且有 3 年实地工作经验的人担任。

### (三)《护士助理短期职业训练班暂行办法》

为了加强管理，保证护士职业教育的正规化，民国政府教育部于 1936 年 12 月 8 日颁布《护士助理短期职业训练班暂行办法》。该办法规定 1931 年底之前办理的护士助理短期训练班，必须完善其教学和实习设施，充实办学内容，并且改为正式高级护士职业学校，呈请当地教育行政部门立案并且转呈到教育部备案，如果不能及时将立案手续完成，将予以取缔。

护士助理短期职业训练班的办学宗旨是培养护士助理人才，帮助护士从事病人护理的工作。护士助理短期职业训练班的修业年限为一年半，在培训班修业期满后，只能在本院进行实习，不能到其他的医疗机构服务，而且也不能向卫生部门申请护士证书。如果这些学生想成为护士，那么，"凡护士助理短期职业训练班修业期满后之学生，在本医院工作满二年以上者，得由本医院介绍入教育部指定之高级护士职业学校所办之护士短期职业训练班补读一年半，毕业后得为正式的护士"❶。在科目上，短期训练班主要开设解剖生理、细菌学、护士伦理及历史、护病学、各科杂病技术、药物学、急救术、个人卫生、饮食学以及病室实习，每年上课 44 个星期，每个星期 48 小时的授课时间。护士助理短期职业训练班的实习科目至少要包含外科、骨科、眼耳鼻喉科、内科、传染科、花柳病、小儿科、手术室、妇产科及门诊部，护士负责训练班学生的一切教务和实习指导等工作，学生不能独自值夜班。训练班必须要附设在医院内，或者与其他医院合作为学生提供实习。

卫生类职业学校的法规，除了明确卫生职业学校的课程、师资、生源、行政组织、经费来源等要素外，这类规定对于实习的要求是特别严格的。因为医生及护士毕业后面对的是病患者，如果业务技术不够纯熟，那么在工作中的一点失误，就会造成严重的医疗事故，甚至给病人造成不必要的生命危险。其实不仅是卫生类的职业学校，所有的职业学校都应该注重实习这个环节，这样才能成为一名合格的从业者。

卫生类的职业教育法规颁布之后，全国各地闻风而动，积极推广。较有代

---

❶ 中华民国教育部中等教育司编：《职业教育法令汇编》，中华民国教育部中等教育司编印 1942 年版，第 62 页。

表性的是北京私立公益高级助产职业学校，该校是北京公益联合会所附设的产科医院创办的。当时提倡用新式方法给孕妇接生，并救护贫苦的产妇，但"产科人才缺少，虽以普通提倡、惠及乡镇，乃积极筹备助产学校，以造就专才，普及农村。惟此种学校较普通高级中学不同，最要设备，必须有相当实习产院，而医疗设备及普通内外各科亦必须齐全，方可成立" ❶。之后经过各个董事的努力筹划，于1936年春天开始招生，招收初中毕业生，尤其是外县的保送生，以便学生毕业后能够回到自己所在的乡村服务。该校当时有三个班的学生，毕业的有两期，有40多名学生，大多到农村去服务，发挥出了卫生类职业教育的作用。

（四）天津市的卫生类职业教育法规

1937年2月10日天津市政会议第284次例会通过《天津市市立高级助产职业学校组织规则》，指出市立助产职业学校隶属于天津市政府，其办学宗旨是造就助产及妇婴卫生人员。该校招收年龄在18岁以上30岁以下、身体健壮且身家清白的未婚女子，对于学历则要求有初中毕业程度，入学考试合格者可被录取。该校的修业年限是3年，学生免交学费及住宿费，但每学期要缴纳讲义费6元，所需文具、书籍、制服、膳费等项均由学生自行负担。第一年讲授解剖生理学、细菌学、护病学、卫生学、临症化验学、社会学、家政学、公民、饮食学、药物学、产科（生理）、救急术、国文、外国语、模型实习及各种实习；第二学年教授产科（病理）、育婴学及儿科概要、妇科学、妇婴卫生、内科概要、外科概要、皮科概要、国文、外国语、临症讲义、模型实习、门诊实习、接产实习及各种实习；第三年是门诊实习、接产实习、各种实习及管理实习。学生修业期满毕业考试及格则发给毕业证书，该校每年秋季招考新生一次。凡是投考报名的学生需要交两张四寸半身照片、1元报名费，还需填具报名书。学生考试合格录取后须取保证书，由保证人签名盖章保存。为了方便学生实习以及应社会的需要起见附设产院。教员配备上规定，设"校长一人，综理全校及产院一切事物；教务主任一人，秉承校长掌握全校教务训育事务监理

❶　吴廷燮：《北京市志稿·文教志（中）》，北京燕山出版社1998年版，第150页。

产院事宜；专任教员二人，秉承校长、教务主任担任各项学科之教学及实习指导事宜，并任产院接生事宜；兼任教员若干人，秉承校长、教务主任担任教授各科课程；事务主任一人，事务员若干人，秉承校长办理文书会计庶务事宜；助产士若干人，助理产院一切事务并领导学生实习；书记若干人，担任缮写事项"❶。

1937 年 2 月 10 日，天津市政府会议第 281 次例会通过《天津市市立高级助产职业学校附设产院简章》，指出为了便于学生实习及社会需要起见，天津市市立高级助产职业学校招聘妇产科的医师及助产士并附设产院，办理产妇住院及一切妇婴保健卫生事宜。凡是在附设产院住院生产的孕妇，住在三等病房免住院费，只收接生费 3 元；住在二等病房，每天收住院费 1 元，接生费 6 元；住在头等病房，每天收住院费 2 元，接生费 10 元。该院每天一律收 5 角的膳费，如果有难产的孕妇，需要做手术使用昂贵的药物、滋养品及注射等费用，该院则酌量收取相关费用。该院"为保障孕妇胎儿之安全，特重产前诊查。凡来院就诊者关于胎儿之位置、骨盆之大小、产期之远近等生理常识及孕妇应注意之一切事项有所询问时，本院应尽量详告，其余产后调养方法及婴儿保健应守事项，提出咨询者亦同"❷。凡是来该院就诊的孕妇，必须按照该院规定到挂号处领取诊查券，依次等候诊查。初诊孕妇应该交挂号费 1 元，复诊免交费用，家境贫苦者免收诊查费，过后或者想提前进行诊查的孕妇需要多交号金 5 角。该附设医院还兼办院外接生业务，每次收取费用 5 元，贫苦家庭则酌量减少费用，但往返车费需要由生产家庭负担，如果接生过程中使用了贵重的药品或进行了注射，还需要加收一定的费用。凡是想延请院外接生的，必须事先来本院挂号处领取诊查券并接受产前检查。经过该院产前诊查至临产时延请院外接生的孕妇，需要随时报明诊查券号数，以便该院查明并立即派人前往。接生者在自产妇临产至婴儿脐带脱落的这段期间，该院派人料理一切产后事务。如果在此期间母子发生疾病，该院的医师可以亲自前往诊察，不再另收费用，但车费由产家承担。所有的接生人数应分住院和院外两项，并将所收费用按月列表呈报市政府备查。

---

❶ 殷梦霞、李强：《民国教育公报汇编》（第 43 卷），国家图书馆出版社 2009 年版，第 482 页。

❷ 殷梦霞、李强：《民国教育公报汇编》（第 43 卷），国家图书馆出版社 2009 年版，第 483 页。

　　天津市市立高级助产职业学校对于办学及教学运行有着非常明确的组织规则，更可贵的是，该校为了能让学生有充分锻炼和实习的机会，还要附设产院。而且从产院的简章来看，它并不是以营利为目的的单位，主要是接纳助产学校的学生进行实践操作，以便熟练接生和护理的专业技术，这在当时同类职业院校中确实是较为领先的。

# 第四章　职业教育本土化的准备与尝试

## 第一节　推广职业教育的先期准备工作

推广职业教育，促进职业教育的本土化是一项非常系统、复杂的工程，绝非凭借一时的热情和冲动就能办好的。要把职业教育办得更有效果，必须要做好前期的准备工作，本节拟从政府谕折与社会言论、各类职业教育发展提案和各省市的职业教育发展规划这几个专题加以研究和阐明。

### 一、清末办理实业教育的谕折与社会言论

清末的戊戌维新和"新政"时期，因为改良与变法之故，新式的实业教育受到政府和社会的广泛关注。从政府的角度看，各地臣工因响应变法和"新政"，纷纷表奏兴办各类新学、开办实业学堂的奏折。这些奏折呈递上去以后，大多得到了清政府的准奏。可见这两个时期在推行实业教育上，清王朝还是有一定积极性的。与此同时，社会上的相关组织及个人也发表了关于推广实业教育的言论和建议，以求通过发展实业教育而振兴晚清的经济。

（一）清末政府的谕旨和臣工奏折

1897 年张謇上呈《请兴农会奏》，开宗明义强调："凡有国家者，立国之本不在兵也，立国之本不在商也，在乎工与农，而农为尤要……我朝列祖列宗务本重农，历垂圣训，考之泰西各国，近百年来，讲求农学，务臻便利，亦日新月异而岁不同。其见于近来西报中者，谓以中国今日所由之土田，行西国

农学所得之新法，岁增入款可六十九万一千二百万两，然则地宝自在，人事可为。国家今日不必二百兆赔款之忧，而二十三省山林川泽田野不治之可忧；不必开捐加厘陆师海军之亟，而究行蚕桑树艺畜牧制造之宜亟。"❶关于农学办理，张謇研究了英国和美国，认为办理得都很有成效，而中国"有志农学者，颇不乏人，近日上海设立农学会，专译东西洋农报农书，未始非中国农政大兴之兆。臣拟请皇上各省专派一人，主持其事，设立学堂，讲求土宜物性，该一省之闲地荒滩，悉归经划，分别兴办树艺畜牧制造诸事，以为乡民倡导，仍请明降谕旨。凡此等农会创办及新生之物，本不与向来正赋杂税厘捐相涉，一概宽免捐税十年，以为乡民示劝。会中应办相宜有理之事，饬令督抚护持，地方官协同料理，以为乡民增志而长气"❷。对于兴办农学、开办农学会，张謇是非常有信心的，他设想依此办理，十年以后，中国的岁入即使达不到西方国家的平均标准，那也能有其十之二三，这样国家兴旺指日可待。

1898 年 6 月 20 日江南道监察御史曾宗彦上呈了应大力兴办矿学的奏折，因为"矿利为当今急务，人人共知，而历办殊少成效者，其故安在。查西法惟矿学最为深邃，彼国精此者，亦属寥寥，中国所聘之外洋矿师，率皆下材，即中选亦不可得，矿利何自而兴。盖中选以上之矿师，在彼国已获利不赀，断不肯舍近就远，其势然也。然则中国矿学不兴，矿利断不可得，所当反求其本矣"❸。应该说监察御史曾宗彦看清了当时中国矿业的实际情况和根本问题，解决之法就是大兴矿学，他给出了兴学的具体建议："急宜于天津、福州、广东各学堂中，精选聪颖学生，已通西国语言文字者数十人，驰赴欧美各国精习矿学，学成之日，予以优奖，回国效力。一面饬下南北洋大臣，设立矿学学堂，由总理衙门咨饬出使各国使臣，搜求海外矿学各书，咨送学堂，亦选已通西国语言文字者数十人，聚习其中。上选教习，固不易得，聘一中选者，足矣。习

❶ 张謇：《请兴农会奏》，载朱有瓛主编：《中国近代学制史料·第一辑·下册》，华东师范大学出版社 1986 年版，第 913 页。
❷ 张謇：《请兴农会奏》，载朱有瓛主编：《中国近代学制史料·第一辑·下册》，华东师范大学出版社 1986 年版，第 914 页。
❸ 《江南道监察御史曾彦片》，载朱有瓛主编：《中国近代学制史料·第一辑·下册》，华东师范大学出版社 1986 年版，第 915 页。

之既久，其中必有出类拔萃之才出，而供国家之用"❶。对于这份奏折，朝廷很快批下谕旨，除了命总理各国事务衙门一并议奏外，还命令"各省督抚拣年幼聪颖学生，咨报臣衙门，派往日本矿务学堂学习，仍一面由各省督抚，就现有学堂，酌增矿学一门，从之"❷。研习推广矿学是发展近代工业的基础，因为各个工厂生产的产品原料大多出自各类矿石当中，因此矿学兴则工业兴，这份奏折还是看见了当时经济问题的关键所在的。

1898 年 6 月 30 日，清政府发布谕旨："铁路矿务，为目今切要之图，造端伊始，亟应设立学堂，预备人才，方可冀收实效。所有各铁路扼要之区及开矿省分，应行增设学堂切实举办之处，著王文韶、张荫桓悉心筹议，奏明办理。"❸ 铁路是国家经济建设的大动脉，因此清政府在认识到铁路重要性的基础上，还是下很大决心要去增设并推广铁路学堂。

康有为在 1898 年 7 月呈递奏折请求朝廷谕令各地讲求农学，"伏乞皇上饬下各省府州县，皆立农学堂，酌拨官地公费令绅民讲求，令开农报，以广见闻，令开农会，以事比较。每省开一地质局，译农学堂之书，绘农学之图，延化学师考求各地土宜，以劝植土地所宜草木。将全地绘图贴说，进呈御览，并饬各州县土产人工之物，购送小样，到其省会地质局种植陈设，以广试验而便考求，扩见闻而兴物产"❹。康有为的奏折呈递上去以后，很快就得到了批复："总理各国事务衙门代奏，工部主事康有为条陈请兴农殖民以富国本一折，训农通商，为立国大端，前经叠谕各省整顿农务、工务、商务以冀开辟利源，各处办理如何，现尚未据奏报。千宝之原，皆出于地，地利日辟，则物产日阜，即务亦可日渐扩充。是训农又为通商惠工为之本，中国向本重农……其各省府州县，皆立农务学堂，广开农会，刊农报，购农器，由绅富之有田业者试

❶ 《江南道监察御史曾彦片》，载朱有瓛主编：《中国近代学制史料·第一辑·下册》，华东师范大学出版社 1986 年版，第 916 页。

❷ 《光绪二十四年五月初二日上谕》，载朱有瓛主编：《中国近代学制史料·第一辑·下册》，华东师范大学出版社 1986 年版，第 916 页。

❸ 《光绪二十四年六月二十三日上谕》，载朱有瓛主编：《中国近代学制史料·第一辑·下册》，华东师范大学出版社 1986 年版，第 920 页。

❹ 《光绪二十四年七月康有为请开农学堂地质局折》，载朱有瓛主编：《中国近代学制史料·第一辑·下册》，华东师范大学出版社 1986 年版，第 920 页。

办，以为之率。其工学、商学各事宜，亦著一体认真举办"❶。这份奏折是戊戌维新变法的重要内容之一，体现出维新派改弦更张、变法图强的思想方略。康有为根据中国的实际，指出作为农业国家的中国必须要大力推广农学，农学办好了，才会逐渐形成中国的近代农业，只有农业尽快近代化，国力才有望振兴。

1898 年督理农工商总局大臣端方上折，鉴于协办大学士孙家鼐所管之大学堂中已经有农学，他表奏"专设一堂，名曰农务中学堂，考农事之初阶，为劝畎之始，事先延东西各国农师，兼访近畿明农之士，与诸生讲明切究，凡中国农政诸书及西人种植之学，分类考求。其有新译之书，新购之种，新格之理，亦令分类纂记，编为日记，以考学业分数"❷。学习西方的新式培育技术和种植之法是实现中国农业近代化的必然步骤，传统的农业在培育和种植方面缺少深入和系统的研究，这样农作物和经济作物的产量就上不来，而新技术的应用，自然会大幅提升产量，壮大农业经济。

1898 年矿物总局王文韶鉴于办理路矿局需要办理矿学而表奏："中国矿产饶裕，各省皆然。自非广设学堂，从根本做起，难求大效。相应请旨饬下南北洋大臣各将军都统督抚，先就现设学堂中，将矿务一门编为专学，专设教习训课学生，切实考订。果能宽筹经费，应于省中专设矿务学堂，计日课功，专意积精。尤为要著。如以西国矿师岁俸太巨，延请难遍，宜先派学生赴各国矿学堂研习，尤属事半功倍。将来学成回华后，即可分充教习；并请饬下南北洋大臣通过遴选聪颖子弟在二十岁以内已谙西语者，筹给经费出洋游学。"❸ 从中国的地理和地貌来看，多山川河流，这样矿产就非常丰富，如果因为技术水平低而限制了这些矿产的开发和利用，实在可惜。与此同时，西方诸国却争先恐后来开采中国的矿藏，这种情形必须要打破，通过兴矿学、采矿物，以达争夺利权之目的。

---

❶ 《光绪二十四年七月初五日上谕》，载朱有瓛主编：《中国近代学制史料·第一辑·下册》，华东师范大学出版社 1986 年版，第 921~922 页。

❷ 《光绪二十四年七月十九日督理农工商总局大臣端方等折》，载朱有瓛主编：《中国近代学制史料·第一辑·下册》，华东师范大学出版社 1986 年版，第 922 页。

❸ 《光绪二十四年七月二十五日矿路总局王文韶等折》，载朱有瓛主编：《中国近代学制史料·第一辑·下册》，华东师范大学出版社 1986 年版，第 926 页。

1898 年刑部候补主事肖文昭上奏，为了挽救国家的茶叶产业，建议朝廷"为今之计，似应于产茶适中之所，妥为酌立学堂数处，开通风气，教以培壅芟刈采摘疏通之法，人工之勤惰即利源赢绌听天，此为茶务之本源，所费无多，收效甚巨。一曰讲求种植，一曰尽地利，一曰用机器"❶，此折呈上后，上谕即令设立茶务学堂、蚕桑公院。茶叶是中国的特产，也是相较于其他国家的优势产业之一，讲求茶学，能扩大中国茶业的优势，很容易收到实益。

1898 年安徽巡抚邓华熙就蚕丝产业发展问题呈递奏折，指出"蚕丝为华货出洋大宗，亟宜实力讲求，庶不致利源外溢。安徽省沿江一带，土质物候均宜蚕桑。历年上宪颁发桑秧，民间具领分种，于育蚕缫丝等法，均鲜有所知，盖因风气未开，难与图始，爰约同志，创设日新蚕桑公司以为之倡。由农而工，推及经商，次第兴举，意主便民，籍资利导"❷。针对这种情况，邓华熙在折子中提出，"就课桑园设蒙学馆，收附近农家子弟年十岁左右者，以五十人为额，延师教授，不取束修。另定简易功课，每日八点钟至十点钟认字并讲解字义。二点钟至四点钟温习，并学写已认之字。第一二两年先教实字，次及虚字，自四字加至八字，可认三千余字。第三年温字写字之外，师以家常白话为问，令学生将应答之语用笔写出，但取明白通顺，不求文法字体，自一二句渐增至二三十句为止。第四年留住桑园，始备火食，察其资质，分习化学，验种、栽、养蚕、桑烘茧、缫丝及一切树艺畜牧之法，早晚授以加减乘除浅近笔算，学满五年方为卒业，去留悉听其便。留者核其所学，酌给薪资，俾教养兼施，用收实效"❸。同茶叶一样，丝绸也是近代中国出口的主要大宗产品。在中国的南方诸省份，因为气候温和湿润，非常适合养蚕，因此讲求蚕学，必然会提高产丝的效率和质量，自然而然会壮大我国的丝绸业。

1901 年刘坤一、张之洞会奏变法事宜的奏折中提出，若想劝工艺，首要的是开设工艺学堂，学堂中开设"机器厂，择读书通文理之文士，教以物理

❶ 《光绪二十四年七月刑部候补主事肖文昭补救丝茶折》，载朱有瓛主编：《中国近代学制史料·第一辑·下册》，华东师范大学出版社 1986 年版，第 927 页。
❷ 《光绪二十四年八月初四日安徽巡抚邓华熙折》，载朱有瓛主编：《中国近代学制史料·第一辑·下册》，华东师范大学出版社 1986 年版，第 927 页。
❸ 《光绪二十四年八月初四日安徽巡抚邓华熙折》，载朱有瓛主编：《中国近代学制史料·第一辑·下册》，华东师范大学出版社 1986 年版，第 927~928 页。

学、化学、算学、机器学、绘图学，学成使为工师。择聪明少年之艺徒，教以运用机器之方，辨别物料之法，各种紧要制造之程式，如熔铜、打铁、炼钢、解木、鞣革、烧火砖、造水泥、炼焦炭各门之实事，学成使之为匠目。盖外国工师，皆是学人，与匠目不同，一深通其理，而亦目验其事，一身习其事，而亦渐悟其理。学问实者，工师亦可动手作工，阅历深者，匠目亦能自出新法，至学堂大小，工艺门类多少，则视其经费酌办渐次扩充，方不可缓"❶。从这份奏折中可以看出，刘坤一和张之洞在国家经历了"庚子之难"以后，对未来的发展提出了革新之法和近期规划，清末的"新政"内容大多借鉴于此。

1902 年陕西巡抚升允呈递兴办农工商学堂的奏折，折子中陈述陕西实业教育的落后，也道出了办理实业教育之艰难，因为"陕省正当改置大学堂，工程甚巨。若与农务工艺学堂同时并营，力量诚有未逮，兼因无人教习，学者益复寥寥"，所以只能"拟就大学堂中先设农务工艺两斋，在堂各学生如有性情相近，及有志愿学者，拨入此两斋中，暂习有关农工之书，以寻蹊径。专家教习，本省实乏其人。已由奴才咨商江鄂两督臣，如查有前项高等学生已经毕业者，咨送来陕，派充大学堂中农工两斋教习。其教法则分门别户，与各学堂殊途，其课程仍递降递升，禀承总教习核定。庶几赏罚一致，而后人无薄视之心，讲习专门，而后人少思迁之意。将来成效渐著，响学者多，再行分设农务工艺学堂，以广传习，而宏才不嫌于多艺，一技亦足以成名。远则争胜于外人，近不患贫于本省，此其效尚需之后日，而未易遽期之此时也"❷。从这份奏折可以看出，当时陕西省开设农务工艺学堂是有相当大的困难的，作为巡抚的升允，只能在其他学堂中附设农务和工艺两斋，采用变通之法去推广农学和工学。

（二）清末社会的兴学言论

对于兴实学、开办实业学堂，清末的社会各界也是非常关注的，并且发表了各类主张和议论。1897 上海农学会计划开设农学，因为"农学为富国之本，

❶ 《光绪二十七年六月两江总督刘坤一两湖总督张之洞第三次会奏变法事宜》，载朱有瓛主编：《中国近代学制史料·第一辑·下册》，华东师范大学出版社 1986 年版，第 940 页。
❷ 《陕西巡抚升允奏兴农工商学堂折》，载朱有瓛主编：《中国近代学制史料·第一辑·下册》，华东师范大学出版社 1986 年版，第 941 页。

中土农学，不讲农学已久，近上海同志诸君，创设农学会，拟复古意，采用西法，兴天地自然之和，植国家富强之原，甚盛举也"❶，如何办理农学，该农会制定了专门的章程，其中第十一条指出"农学事理繁赜，尤必开学肄习，讲求光热图算，化学动植物等学，而化学动植物尤要，必须聘请化学师一人，化验土质。动植物师一人，研究各物体性。先立一堂，日渐推广，必使农田所在，皆有学堂，负末之民，咸知新理新法"❷，这样农民学习了现代农学后自然会应用到实际耕作当中。对于这件事，当时的总理各国事务衙门作出了专门的批文："农务为富国根本，极宜振兴，各省可耕之土，未尽地力尚多，著各督抚督饬各该地方官劝谕绅民，兼采中西各法，切实兴办，不得空言搪塞。须知讲求农田种植之道，全在地方官随时维持保护，实力奉行。如果办有成效，准其择优奏请奖叙。上海近日创设农学会，颇开风气，著刘坤一查明该学会章程，咨送总理门查核颁行。其外洋农学诸书，著各省学堂广为编译，以便肄习。"❸由这个批文可见，民间的这种办学热情得到了政府的回应，办理农学堂、推广新式农学，政府是支持和鼓励的。

杨昌济在 1898 年针对湖南设立商务局一事论述了振兴农、工学的重要性，首先他分析了商业对于国家竞逐的重要性，西洋诸国"之立国也以商，其困我也亦以商，我而不大兴商学以与之力争，将何以自立于强大之间乎。近者上谕各省设立商务局，此振兴商务之机也。然愚以为振兴商务，固为今日之要图，而商务之本源，尤在于农工之学，其必先振兴夫二者，而后商务可得而言也"❹。基于这样的认知，杨昌济认为："中国而不欲自强也则已，诚欲自强也，固未有急于振兴商务者也。湖南而不设立商务局也则已，诚设立商务局也，抑未有急于振兴农工之学者也，振兴农工之法约有三端：一曰学堂、一曰学会、

❶ 《上海农务会拟设农学》，载朱有瓛主编：《中国近代学制史料·第一辑·下册》，华东师范大学出版社 1986 年版，第 914~915 页。

❷ 《上海农务会拟设农学》，载朱有瓛主编：《中国近代学制史料·第一辑·下册》，华东师范大学出版社 1986 年版，第 915 页。

❸ 《光绪二十四年五月十六日上谕》，载朱有瓛主编：《中国近代学制史料·第一辑·下册》，华东师范大学出版社 1986 年版，第 916~917 页。

❹ 杨昌济：《论湖南遵旨设立商务局宜先振兴农工之学》，载朱有瓛主编：《中国近代学制史料·第一辑·下册》，华东师范大学出版社 1986 年版，第 917 页。

一日学报。"❶杨昌济对于推广新式学堂是有自己的步骤和计划的，商学固然重要，但它是以农、工学为支撑的，当务之急是首先要办好农学和工学，然后在此基础上，商学发展才有望。

张之洞在其《劝学篇》中对于西洋的科学知识是非常推崇的，以化学为例，他认为："欲尽地利，必自讲化学始。周礼草人掌土化之法，实为农家古义。养土膏、辨谷种、储肥料、留水泽、引阳光，无一不需化学。又须精造农具，凡取水、杀虫，耕耘磨砻，或用风力，或用水力，各有新法利器，可以省力而倍收，则又兼机械之学。西人谓一亩之地，种植最优之利，可养三人，若中国一亩所产，能养一人，亦可谓至富矣。然化学非农夫所能解，机器非农家所能办，宜设农务学堂。外县士人，各考其乡之物产，以告于学堂，堂中为之考求新法新器。而各县乡绅有望者，富室多田者，试办以为之倡，行而有效，民自从之。"❷就当时的情形来看，清末的"局厂良匠，多有通晓机器者，然不明化学算学，故物料不美，不晓其源，机器不合，不通其变，且自秘其技，不肯传授多人，徒以把持居奇鼓众生事为得计，此《王制》所谓执技事上，不与士齿者耳"，所以想要培养"工师，或遣人赴洋厂学习，或设工艺学堂，均以士人学之，名曰工学生，将来学成后，名曰工学人员，使之转教匠首"。❸张之洞这个近代人物应该说跨越了洋务运动和清末"新政"两个重要的历史时期，虽然其学习西方的宗旨是"中体西用"，但在学习西洋学科及推广实业学堂的认知上，还是很有见地的。

对于商学的重要性，清末的《知新报》也有论述："今日之世，因由兵战而至商战之世也，凡言兵者，则必有武备学堂，而教以行阵步武驾驶测绘之法，以为战守攻敌之计。惟商亦然，此大抵诸国商学之校，所以遍于国中也。今中国以无知无识，不学寡术之人，而与之言商，又驱无知无识之人，而与之言战，而所与无知无识之人战者，则又在英美德法日俄意奥荷比诸强敌，呜

❶ 杨昌济：《论湖南遵旨设立商务局宜先振兴农工之学》，载朱有瓛主编：《中国近代学制史料·第一辑·下册》，华东师范大学出版社1986年版，第918页。
❷ 张之洞：《劝学篇·外篇·农工商第九》，李忠兴评注，中州古籍出版社1998年版，第143页。
❸ 张之洞：《劝学篇·外篇·农工商第九》，李忠兴评注，中州古籍出版社1998年版，第145页。

呼！不教而战，是为弃之，吾商之败，岂待蓍龟哉！"❶但是如果"能于各地遍立学堂，就各埠各行商会之会款，充学堂之经费，其中分中文、西文、东文三类，中文则教以古今商学之源流，各省之产物，方域之远近，人情之好尚，出入口货之消长，钱币度量之异同，水陆运输之难易，盘载工价之贵贱，制造器艺之优劣以及楷草之书，南北之话，迎送之礼，方言之琐，会计之术；诸学既通，然后教以东西文以底于成，先习东文，使其易学，次习英文，使其通行，至于俄法德诸国铁路既通，贸易日盛，则其文亦不可缓矣"❷。这份评论从国家竞争的角度论述了商业、商学的重要性，各国的角逐除了军事战争之外大多是经济竞争，而在经济比拼中商业实力的重要性不言而喻。

## 二、民国推行职业教育之提案

发展职业教育，制订先期的计划是必不可少的，但是相关的提案也非常重要，它是改良职业教育、丰富职业教育发展思路的重要途径。在中华民国的初期和中期，历次教育会议中都有各种类型教育的发展与改革提案。1928年5月15—28日，全国教育会议在南京召开。关于职业教育问题，大会曾认定中小学的教育"都应该以培养生产技能为中心"。各省市县只要有能力，都应该开设特种职业学校，专门传授和直接生产相关的技能。至于职业学校的设置，主要以适应地方经济产业的需要为原则，要很好地利用当地的产业和自然条件。在教学过程中，必须注重实习，提高学生对所学技能的熟练度。在即将结业时，还应该施行职业指导，帮助解决青年的升学或者择业问题。在会议中，各地的教育代表纷纷提出发展教育的相关提案。

就职业教育组来看，四川的王世镇提出《注重职业指导以促进社会事业发展个人特性》的提案，苏醒提出《中央省县之教育机关加设职业指导介绍案》，中华职业教育社提出《继令全国各学校厉行职业指导所案》，上海青年会提出《各省都会应设之职业指导所案》。在设立职业学校的提案上，专家同人提出

❶ 《〈知新报〉论商学堂》，载朱有瓛主编：《中国近代学制史料·第一辑·下册》，华东师范大学出版社1986年版，第934~935页。

❷ 《〈知新报〉论商学堂》，载朱有瓛主编：《中国近代学制史料·第一辑·下册》，华东师范大学出版社1986年版，第935页。

《各大城市及工商区域应多设职业学校案》，中华职业教育社提出《各县设职业教育实验学校案》，吴承洛提出《请创设单科职业学校并促进单科职业教育案》，南京市特别教育局提出《各省急需设立民众职业学校》的提案。这些都是关于在全国如何推广设立职业学校的相关提案。在此期间，专家戴修骏提出《请推行职业教育案》，该提案的理由是大学教育是分科系进行研究的，其目的主要是阐明科学的本质，促进文化发展，主要是增长学生的思想知识。当时关于分区设立大学，已经有了具体的规划。但是"职业教育之举办，亦为当务之急。分区大学之内，虽有农工商等学院之设立，仍难推行顺利；另宜广开致用之途径，责成各主管机关，次第分别设立各种职业学校，以应时代之需要。欲求民生主义之实现，要在民众各有相当之技能，分担各项职业，以发展全国之经济。对于担任技师职业者，应为之设立高级职业学校，以应其需要。对于担任农民、工人、商人等项职业者，应为之分别设立初级、中级职业学校，以应其需要。使全国之技师、工长、工人，各有充分之技能，以抵抗国外经济之侵略，而巩固全民之生计"❶。具体的办法则是由大学院会同有关各个部门，组织职业教育委员会，制定相关的规章及办法，并责成各个省，逐渐施行。

临时动议会上提出《职业学校之定义》，工商部则提出《请大学院规定工科学生毕业最少实习期限案》，中华职业教育社提出《请促军事当局提倡军队职业教育案》，陕西的黄统提出《请中央筹设西北垦务学校案》和《推行平民女子职业学校案》。这些提案大多是各地的教育厅代表在仔细研究和分析国家及各省市实际情形的基础上，找出了职业教育不振的症结所在，并且从各个方面提出发展职业教育、推广职业学校的建议和对策，对于民国时期职业教育的发展有着非常重要的理论指导意义。

（一）职业教育改革提案组

关于职业教育的改革，近代不少教育家、校长、教师及热心于职业教育事业的人士就经费扶植、设置专门机构、改进职业教育课本及增加实践环节等方面提出议案，这对于职业教育的发展与改进有相当大的借鉴作用和指导意义。

---

❶ 中华民国大学院编：《全国教育会议报告》，转引自沈云龙：《近代中国史料丛刊·续编·第四十三辑》，文海出版社 1984 年版，第 495 页。

在职业教育经费增补方面，河北省第二职业学校的校长杜守文提出《补助私立职业学校案》，原因是当时正值国难，本应该大量添设职业学校，可河北省的教育经费并不充裕，短时期建立大量的职业学校并不现实。他认为对于私立的职业学校应酌量拨给一些经费，使已经存在的学校壮大其办学实力；加上私立职业学校大多因为经费不足，教学设备都很难达到应有的标准，如果得到省里的拨款，会有非常大的改观；而且根据之前的惯例，私立中学办得好的省里就能给拨款，那么办得有成绩的私立职业学校，也应该给予类似的奖励。具体办法是，"私立职业学校经教育厅派员查视，认为成绩优良者得拨省款，酌量补助；补助私立职业学校经费数目应按班次人数酌定；物产丰富商业发达之区如有筹款创设私立职业学校者应由省款补助开办费；私立职业学校如有由省款补助，常年经费应将收支数目按月造具计算书呈报教育厅备查"❶。这个提案不失为推广职业教育的一个良方，因为就河北省当时的力量来看，短时间普遍设立新的职业学校根本不可能，没有那么多的教育经费，那莫不如把经费投到私立职业学校上面，让有一定基础的职业学校得到更好的发展，既能减少省教育经费的开支，还能发展这些私立职业学校，壮大其办学规模。

河北省工业学院院长魏元光提出《规定各级工科职业学校经临各费标准案》，因为当时河北省的各级职业学校对于经临两项费用还没有明确的标准，应该尽早加以详细规定，作为各个职业学校的规范。职业学校与其他普通科、师范科学校的性质不同，其所需要的经常费和临时费应该分别规定，以适合其教学运行的实际需要。而且职业学校若不能多投办学经费、多购置实习设备，是无法造就合格的职业技术人才的。当时的社会极其需要技术人才，但如果因为经费问题导致职业教育有名无实，不仅会毁掉接受职业教育青年的前途，而且还会导致全社会对职业教育失去信心和热情。因此，要严格核定职业教育经常费和临时费的标准，保证其办学经费的充足，使教、学、作三者结合起来，实现为职业而教育的宗旨。因此，他建议教育厅在调查各级各类职业学校后，应该出台正规的经常费和临时费标准。他的提案可以在经费上保障各级职业院校的正常运行，职业学校因为实践环节占有很大比重，对设备的要求也非常

---

❶ 杜守文：《补助私立职业学校案》，转引自殷梦霞、李强：《民国教育公报汇编》（第 58 卷），国家图书馆出版社 2009 年版，第 222 页。

高，因此，经费有保证，才能在最基本的硬件设施上符合标准。

河北省第七中学的校长于炳祥提出《本省中学师范设有职业科目者应由教育经费中特拨一部分以作补助职业教育经费案》。他强调，河北省中等学校有特色职业科目的不少，其目的在于帮助毕业后不能升学的学生可以从事某种职业以谋生计，因此这种附设的职业科目是很重要的。但筹设职业科目需消耗大量教育经费，但这些中学所能得到的教育经费与不开设职业教育科目的学校是一样的，从这一点上来看，是不大合理的。

关于职业教育的行政管理方面，当时的职业方针行政杂项组的薛培元等十人提出《教育厅对于职业教育应添设专股办理以谋发展案》，其理由是职业教育日趋重要，而且本身科目繁多，如果没有专门人才进行管理，很难有所发展。为此，应该由教育厅添设职业教育专股，选任专家来主持职业教育的具体事宜。

在学制改革方面，聘任委员董杏村提出《初高中工科职业教育均应改为四年制》。他认为职业教育的年限过短，不能将足够的知识与技能传授给学生，因此不符合社会的需要。在具体实施上，首先添设预科一年。因为工科职业教育最为注重实习，但是实习工作必须在精通基本学理知识后，才好进行实习，理论与实践相结合，才能收到事半功倍的效果。但在实际中，理论传授的速度远不如实习进行得快，让刚入学的新生在没有打牢基础知识的情况下就进入到厂房实习，效果非常不理想。高中程度理应增加高等化学分析，尤其应增加理论研究的时间，但相应的实习时间就不够用了。为此，应该添设预科一年，使学生有从容的理论学习时间。因此，他提议"于现制本科三年之外再增添一年，共为四年，最末一年使之专习实地工作，以期毕业后得有经营实业之经验兼可使初入学学生之工厂实习向后推延，以缓和其盲从之弊"❶，这样学生们既能打牢理论知识的功底，又能精熟于专业技术。

关于职业教育的实践实习环节，聘任委员宋则久提出《职业教育应有实践教授案》，理由是职业教育只读课本而不实践，毕业离校后，能力明显不足。为此，职业教育应当在学校内设立模范职业，以备学生进行实践。例如学生

---

❶ 董杏村：《初高中工科职业教育均应改为四年制》，转引自殷梦霞、李强：《民国教育公报汇编》（第 58 卷），国家图书馆出版社 2009 年版，第 248~249 页。

银行及学生组织的小规模的百货商店等，这都是可行也易于收到效果的实习方式。

在教材改革方面，聘任委员董杏村提出《应制定职业教育单行教本》，理由是当时职业教育没有合适的教科书，普通课本大多采用的是普通中学的教科书，但这些教科书与职业教育的专业结合不够紧密，关联度不够，教学过程中收效不大，妨碍了专业课程的进行；而专业课程也没有统一的教科书，学生使用的大多是教员自行编辑印刷的，数量不多、不经济、不整齐、不精确，教授过程也没有统一的进度和安排，大多是因人而异的，所以必须对职业教育的教科书进行整饬。具体办法是由教育厅特设职业教育用书编审委员会，并且聘请富有职业教育经验的人员对各项教科书进行编辑审查，设法印制成书，发给各个职业学校，以实现职业教育教科书的统一。印制的经费由各个职业学校承担，等将书发给学生之后，还可以收回之前产生的经费，用以补贴各校的教材支出。这样既有益于学生的学习，还能节省学校的教材经费支出。

聘任委员宋则久提出《编辑中国新簿记法以作职业教育课本案》。他强调簿记是职业教育的必修课程，但是我国旧的簿记既不可取，而欧美的新簿记与中国的普通习惯相差还太远，所以多年提倡新簿记却毫无效果。因此宋则久推荐了他编制的新版簿记，既符合中国人的习惯，又兼采欧美国家新簿记之长，在推广当中必然会收到实效。

（二）增设职业学校提案组

在1928年的全国教育会议上，各地的教育代表及教育机关提出《设立职业学校案》的总提案，第一个分案是周仁提出的《各大城市及工业区域多设职业学校案》，提案的理由是无论何种工业，欲快速发展，必须要有两种人才，一是具备高等专门知识的管理人才，二是具有专业技术知识的技能型人才。高等专门人才在国内外各大学及专门学校都可以培养，但是技能型人才，虽然当时有职业学校正在培养，但数量实在是太少了，根本没法满足社会的需求。传统的艺徒办法，既浪费时间，效率也不高，而且艺徒对于国民应有的各种常识及普通学科知识都较为缺乏，无法应对当时的社会发展局面。解决的办法，只能是根据各地的实际情形，从速筹设各种相当的职业学校，以培养技能型人才。具体的办法如下。

第一条　由各地教育当局，调查各地工业状况，择定各种工业，如制皮、印染、陶瓷、纹工、机织、测绘、印刷、金木工等，再加以精密之考察，作为开办各职业学校之教科。

第二条　各地设立之职业学校，应就其所在地之需要，选设一种或数种之职业科。惟初办时一校，所设之科，不宜过多，俾主其事者精力得以贯注。俟有成效，再行酌量推广。

第三条　校内工厂设备，务求完备适用。而学生所出成绩品，亦应求能推销市场，决不可视为一种之实习消耗。庶学校方面得以减轻耗费，而学生方面，亦可得实施工作训练之良效。

第四条　职业学校学生之入学资格，以完全小学毕业者为原则。各生入校后，依学生性之所近，各授以一种工作技能之训练。

第五条　所授课程，除国民应有常识，及普通学科外；尤注重于一科之实地工作。俾毕业后，能在工厂内担任技术工作，或有自组一种小工业之能力。

第六条　此类学校，应收录寒素子弟。求学费用，务使减轻。除衣食自备外，校中所收各费，虽不能完全蠲免，至多每学期不得超过二元之数。❶

从以上六条办法可以看出，该提案对于如何迅速推广职业教育还是有非常明晰的思路的，开办职业学校的前提是要联系当地的产业实际，根据实际需要来选定职业学校的类型。对于生源也有一定的资格要求，在教学中强调实践环节的比重，并且职业学校销售出品以便自给自足和减免学费的建议，也都是切实可行的。

中华职业教育社提出《各省设职业教育实验学校案》，认为职业教育固然重要，但是仅仅提倡推广职业教育，而没有深入的研究试验，效果是不会显著

❶ 中华民国大学院编：《全国教育会议报告》，转引自沈云龙：《近代中国史料丛刊·续编·第四十三辑》，文海出版社 1984 年版，第 499 页。

的。所以一方面应该提倡推广职业教育，另一方面更要注重试验。职业教育的设施，要因时因地制宜，不能像普通教育一样全国"一刀切"。进行试验的职业学校，不能仅仅集中于一处，在都会及各县都要分设。具体的办法是"令各省各县酌设实验职业学校，区域广，人口多，如上海、南京、广州等，宜设二所以上之试验学校。此项学校之设科，应社会需要，及可以利用本地方之环境与生产为原则。期限依学习难易而定。程度因科目而分。上自机械工业，下及涂污手艺，无所不包。总以学习易，影响宏，社会得实益，教育有效率为主。一方面宜切实研究，如何改进职业，介绍新职业；一方面宜随时以研究所得，贡献于全社会。此项学校，须负以一地方教育与职业改进之责任。其效用实比任何学校为大。现当建设伊始，似为不可少之设置也"❶。开办职业学校，一定要稳扎稳打，脚踏实地，经过试验之后，效果好的就可以推广，不行的自然应该另行改进。

河北省第九中学的校长瓦墨山提出《推广职业教育案》，缘由是推广职业教育，能够让无法升学的学生学习谋生技能，同时还可以帮助社会上大量的失业青年，使他们可以独自在社会上谋生。当然，通过推广职业教育，还能够增加生产，富裕百姓，培养出大量技术人才，以减少社会上游手好闲之徒。另外他还有更加深邃的认识，即认为如果知识分子失业，还会导致社会充斥党派之争，不利于安定。通过职业教育，人人都有生产能力，达到地尽其利、物尽其用、货畅其流的地步，这样国家就能够日趋稳定了。由此可见，职业教育的社会功能是非常重要的。这个提案还对当时初中毕业生的出路进行了调查，认为无外乎充当小学老师、回家务农、在机关里当书记或职员、入伍、在商店里当伙计及进工厂六个选择。依据上面的情况，瓦墨山认为第一个办法是在初中三年里逐渐添加习字、珠算、农业、园艺、应用文、教学法、教育学等科目，按照年级分配为选修课与必修课，但三年级所学的专业知识一定要多于一二年级。另外，他认为初中的学生多半都不知道将来是否要升学，再往上一个阶段分为升学和职业两组，但是由于学生对两者的发展前途认识得不够清楚，因此会出现"误入歧途"的现象，升学的想进职业组，进了职业组的想升学，这样

❶ 中华民国大学院编：《全国教育会议报告》，转引自沈云龙：《近代中国史料丛刊·续编·第四十三辑》，文海出版社1984年版，第500页。

就会影响学生的发展。为此，他提出实行"三一制"，即初中学生三年毕业后，如果实在不能升学，可以延长一年，专门注重职业技能的培训，让他们具备一技之长，以备将来谋生。第三个办法是可将全省分为若干区域，每个区域各设职业学校一所，如果职业学校办得多了，就可以弥补目前教育的缺陷，初中也就不用再附设职业补习班了。瓦墨山校长的提案非常准确地剖析了中学毕业生的出路，进而给出了推行"三一制"的合理建议，这为将来不能升学的学生，指出了一条非常实际的就业道路。这个提案非常必要且及时，当时的中学生毕业之后在面临择业和升学时大多是非常迷茫的，迷茫的选择带来的是人力资源的浪费，这个提案所起到的矫正作用，实在是至关重要。

河北省第一师范的校长杨绍思提出《扩充本省职业学校案》，理由是民国时期的教育过于空泛，与实际生活联系不大。为了尽快补救这种局面，他认为应该一面扩充职业教育，一面限制中学的数量，不要将过多的经费投入中学，而要照顾职业教育的经济窘境。为此，他提出在河北省适合的地点设立农科职业学校；省立各中学需酌设高中职业科，以救济无法升学的学生；职业学校无论是单独设立还是附设于其他的学校当中，必须分为初高两级；必须提供临时费，以保证职业学校的设备充足；课程及科目以专为主，因为掌握了一技之长就可以谋生，不必贪多；在教学上一定要以实践为主；在专业设置上，一定要针对本地的实情；最后职业学校与社会联系一定要紧密，增强二者的互助。这个提案非常注重职业教育与本地实际相联系，尤其是要注意当地的经济产业构成，这样的职业教育才能有长久发展的潜力。此外，杨绍思注意到了民国整体教育架构的不合理之处，就是普通中学太多，而职业学校又太少，两者的比例是失调的。所以，应该压缩中学校数量，有条件的中学校还应该开设职业科，来弥补职业教育的颓势。

吴承洛提出《请创设单科职业学校并促进单科职业教育案》，指出在当时的教育系统中，职业教育的地位与师范教育是并列的，但是职业教育的成效与师范教育相差过大。主要原因是甲种、乙种实业学校以及高级中学职业各科，仅仅教授书本上的职业知识，缺乏试验实习设备；具备试验实习设备的职业学校，大多设科过于宽泛，组织重复，办学耗费较大且所培养人才又不符合社会的需要。因此，要培养实用的职业人才，必须矫正以上弊病，促进单科职业教育，创设单科职业学校作为示范。具体实施的办法如下。

第一条　由大学院规定单科职业学校暂行条例。凡职业学校只限于单科，不得同时同校，兼设多科。庶办学可以专一而实效有期。

第二条　由大学院规定单科职业学校设备标准。其工厂或实验室，须能造成精美之商品。庶学生可以独力自制，而毕业不成问题。

第三条　由大学院规定奖励出资与办单科职业学校条例。凡出资若干，而办理成效卓著者，给予某种教育褒章以示鼓励。

第四条　由大学院就全国各种重要实业之中心地方，设立某某单科职业学校。如在汉口设立油漆职业学校，在福州设立生漆职业学校，在饶州设立磁器职业学校，在潮州设立蔗糖职业学校，在杭州设立制纸职业学校，在苏州设立丝织职业学校，在上海设立搪瓷职业学校，在南通设立棉种职业学校，在张家口设立毛织职业学校之类。

第五条　由大学院通令各省区，及特别市教育行政机关，就该区域内之相当地方，同样创设各种单科职业学校，其主旨在能专一而无敷泛不切实之弊。❶

设立单科职业学校，就当时的情况来看是一个值得努力的方向。因为全国普遍财力拮据，开设一所门类非常齐全的职业学校是不大现实的。强行这么做，很可能出现门门都有、门门不精的尴尬局面。职业学校教学工作开展之前，必须确定学校自身的专科及科目设置。一所职业学校在选定所要设置的科目前，一定要考虑职业学校所在地的实际条件，因为"各省市所产之主要原料，及各地方亟应兴办之新实业对于职业教育之推广关系至为重大"❷。实事求是地讲，"办职业学校下手第一个问题，就是设什么科。假如某省某市某县某乡行政当局，以为吾们已经设有农科工科了，必得再设一商科，总算完全。这样落想，便是大错。职业学校设哪一科，乃至一科之中办哪一种，完全须根据

❶ 中华民国大学院编：《全国教育会议报告》，转引自沈云龙：《近代中国史料丛刊·续编·第四十三辑》，文海出版社1984年版，第501页。
❷ 中华民国教育部编：《十年来之教育概述》，中华民国教育部编印1939年版，第23页。

那时候当地的状况。都市中办农科，固然是笑话，就是机械工业没有发达的地方，设机械科，一班一班的培养出来，哪里去找出路呢？无非是增进一部分青年的痛苦罢了。从这点上，已足证明职业学校的基础，是完全筑于社会的需要上"❶。而且在科目的设置上，一定要避免重复，因为"设置专业求多求全，都希望把学校办成'综合性'院校，出现专业同质化现象，造成特色专业少，品牌优势逐渐丧失"❷，这样的职业学校既没有市场竞争力，也会陷入同类学校抢夺生源的泥潭。而单科职业学校，能够将有限的教育经费集中到某一个专业上，从而把这个专业办好、办精、办出特色。

湖南省教育厅提出《扩充全国职业教育案》，认为当时的教育过于注重普通中学，对于职业教育太过冷漠。普通中学毕业的学生，大多因为经济条件所限无法升学，同时又没有一定的技能藉以谋生，以致成为无业游民，流毒于社会。如果要袪除此弊病，必须扩充职业教育，使人民均有接受职业教育的机会，以培养谋生的技能。具体的办法如下。

第一条　各县须筹措专款，至少开办男女初等或中等职业学校各一所。科目之多寡，按照本地需要情形，及物产状况定之。注重实习。工厂务求完善，俾达学生致用之目的。

第二条　各县办理职业教育，经费总额，百分之三十。

第三条　各县公私立职业学校，成绩优良者，省政府应特别给予津贴，并奖励之。

第四条　各县初级小学，须就较高年级，加授工用艺术，及农商业知识，以为毕业后逐学农工商业者之准备。❸

这里强调职业教育的经费首先要有所保障，并且政府要重视当地职业教育的发展，小学高年级也应该学习一些技术知识，以便为毕业后接受职业教育做准备。最后，设立职业学校总提案达成了统一的办法。

---

❶ 黄炎培：《职业教育机关唯一的生命是怎么》，《教育与职业》1930年第4期。
❷ 付兴国：《现代高等职业教育论》，中国轻工业出版社2014年版，第69页。
❸ 中华民国大学院编：《全国教育会议报告》，转引自沈云龙：《近代中国史料丛刊·续编·第四十三辑》，文海出版社1984年版，第502页。

第一条 职业学校得单独设立。

第二条 职业学校以业为单位，惟同一校内，得设性质相同之各组。

第三条 职业学校之设置，以应地方需要，及利用其环境与生产为原则。

第四条 职业学校之教育方针，以实地工作为主，上班授课为辅，俾学生毕业后，能在工厂内担任技术工作或自组一种小工业之能力。

第五条 职业学校之教职员及学生，须一律短装，躬亲操作，免除一切文人旧习。

第六条 校内工厂设备，务求适用。

第七条 学校出品以能推销市场，减轻消耗为主。

第八条 学校应收录寒素子弟，求学费用，务使减轻。

第九条 职业学校学生毕业年限，应视各校之性质及所期造就学生之程度，由各校自定之。

第十条 与各职业机关店铺场所合作改良以前徒弟制。

第十一条 本案所指职业学校以授直接生产之技能者为限。❶

河北省第二职业学校的校长杜守文提出《本省各县应普设初级职业学校案》，鉴于当时中国生产落后、民众疾苦的不良状况，如果不能切实提倡职业教育，那么这种局面是不好挽救的。而就当时的情况来看，各县都设有高级小学校，但初级职业学校还是非常少的。以至于贫寒子弟没有经济能力升学时，就得陷入失业的境地。这种情况是非常危险的，因为没有办法找到工作，一些青年子弟就自甘堕落，甚至铤而走险，走上犯罪的道路，进而影响整个社会的安定。所以杜守文主张在各县普设职业学校，专为贫寒子弟谋求生路。通过接受职业教育，毕业后就可以直接为社会服务，同时还可以发展家庭工业，提高生产效率。为此，他认为每县应该最低设立一所职业学校，以达到职业教育普及的目的。关于具体办法，杜守文提出"职业学校学生应由各村长佐就村中贫

❶ 中华民国大学院编：《全国教育会议报告》，转引自沈云龙：《近代中国史料丛刊·续编·第四十三辑》，文海出版社 1984 年版，第 497~498 页。

寒子弟、初中小学毕业者加倍选送学校，择优录取，毕业后即回本村，同时实行改良家庭工业；初级职业学校应兼收男女生"❶。在科目设置上，则是根据之前所调查的各县物产情况而定，课程由教育厅聘请的职业专家制定。在学校的设立上，采取行政命令的强制性方式，由教育厅指令县政府教育局限于1932年最低限度要筹设一所职业学校，并且工厂设备等不能敷衍了事，一定要达到应有的标准。在教育经费上，由教育厅指令县政府随粮同征。对于学生，免收学膳费，并且学校出售的成品收入要拿出一部分作为优秀学生的奖金。杜守文认为可以让河北省教育厅强制各县设立职业学校，恐怕这一点和河北省教育厅的职业教育规划是有非常大的出入的。因为就当时河北省的整体经济状况来看，很多贫困县根本没有经济条件去开办职业学校。而且在每个县都开设职业学校，可能也没有这个必要，只要能满足临近几个县开设一所职业学校，就已经很不容易了。

（三）中学改添职业班提案组

近代以来，"我国农工生活技能，多固步自封，不知科学之应用，难期有长足之进步，至于学校教育，亦依然漠视操劳的习惯"❷，青年学生在校时，既不肯放弃"双料少爷"的享乐，出校后亦难免"高等游民"的结局。民国初期，"中学校与职业学校完全分立，仿佛各有各的系统，并且依照部章职业学校的学生不许转入普通中学去读书。但是学生的志愿却没有分别得这样清楚，进中学校的依然想去谋生，进职业学校的尚在希望升学。结果怎样呢？学校方面想迁就学生各种升学志愿，于是编制课程时，不得不特别通融，方针既不专一，标准自难确定，因此中学校的课程弄成非驴非马，既不合于升学，又不合于谋生，职业学校的课程，也不能适应社会的需要，这是我国学制上的一大缺憾"❸。

鉴于这种局面，在普通中学改添职业班，既能对学生实施职业陶冶为从业做准备，又能推广职业教育。民国政府曾规定初级中学需视地方需要，兼设

---

❶ 河北省教育厅：《本省各县应普设初级职业学校案》，《河北省教育公报》1932年总第17期。

❷ 朱经农：《近代教育思潮七讲》，商务印书馆1941年版，第6页。

❸ 廖世承：《中学校与职业教育》，《教育与职业》1921年第9期。

各种职业科。高级中学分农、工、商、家事等科，但需酌量地方情形，单设一科，或兼设数科。为此便有了《1918 年直隶省教育会拟废止添设中学第二部，扩充甲乙两种实业学校，以推广教育之实行议案》，理由是"今突于中学添设第二部，无论其课程简略，不能如甲种实业之可以得专门知识也，即使能得，则力不能上进升学者，势必至舍实业而群相奔赴斯级，则同级之实业学校受此影响，必至中途卸业。现在各省甲种实业，若工、商、农、水产等校，方待扩展"❶，解决之法是"即就各该校原有之地址、款项，变形组织课程，依据部定章程，就地方情形变通酌定。如平原地方，则变为甲种实业，交通地方，则变为甲种商业，其课程即于地方实利处酌定之。教员均以各省高等专门学校毕业充任，以期地方得切实之利益。数年后，实业学校毕业者，庶无永久向隅之虞"❷。此后直隶于 1923 年上半期举行小学会议，在会议中各县大多因为新学制高等小学校缩短了年限，因此要求改设初级中学。但是直隶省教育厅则认为，"高等小学毕业生升学者甚少，致一般中学校招生常苦不足；此中不能升学之毕业生大多数均须即谋生活，而省立职业学校有限，殊不足以供要求，故主张与其以县款改设初中，不如以之添设职业学校；且以为省设职业学校，范围较大，不易能十分适应实际需要，不如县设职业学校，可确就地方情形，设相当之学科，较易收效"❸。教育厅列举了种种利害关系，将本来要开办中学的现款添设职业学校一案，获得了通过，并且责令各县执行。1926 年，中央政府教育行政委员会委员许崇清在其发表的《教育方针草案》中也指出："中国从来的教育，只是关于支配行动的教育；关于生产行动的教育，在中国是从来所无的。"❹

到了 1934 年，教育部严令全国各省市不许再开设普通中学，应该把这部

---

❶ 《1918 年直隶省教育会拟废止添设中学第二部，扩充甲乙两种实业学校，以推广教育之实行议案》，载朱有瓛主编：《中国近代学制史料·第三辑·下册》，华东师范大学出版社 1992 年版，第 309 页。

❷ 《1918 年直隶省教育会拟废止添设中学第二部，扩充甲乙两种实业学校，以推广教育之实行议案》，载朱有瓛主编：《中国近代学制史料·第三辑·下册》，华东师范大学出版社 1992 年版，第 310 页。

❸ 璩鑫圭、唐良炎编：《中国近代教育史资料汇编·实业教育师范教育》，上海教育出版社 1991 年版，第 508 页。

❹ 许崇清：《教育方针草案》，《中华基督教教育季刊》1926 年第 2 期。

分经费投入到创办职业学校当中。国家的命令发布后，天津市教育局"认为国难严重，亟应特别注意以期储育实业专门人才，该局二十三年度行政计划，决定通饬各中学，于暑假后学期开始时，分别附设职业班。对于职业教育师资之养成，并经拟定具体方案，现该局以暑假将满，下学期即行开始，昨特通令各学校遵照部令，迅行筹设职业班，又该局昨奉教育部令，自本年度起，暂不准成立中等学校，无论教育机关及私立，一概不予立案，惟职业中学不在此列，以应目下之需要。闻省教育厅，亦奉行该项调令，仰对职业中学，特别筹设，普通中学暂视为缓图"❶。

河北省第十八中学的校长吕士熊提出《中学校添设实验职业教育班次及另设实验职业教育专校案》，理由是根据国民政府"从国民经济学之基础上建设国民教育"的宗旨，加上当时民生凋敝、经济萧条的局势，应尽快推广职业教育，并且在推广的过程中，一定要注意实效。民国政府的教育部已经训令各省筹设农工职业学校，以推动职业教育的发展。但河北的省立职业学校数目寥寥，中学添设职业班的数量也不多，这根本实现不了推广职业教育的目标。从职业教育的发展历程来看，它与中学及师范教育是大体相同的，但成效却远不如二者。究其原因，并非是社会不需要职业教育，而是由于职业教育的办学方法及培养的人才与社会不相适应所致。所以应该先进行试验性的推行，在此过程中再予以改进，以谋职业教育的发展。职业学校除了染织和机械科以外，根据社会的需要，还可以添设金工与木工。就河北省的自然条件来看，平原广袤，务农的人占大多数。因此应该扩充农业职业教育，以扭转农村社会经济的衰败。为此，他提出了较为具体的实施办法。

第一条 增加班次及专校，就各校及学校所在区域之情形，择其宜于设立某职业科者，分别增设农业、金工、木工之班次，或另设专校。

第二条 职业班分为初中与高中两种。

第三条 凡职业班或专校，均定名为实验初、高中某科职业班或学校，揭明提倡及改良职业教育之责任。

---

❶ 《教育部通令各省市不准再设中学》，《益世报》1934 年 8 月 20 日。

第四条　由专家规定学生毕业年限及课程标准，以为实验之基础。

第五条　职业科之设备及设备之保管，均详密规定。

第六条　各科实验情形及结果，均应详密记录。每学期汇集报告，开联席会议讨论，并请专家指导，以谋改进。

第七条　职业教育方在萌芽时期，社会信仰薄弱。中家以上子弟，每不肯于轻试。投考者少，招生易滥，流弊滋多。且各科分立各处，路途较远，路费亦重，故对于学习职业之学生，应行优待，一律免费就学。提倡自易，收效亦易于显著。❶

吕士熊对于中学校添设职业班一事，还是持非常稳健的态度的。因为中学校附设职业班，具体效果会怎么样，谁也说不清楚。大面积地推广，如果出现什么问题，将会带来不必要的损失。为此，他强调应该先行试验，根据当地实际情况，开设对口的职业科目，如果效果良好，再行推广和普及。

河北省第二中学的校长杨学山提出《初中实施职业教育救济不能升学之学生案》。他认为贫寒无力再升学的初中毕业生在离开校园走上社会后毫无出路，需要通过实施职业教育提升他们的就业率，以谋取生路。具体办法是在双轨制中学的第二年，按照学生是否升学的意愿分成两个班，将有志升学的组成一个班，所学的课程按照现在初中的正常进行；无意升学的学生另行组建一个班级，打破现在学分制，主要教授简单的职业教育知识，例如制革、造胰、照相、清油、制干电池、电镀、制烟火及制造化妆品等，关于这些科目，如果仅学习技术，不学习理论知识，一年时间基本上就能掌握。在设备方面，大约需要二三百元。因此在初中实施职业教育，所需费用并不是很多，而且还能培养学生的一技之长，以谋求生路，是一举两得的事情。单轨制的学校可以相互联合办理，其中甲校设升学班，乙校设职业班，两个学校的学生根据自身的志愿在两校之间进行转学，这样升学和就业二者就都能够兼顾了。这个提案主要是从制度的方面给出了初中毕业后不能升学的学生接受职业训练的途径。

其实不仅是中学校，就是师范学校也可以实施职业教育，1930年河北省

---

❶　河北省教育厅：《中学校添设实验职业教育班次及另设实验职业教育专校案》，《河北省教育公报》1932年第17期。

第一师范学校，为了"提倡职业教育起见，去春曾成立养蜂学会，由该校教员养蜂专家白葱佩氏，指导学生学习，第一班毕业后成绩甚佳，学生有在家经营养蜂场者。闻该校近又成立第二班，凡一年级学生，均可自由报名学习，仍由白氏于课外纯尽义务详加指导，定于每周星期一、日午后三点半钟上课，闻报名之学生，已达一百二十人，业于昨日开始授课"❶。由此可见，在中学或师范学校进行职业教育，只要用心去做就一定有效果。师范毕业的学生去养蜂也是一条谋生的道路，未必就不如当教师，而且从学生报名的踊跃程度来看，推广职业教育已经开始得到当时世人的认可。

河北省第九师范的校长杨玉如提出《各中等学校应适应地方情形酌设职业教育试验场所并增加职业科目以充实职业教育案》，缘由是全国职业教育的发展已经误入歧途，空疏无用的学子日渐增多，造成社会的不安定。究其原因，学生"进学校的门，便和社会家庭隔绝，学校所授的功课和个人环境是不能适应的，中学毕业生是不肯到乡间服务，大学毕业生更不用说了，往往小学毕业就成了小流氓，中学毕业就成了中等流氓，大学毕业成为高等流氓"❷。在当时国家困难之际，必须想办法予以补救，因此职业教育受到世人的普遍重视，各省立专科学校中添设职业科目已经由宣传阶段逐渐转入实施的阶段，但河北省各个中学校大多没有职业教育，而且仅有的试验场所及设备均流于形式，职业学科的开设也大多停留在口头阶段，没什么实际的内容。学习者学不到什么实用的技能，教授者也不知道自己在教什么，很多职业科目开设不久就取消了。为了发展职业教育，在初级中学阶段，可以减少普通科目，进而增加职业科目，使中等学校学生学习到真正的专业技能，毕业时有基本的谋生本领。这样社会上的游手好闲之士减少，能够创造生产力的人就增多了，中等教育的弊病也就得到根治了。具体的办法是由教育厅命令各中等学校从速计划筹设职业教育试验场所并增添职业科目；教育厅还要筹备专款，分配到各校，督促设立职业科目，并责令各校节省经费；在推行上，由教育厅派员到各校考查并督促实行。所以，应该由教育厅以命令的形式要求中学校开设职业科，并且必须有经费和设备的保证，同时还要派专员去进行督促，以保证中学校附设职业科切实

❶ 《一师养蜂学会继续开班正式上课》，《益世报》1930 年 5 月 14 日。
❷ 邹鲁：《我对教育之今昔意见》，商务印书馆 1945 年版，第 30 页。

推行。

事实证明，在中小学添设职业班是一个不错的建议，以天津市立第三十七小学校为例，该校"向来注重生产教育，平日对于学生之训练，智识与技能二者并重。如教室之刷浆、门窗之油漆、桌椅之修理、道路之建筑无一不由学生办理。近来该校为实行生产教育起见，拟于暑假期后，添设初中职业班，招收高级小学毕业或有同等学力者，暂定三年毕业，不收学费。上午研究学理，下午实地工作。所定科目，有板金电镀两科，现在已开始招生，报名者甚为踊跃"❶。

1917年河北省立第一中学校便开设了商业科，学校"历届毕业生之从事商业者、学生父兄之从事商业者皆甚多，今年暑假后，第四学年开双级，于普通学级外设一商业科，令学生志愿习商业者入之。签名之结果，商业级生与普通级生相等。两级之科目，大略相同，而内容异。如商业科，英文、英语注重应用，而经济学尤特别加重之类，外加打字、簿记等特设之科。打字则正课外兼于自修时练习"❷。此一时期，江苏省第五中学也开设了陶业科，该校的陶业科为"第二部之试办，其改良之大纲，一土质之研究，二工作之研究，三火候之研究云云。五月开始，中经暑假，迄今仅数月耳。而观其陈列之成绩，五光十色，姑不尽述。所可喜者，土质、用器、建窑、调釉、绘画，皆具有科学的研究，或依顺序陈列，或制为各种模型，或述其所经过之现状，或述其发明之新法。是乃陶业教育，而非普通陶业工场也"❸。

此后，在1934年河北省教育厅将天津的中山公学改组为商职学校，天津市"河北大经路私立天津中山公学校长胡定远，于今年春间，感觉现社会不景情状，实有提倡生产教育，培养实用人才之必要，特商得校董会许可，遵照教育部颁令，将该校改组为商科职业，定于本年暑假将普通中学取消，改招商科职业学生，当经诸校董热心筹妥基金；填注立案用表，呈请市教育局转呈教厅、教部立案，迄今已数月之久。顷闻该校已于昨日奉到市教育局，指令第

❶ 《市立卅七小学添中学职业班》，《益世报》1934年5月21日。
❷ 《1917年11月黄炎培〈三中学加设职业科之调查〉》，载朱有瓛主编：《中国近代学制史料·第三辑·下册》，华东师范大学出版社1992年版，第319页。
❸ 《1917年11月黄炎培〈三中学加设职业科之调查〉》，载朱有瓛主编：《中国近代学制史料·第三辑·下册》，华东师范大学出版社1992年版，第320页。

二七八九号，略谓：私立天津中山公学商职学校校董会所呈，业经派员视察，并据情转呈市府，教厅部鉴核，以所呈之立案用表，并基金照相等件，尚无不合，应准立案，合行令仰知照云。并闻该校此次招收商职学生两班，学生报名投考者，至为踊跃，原有校舍不敷应用，刻正雇工修理新教室及体育场，所有校内全部，并加油饰以壮观瞻，且另开书室，俾学生于课余，便于自动阅读，以谋学业之进步"❶。不但如此，中山公学还在 1935 年又添设了职业补习班。天津市的中山公学商科职业学校"自上月迁至法租界三十五号路新址后，对于内部设备均加充实，闻该校附近以职业学校法中曾有职业学校得视环境之需要附设各项职业补习班之规定，加以该校现地点适中，学生往来便利，故特遵照前项规定分设各项补习班。一为商业补习班，授予商业上之必要知识；二为女子职业班，授予处理家事与编织刺绣缝纫等知能；三为汉英数理补习班，俾青年学生于课余之暇，有此补习处所，便于升学也，现该校对此三项设置，已经筹备就绪，日来各班报名入学者，均至为踊跃"❷。

1936 年南开女中也开设了职业班，天津市"私立南开学校女中平教干事会所主办之妇女补习学校已四载，于兹成绩可观，现因培养职业技能，藉应社会请求计，将于本月起增设职业班，专收初小毕业程度学生，授与应用工具与相当知识，俾出校后得充任实业机关生徒，闻该班已于本月十五日举行入学试验，男女兼收（男生年龄限在十四岁以下，人数男女各半），闻投考者甚众，已于前日正式开学"❸，可见这种附设于中学的职业班是很受社会欢迎的。

### 三、发展职业教育之计划

在近代中国，各个时期的中央政府对于全国如何推广职业教育，基本上都有特定的程序和要求。以民国时期为例，教育部专门制定《各省市推行职业教育程序》，该程序对于各省市县如何推广职业教育，作出较为明确的规定。在

---

❶《中山公学立案》，《益世报》1934 年 8 月 27 日。
❷《中山公学增设职业补习班》，《益世报》1935 年 4 月 19 日。
❸《南开妇女补校职业班》，《益世报》1936 年 10 月 21 日。

推广职业教育之前，各省市教育厅局应该会同各县市政府及各种实业机关调查各县市主要工商业的种类、数量以及工作待遇等情况，主要农产品的产量及价格，还有各种实业机关能够接收职业学校毕业生的人数。在具体推广方案的设计上，要"聘请专业技术人员及富有职业教育经验者，组织职业教育设计委员会，议定推行职业教育之方案。并会同建设局拟定建教合作办法呈部核定"❶。职业学校科目的设置要注意能够改良当地旧有的手工业并利用当地的企业或原料发展新工业。在经费的分配上，要依照教育部《各省市各类中等学校设置及其经费支配标准》，至少要占中等教育的 35%，而且还规定逐年增减经费的办法。在区县和镇一级别，由于经济力量所限，应该注重设立职业补习学校，在县市一级，需注重设立职业补习学校及初级职业学校；在省市方面，要注重初级和高级职业学校的设立。各省市原有的职业学校，如果设备简陋，必须及时充实，必要时可以停招一次新生，将所节省下来的经费用以购买设备。如果新设的职业学校经费不易筹措，可以使用经常费的一部分或全部，但只能使用一次。

现有职业学校的科目及班级，应该严加核定，并且应该尽量利用现有的设备，以保证学生的充分实习。各省市县办学不利的公私立中学校，应该改办成职业学校或职业补习学校。私立及职业团体开办职业教育应该受到奖励，小学可以附设职业班。各省市厅局平时对于中小学学生的家庭职业、经济状况以及毕业升学与就业之人数及其百分比，应有确凿的调查，以便实施职业指导。此外，还要根据实习的需要设立职业学校师资训练机关，以确保充裕的教师进行教学。当时全国各地均有自己的职业教育推广计划，可考的各省市职业教育计划书以及社会人士对职业教育的具体规划意见有《福建省职业教育设施之事实与计划》❷、《改进河南职业教育之意见及其计划》❸、《甘肃省职业教育设施方案》❹、《江苏省职业教育之改进计划》❺、《山西职业教育之检讨及其将来应取之

❶ 察哈尔教育厅：《各省市推行职业教育程序》，《察哈尔教育公报》1933 年第 1 期。
❷ 福建省教育厅：《福建省职业教育设施之事实与计划》，《教育周刊》1932 年总第 127 期。
❸ 张廉午：《改进河南职业教育之意见及其计划》，《教育与职业》1933 年第 2 期。
❹ 甘肃省教育厅：《甘肃省职业教育设施方案》，《甘肃教育》1940 年第 2 期。
❺ 江恒源：《江苏省职业教育之改进计划》，《江苏教育》1933 年第 4 期。

途径》❶、《四川省职业教育改进之途径》❷、《青岛市二十四年度职业教育改进方案》❸以及《青岛市实施职业教育计划草案》❹等，由于篇幅所限，这里不一一列举阐述，仅选取陕西省为个案进行分析。

（一）近代陕西省职业教育的基础

陕西省的近代职业教育肇端于清末，以爱国教育家刘古愚于 1884 年自泾干书院开设农艺科为标志，拉开了陕西省职业教育早期现代化的序幕。及至 1902 年清政府颁布《钦定学堂章程》，伴随着中国近代职业教育体制的确立，陕西省近代职业教育也得到了相应的发展，桑蚕学堂、织毛公所、巡警教练所等一系列原始状态的实业教育机构相继在陕西省出现。清末时期，陕西省的实业教育等级上大多是初等实业学堂，就其种类来讲，十之八九是农业实业学堂。因此，这一时期陕西省职业教育还处在萌芽状态。

民国初期，陕西省的职业教育较之清末尽管有一些进步，但良好的势头在之后并没有得到很好的保持。1912 年，陕西省仅有乙种农业职业学校 4 所。到了 1916 年，陕西"全省有职业学校 22 所，其中乙种农业职业学校 20 所，甲种农业学校 1 所，甲种工业学校 1 所"❺，可见在这几年当中，陕西省推广职业教育还是有一定成效的。但是此后的几年间，陕西省的职业教育处于停滞甚至出现了倒退的状况，1922 年全省乙种农业学校仅 13 所，甲种农业学校 2 所，乙种商业学校 1 所，甲种工业学校 1 所。陕西省于本年出台的《陕西实业教育计划书》也明确指出"陕西教育之不发达，以实业学校为最甚"❻，继而对于陕西职业教育的落后现状进行了说明，"甲商虽有预算，并未设立甲农，甲工亦多因陋就简，难资实用。至于乙种实业，各县设立者甚属寥寥。查民国八年，陕西教育统计，高小学校一百七十三，乙种农业仅十九处，乙种商业只有一处，而乙种工业尚未设立，其所设者又皆与高小名异实同，不过多加几种实

❶　张蔚禄：《山西职业教育之检讨及其将来应取之途径》，《新农村》1935 年第 27~28 期。

❷　宋大鲁：《四川省职业教育改进之途径》，《中等教育季刊》1940 年第 1 期。

❸　《青岛市二十四年度职业教育改进方案》，《青岛教育》1935 年第 4 期。

❹　《青岛市实施职业教育计划草案》，《青岛教育》1935 年第 9 期。

❺　陕西省地方志编纂委员会：《陕西省志·教育志（上册）》，三秦出版社 2008 年版，第 332 页。

❻　陕西省教育厅：《陕西实业教育计划书》，《陕西教育月刊》1922 年总第 15 期。

业教科书，视为国文读本而已"❶。这份《陕西实业教育计划书》虽然名为计划书，但并没有对于如何发展陕西省职业教育进行详细规划。其中更多的篇幅是介绍了陕西省的自然条件，以便明确针对这些自然条件应创办何种职业教育，同时还详细说明了截至1922年陕西职业教育的发展状况，并对造成陕西职业教育落后的原因进行了深入分析。在该计划书的后两段，分别强调兴办女子职业教育的重要性以及创办职业教育之前要进行调查研究。

通过这份计划书可以看出，此时陕西省实业学校的数量、种类以及办学质量，都存在相当大的问题，已经到了不得不需要花大力气去扶植之时。形成如此局面，除了经费不足，师资匮乏等客观因素外，根本性的原因是观念问题。在人们的心中，职业教育的地位不及普通教育，"学生习惯于诵读，惮于服劳，而服劳上之实习教师亦难延聘，是以所学非所用，终不免理论多而成功少也"❷。不仅学生对于职业教育存在反感心理，就是当时的陕西省教育厅也是把职业教育作为教育的旁支来看，"按吾国学校系统有直系旁系之分，直系者由国民而高小而中学而专门或大学，循序升序以造就各项专门人才或硕学鸿儒以应国家之需者也。旁系者由国民或高小而转入各种实业学校以养成国民应用之知识技能者也……旁系学校之各种实业教育所以急宜注重者也"❸。职业教育是整个教育系统的重要组成部分，如果仅仅把其看作是旁支，从思想观念上没有给予足够重视，根本不可能实现快速推广和发展。面对如此落后的局面，陕西省于1922年之后加大了对于职业教育的扶植力度。

（二）根据计划，按部就班推广职业教育

对于如何兴办职业教育，陕西省教育厅有详细的规划。笔者查阅到的陕西省最早的职业教育计划是前文提到的1922年陕西省教育厅制定的《陕西实业教育计划书》，但在其中并没有制定陕西职业教育的发展规划。1923年，陕西省教育厅制定《分期分区举办陕西实业教育计划书》，在该计划书中对于陕西省甲种实业学校和乙种实业学校的学区、经费及期限进行了详细说明，并对实

---

❶ 陕西省教育厅：《陕西实业教育计划书》，《陕西教育月刊》1922年总第15期。
❷ 陕西省教育厅：《陕西实业教育计划书》，《陕西教育月刊》1922年总第15期。
❸ 陕西省教育厅：《陕西实业教育计划书》，《陕西教育月刊》1922年总第15期。

业补习学校以及女子职业教育的发展进行粗略的规划。因为甲种和乙种实业学校更具有代表性，这里着重介绍这两者的发展规划。关于甲种实业学校的学区，"全省为九区，省会一区、大荔一区、凤翔一区、乾邠一区、榆绥一区、延郿一区、汉中一区、兴安一区、商县一区，九区中乾邠商县二区应各设甲实一处，其余各区应设立甲种农工商业学校各一处，计共应设甲实二十三处……现拟从省会入手，除已设之甲农甲工外，增设甲商一处，榆林暂设甲工一处，汉中暂设甲农一处，为第一期。兴安大荔凤翔乾邠延郿商县各区均暂从缺，以后财力充裕再予兴安大荔凤翔延郿各设甲实一处，榆林汉中各增设甲实一处，为第二期。俟各区设齐时，再及予乾邠商县二区为第三期，除乾邠商县外，以各学区设齐三校为第四期"❶。甲种实业学校是当时最高等级的职业教育，尽管当时陕西省财力窘困，办高等职业教育有诸多困难，但还是要照顾陕西省的全局，争取在各个地区都能创办甲等农工商实业学校，以保证各地区高等职业教育的平衡发展。根据陕西省当时的财政状况，该省教育厅制定了基本符合其自身实际状况的分期发展规划，这有利于陕西省高等职业教育的稳步向前发展。乙种实业教育的发展规划，以陕西省的各"县自为区，一等县设立乙种实业学校三处，二等县二处，三等县一处，至于某县以设某种实业学校为宜，得视地方情形呈请酌定设立"❷。关于乙种实业学校的设立，体现出陕西省教育厅职业教育政策的灵活性和实际性。创办乙种实业学校既要照顾到该县的财政能力，以决定其办学数量，又要虑及该县的自然条件和产业状况，来决定其创办何种类型的实业学校。对于甲乙种实业学校的发展阶段，该计划书只作了比较简单的规划，甲种实业学校第一期于下学年内办理完竣，乙种实业学校以一年内各县设一处为第一期，两年内设齐二处，三处为第二期，至于长远的发展规划，则是在 5 年之后。

1928 年，无论是对全国教育还是陕西省教育发展来讲，都是极其重要的年份。这一年 5 月召开了全国教育会议，9 月陕西省召开了陕西全省革命教育行政会议，在这次会议中，形成了陕西省各级各类教育的议案，为以后陕西省教育的发展指明了方向。就职业教育来讲，陕西省教育厅厅长黄统发表整顿陕

---

❶ 陕西省教育厅：《分期分区举办陕西实业教育计划书》，《陕西教育月刊》1923 年总第 32 期。

❷ 陕西省教育厅：《分期分区举办陕西实业教育计划书》，《陕西教育月刊》1923 年总第 32 期。

西省教育的演讲，点明兴办职业教育的目的；陕西省教育厅出台《关于职业教育之议决案》《推动全省教育之计划与步骤（职业教育）》《陕西省职业教育改进计划》《模范县区教育计划实施步骤》等文件。其中名为《推动全省教育之计划与步骤》❶的文件中，第一期的职业教育发展计划是 1927 年，但这次陕西省全省革命教育行政会议是在 1928 年召开的，所以笔者推断这份文件在 1927 年之前就已经制定出来，只是现今就笔者能查阅到的材料，仅能在 1928 年陕西省教育年报中看到。该计划书将职业教育的发展步骤规划为三期：第一期规定在 1927 年完成，计划在北七区的肤施筹设省立第五职业学校，在南六区的安康筹设省立第四职业学校，同时要求各省立中等师范酌量情形附设职业科或职业传习班；第二期在中三区的凤翔筹设省立第二职业学校，于中一区西安筹设省立第一女子职业学校，南五区的南郑筹设省立第二女子职业学校，北八区的榆林筹设省立第三女子职业学校，并令各县筹设适应地方需要之特殊职业学校如蚕业、农业、工业、商业等；第三期计划在南郑筹设省立第六职业学校，榆林设立省立第八职业学校，并命令各县教育区内按区斟酌情形开设适应地方急需的特殊职业学校或在各区高级小学内开职业准备班。这份职业教育规划较 1923 年时制定的计划要详细得多，而且也较为切实可行，对于陕西省的规模和综合实力来讲，这样的发展规划仅能达到其最基本的匹配要求。尽管如此，由于陕西省当时财力过于窘迫，实现这项规划亦十分艰难。为便于清楚了解该计划内容，现将 1928 年陕西省教育厅筹设职业学校计划案列举如下（参见表 4-1）。

表 4-1　1928 年陕西省职业教育发展规划一览表

| 名称 | 区域 | 地点 | 设立次第 | 成立期限 | 备注 |
|---|---|---|---|---|---|
| 省立第一职业学校 | 中区 | 西安 | 已成立 | | |
| 省立第二职业学校 | 中区 | 凤翔 | 第二期 | 1928 年 | |
| 省立第三职业学校 | 中区 | 三原 | 已成立 | 1923 年 | |
| 省立第四职业学校 | 南区 | 安康 | 第一期 | 1927 年 | |
| 省立第五职业学校 | 北区 | 肤施 | 第一期 | 1927 年 | |

❶ 《推动全省教育之计划与步骤》，陕西省档案馆藏，资料号：8-1-110；陕西省教育厅：《陕西省教育年报》1928 年，第 64~67 页。

续表

| 名称 | 区域 | 地点 | 设立次第 | 成立期限 | 备注 |
|---|---|---|---|---|---|
| 省立第六职业学校 | 南区 | 南郑 | 第三期 | 1929 年 | |
| 省立第七职业学校 | 中区 | 郃阳 | 已成立 | 1924 年 | 此校地点或移设大荔潼关 |
| 省立第八职业学校 | 北区 | 榆林 | 第三期 | 1929 年 | |
| 省立第一女子职业学校 | 中区 | 西安 | 第二期 | 1928 年 | |
| 省立第二女子职业学校 | 南区 | 南郑 | 第二期 | 1928 年 | |
| 省立第三女子职业学校 | 北区 | 榆林 | 第二期 | 1928 年 | |

资料来源：《陕西省教育年报》，1928 年，陕西省档案馆藏，资料号：8-1-110。

　　1928 年制定的职业教育发展计划，仅仅是为陕西省的职业教育系统绘制了一个基本的蓝图或者也可以称之为雏形。就当时情况来看，1928 年、1929 年两年大旱，加上北伐战争，陕西省财政十分拮据，因此筹措教育经费亦极端困难。当时西安只有一所大学、一所中学、一所职业学校、一所师范学校、一所女子师范学校。陕北、陕南唯一的省立学校绥德师范和南郑师范均已停办。在这种艰难的情况下，陕西省教育厅还能花这么大精力去发展全省的教育，并制定如此宏大和全面的规划，实属不易。除了勉强能保证执行上述计划，再无力创办更多的职业院校。已经创办的职业学校"预定之扩充工厂设备及建筑等计划，多未能实现。惟各县方面，对于职业教育，均加注意，定有兴办学校之计划"❶，后来的事实证明，陕西省政府没有财力实现这项发展规划，反而县立、联立及私立职业学校在后来的办学数量上占有更多的份额。

　　此后，陕西省教育厅于 1934 年出台《1934 年陕西省教育之改进》的文件，其中的《职业教育之概况与改进》先说明了当时已经成立的职业学校，"省立职业学校为西安农业、三原工业职业初级中学等二校；县立者有南郑之蚕科、潼关之农业等两校；联立者有榆林之毛革工业职业学校；私立者乃西安之女子平民职业学校共计六处"❷。这里有一个问题值得注意，陕西省教育厅在 1928 年制定了以后的职业教育发展规划，而且最晚要在 1929 年即第三期全

❶　中华民国教育部：《第一次中国教育年鉴·丙编·教育概况》，开明书店 1934 年版，第 405 页。
❷　《1934 陕西省教育之改进·职业教育之概况与改进》，1934 年，陕西省档案馆藏，资料号：8-1-160。

部完成，但从这份文件中可以发现，在这 6 年的发展过程中，陕西职业教育并未顺利完成上面的计划。其一，数量上没有达到 1928 年计划的要求，当时制定计划要建设 11 所职业学校，但到了 1934 年，仅成立 6 所，与预期目标可谓差距甚大；其二，许多本来计划应该是省立层次的职业学校，后来由于陕西省政府财政的拮据，变成县立、联立以及私立，这大大降低了这些职业学校的规模和等级。文件后面提出要将榆林毛革工业职业学校收为省办，表明县立职业学校由于财力过于单薄，不得不转为省立，也反映了陕西各县办学之艰难。另外，要筹设华阴工业职业学校，因为"华阴兵工厂停办后，所余机器，多数可资利用，需费尚少，开办较易" ❶。但笔者查阅了 1946 年陕西省职业学校一览表，在该表中，笔者发现在华阴县仅有华阴县立初级染织科职业学校这一所职业院校，该校开设染织专业，这显然不是 1934 年计划开设的华阴工业职业学校的延续，可见这所计划中的职业学校不是没设立就是维持不久。这也说明，因为财政上的限制，陕西省不仅未能完成 1928 年所制定的看似实际的职业教育发展计划，而且在以后制定职业教育发展规划上，只能根据现有财力状况，对于原有计划进行压缩与删减。

（三）出台相关法令，确保职业教育的顺利推广

职业教育的法案，能够体现出一省对于推广职业教育的具体措施。1922 年，陕西举办了全省教育行政会议，其中无论是议决案还是审定案，都要求在陕西全省推广职业教育，并提出具体的措施。这次陕西全省教育行政会议中关于职业教育的议决案和审定案内容基本相同，审定案对议决案的第三点进行了修改，此外审定案删去了议决案的第十点，因此在对职业教育提案进行分析时，以审定案的内容为准。关于职业教育提案的前两条，强调"小学校较高年级之课程应斟酌地方情形增加职业准备之教育；中学校应酌设职业班" ❷。职业教育的创办不能脱离普通教育，普通教育是职业教育的基础。在兴办职业教育之初，陕西省有意识地在普通教育中融入职业教育的元素，这能够培养学生职

---

❶ 《1934 陕西省教育之改进·职业教育之概况与改进》，1934 年，陕西省档案馆藏，资料号：8-1-160。

❷ 《关于职业教育案·推广职业教育案》，1922 年，陕西省图书馆藏，资料号：02269/1。

业教育意识，为学生将来接受职业教育打好思想基础。这种做法也符合这一年全国新学制的改革，将职业教育纳入普通教育之中，实行单轨制，提高职业教育在人们心中的地位，加强对职业教育的重视。该案的第二点和第三点规定将陕西省的甲种农业、工业和商业学校以及各县已经设立的乙种实业学校均改为职业学校，这样有利于对本省职业教育进行统一的管理和规划。此外，推广职业教育审定案的第五点强调了职业教育的经营，"各学校应注重手工功课并组织贩卖部及校内工作团体（如栽花养蚕之类），以养成学生勤劳之习惯，职业之技能"❶，这里的贩卖部等同于销售部，通过生产及销售本校的产品，既能给学生提供专业实践的机会，又能够给学校提供一定的经济收入，缓解办学经费的紧张状态。与第五点相对应，这次提案的第七点要求学生在接受职业教育时要有足够的实习时间，以锻炼学生的专业技能，"职业学校须注重实习，其实习时间应遵照教令规定，须有全教授时间之五分之二"❷。职业教育不同于其他教育的一个突出特征就是它的实践性，只有具备充裕的实习时间，才能培养合格的专业技术人才。兴办职业教育还需足够的师资，尤其是在中国职业教育的早期现代化阶段，师资奇缺是最为棘手的问题。此时陕西省也面临这一问题，为此在该提案的第六点要求"各地方得于相当学校内附设职业教员养成科，以培养职业教育师资"❸，针对当时职业教育师资极其匮乏的紧迫态势，这一条措施在某种程度上可解燃眉之急。另外职业教育应有专门机构对之进行管理，"省垣及各县应酌设职业教育研究会以促进职业教育之进行"❹，管理和监督的正规化，才能保证职业教育事业的顺利进行。从整体来看，1922年陕西全省教育行政会议中推广职业教育的审定案，虽然仅有九条，并且每一条款对职业教育的规定都比较简约，但这对于陕西省刚刚起步的职业教育事业来讲，具有开创性的意义。

　　1928年，陕西全省革命教育行政会议关于职业教育的议决案是民国时期陕西省推广职业教育的又一个极为重要的举措。该议决案分为两个部分，第一部分通令各县筹设职业学校，议决案给出三点理由，即实施职业教育、发展实

---

❶ 《关于职业教育案·推广职业教育案》，1922年，陕西省图书馆藏，资料号：02269/1。
❷ 《关于职业教育案·推广职业教育案》，1922年，陕西省图书馆藏，资料号：02269/1。
❸ 《关于职业教育案·推广职业教育案》，1922年，陕西省图书馆藏，资料号：02269/1。
❹ 《关于职业教育案·推广职业教育案》，1922年，陕西省图书馆藏，资料号：02269/1。

业及养成独立谋生之国民。之后又提出在陕西各县筹办职业学校的八点办法，大致是各县至少应筹设职业学校一所；办学经费从各县教育经费中划拨；职业学校校长应由教育厅委任；各县职业学校所授科目应视各地需要情形规定，附设实习场并就地取材以便实习；修业年限视学科难易定为两年至四年不等。第二部分通令省立及县立男女各级学校应酌量情形附设职业科或职业传习班，附有两点理由，即实施职业教育和救济贫寒儿童毕业后易于谋生。对于如何附设职业科或传习班，附有六点办法，大体为职业科授以较深之学科，修业年限定为一年至三年；职业传习班专为贫寒学生急于求职业而设，注重实际工作，修业年限定为一年至两年；开设专业应视本地实际需要；实习应就地取材并常常参观有关工厂，以资观摩等。这份议案既对推广普通的职业学校进行了规定，也重视在各级普通学校中附设职业科和传习班，以弥补职业学校的不足。比较 1922 年的职业教育议案，这份文件突出了正规职业教育之外的教育形式。1928 年的陕西省职业教育正处于起步阶段，仅仅依靠职业学校来完成职业教育的重任是不可能的，而在普通学校中附设职业科和职业传习班，可以最大限度利用当时的教育资源去推广职业教育。

职业教育法令能够以法律的形式保证职业教育的推广。1936 年 10 月，陕西省教育厅公布《陕西各级学校实施推广教育暂行办法》，文件共计十一条，为了方便说明，笔者将其分为两大部分予以阐述。文件中第一部分较为详细地分类说明农业、工业、商业以及其他类型，例如助产等职业学校如何进行实习并加强与之对应产业的联系，也就是对于每种类型职业学校的社会实践等内容作了具体规定；第二部分主要对职业学校的日常教学管理事务加以说明，即"职业学校学生假期服务以有关于民众教育事项为主，各级学校教员要指导学生学科研究作文或课外研究调查，各级学校每校应组织推广教育委员会，得酌定高级学生参加，负办理各该校推广教育专责。各级学校办理推广教育，省立学校得支用该校社教经费，县私立学校需用经费数目较大时，得由主管机关酌量筹发之。各级学校应于每年度开始后一个月内，拟具本年度实施推广教育计划，呈由教育厅派员考核其实施成绩"❶。从总体来看，《陕西各级学

---

❶ 《陕西各级学校实施推广教育暂行办法·职业教育》，1936 年，陕西省档案馆藏，资料号：8-1-117。

校实施推广教育暂行办法》中的职业教育部分，主要从职业学校如何加强同社会联系、确保学生能够充分实习的角度对如何推广陕西省职业教育作出了规定。

（四）职业教育计划的执行情况分析

职业教育的推广之始，如果没有明确的规划，那么在具体的实施过程中一定会产生诸多问题和弊病，而这方面的工作民国时期陕西省做得还是较为出色的。不可否认，民国时期陕西省的职业教育起步比南方的发达省份要晚，但是也经历了几次较为快速的发展时期。其中 1922 年、1928 年以及 1934 年这三年是民国时期陕西省职业教育发展的重要时期，可以说每隔 6 年陕西省政府都会在推广职业教育上有较大的举措和作为，这也说明如何推广职业教育，陕西省是有系统的战略部署的。1922 年，陕西省召开了全省教育行政会议，无论是议决案还是审定案，都将推广职业教育作为重要内容之一，就此民国时期陕西省的职业教育发展开始提上日程。同时在这一年以及次年接连出台两份计划书，明确了以后推广职业教育的步骤。在之后的 6 年中，陕西省还是尽力去完成 1923 年的计划，尽管没能全部完成，但毕竟有较为明确的努力方向。到了 1928 年，5 月召开了全国教育会议，9 月陕西省召开了陕西全省革命教育行政会议，这次会议为陕西省之后的职业教育发展制定了详细的规划，如果制定的计划均能够实现，那么陕西省的职业教育对于其省内来讲，将会非常有力地支持该省的各项产业，进而推动全省经济的发展，甚至会成为扭转陕西省民生贫弱的一个重要因素。此外在行政会议上的各种提案论证了推广职业教育的理由、方法，并规定了职业教育的修业年限，要注重实习以及补习性质的职业教育等，这使得陕西省职业教育发展逐渐步入正轨。之后的几年中，陕西省积极执行上述计划，但是财力的拮据以及战乱的困扰，极大地制约了陕西省对于推广职业教育计划的执行力，实为可惜。1934 年，为促进陕西省职业教育的进一步发展，省教育厅就陕西省产业种类进行了调查，就全省职业学校已有科目和拟办科目作出了安排，将办学与社会经济产业紧密结合。之后，也陆续出台了推广职业教育的相关法令，但是日本侵华战争带来的破坏也波及陕西省，国难当头，全国的教育系统都遭受了毁灭性的打击，刚刚伸出枝芽的陕西省职业教育在狂风暴雨的冲击下，奄奄一息。

尽管民国时期陕西省在推广职业教育之前，制定了非常周密和详细的发展规划，但是最后在执行中，很多原定的目标都没能够实现。究其原因，其一是陕西省地处中国的西北地区，不像东南省份开风气之先，经济、金融及教育等产业发展迅速，产业的成熟自然会对于职业教育培养专业人才有所需求，这样会刺激该地区职业教育的发展。陕西省则不具备这些先天条件，很多产业类型都是原始性的，缺少新兴产业，这制约了该省的职业教育发展。因为经济产业的发展是推广职业教育的必要基础，产业尤其是新兴技术产业的发展，会增加对专门技能型人才的需求，只有需求有所保证，才能相应地去增加人才供给。陕西省是农业大省，针对这个实际状况，大力推广农业职业教育自然是在情理之中。民国时期陕西省的工业化水平并不是很高，工业和商业的发展均较为滞后，连带着工业和商业类的职业学校也无法有效推广。职业学校的学生毕业之后就是要就业，如果工商业不够发达，不能保证学生的就业，那么职业教育的推广是十分困难的。其二是陕西省本就财力窘困，加上民国时期的连年战乱和天灾，使得陕西省的经济状况雪上加霜，社会各项产业和事业都需要政府拿出经费予以补助，那么能够拿出兴办职业教育的经费更是寥寥无几，以至于本来拟定好的最低限度的职业教育发展规划，都无法实现。而且战争对于职业教育造成的直接破坏是无法估计的，无论是国内军阀之间的争斗还是日本侵华战争，对职业学校的校园基础设施均造成了致命的冲击，校舍被军队拆毁或占用，毁坏教学器具，驱赶职业学校师生等现象时常发生，很多已经办成的职业学校毁于一旦，即使没有被完全拆毁，在短时期内也都无法正常开课，必须经过漫长的时间去医治战争带来的创伤。

由此可见，计划虽好，但是由于经济、政治及社会因素的限制，对于各地职业教育发展计划的执行，造成了诸多限制。再以 1935 年的北平市为例，该市职业学校下年度计划除充实内容科，并拟增加班次，关于市立第五中学校所办职业学校，因用费过多，现正在考核中。女子职业教育，目下亦正需要，因限于经费，只得从缓。即使是进入全民族抗战阶段，国民政府依然制定了职业教育发展规划，要求 1938 年中央用于发展职业教育的经费核定为 28 万元，根据实际需要分别用于：

1. 设立边省初级实用职业学校；

2. 充实国立中央工业职业学校；

3. 办理职业学校教员讲习会及各种职业训练班；

4. 补助公私立优良职业学校。❶

同时鉴于沿海各省市优良职业学校大都沦陷于战区，能迁到内地的为数不多，所以中央政府将主要扶植西南西北各省的职业教育。这部分教育经费主要用在教学实习设备的添置，并要求各省同时增拨职业教育经费，以保证各校必要设备设施的健全。1941 年，尽管各方面的情况都不是很好，国民中央政府依然要求"各省市职业学校充实教学实习设备，由部继续督促进行，本年由部另拨经费 960000 元分配七十二校充实实习设备"❷，以便在战争期间继续发展职业教育。

## 第二节　职业教育的发展概况

了解职业教育的发展概况，本节拟从数据统计和考察评价两个方面入手，通过职业教育的相关数据统计，可以最直观地看到当时教育的发展程度和规模，通过认识教育现象进而能够领悟其内在规律。此外，当时的中央政府多次派出考察团对职业教育进行考察并作出评价，这些评价可以让人们掌握当时职业教育的办学效果。

### 一、中国近代职业教育的统计

（一）清末的职业教育统计

带有职业教育性质的机构和学校是在洋务运动时期出现的，而晚清职业教

---

❶ 中华民国教育部编：《教育报告》，中华民国教育部编印 1938 年版，第 22~23 页。

❷ 中华民国教育部编：《教育部三十一年度工作计划》，中华民国教育部编印 1942 年版，第 15 页。

育发展较为迅速是在清末"新政"这个阶段。当然，由于清末"新政"是慈禧发布诏令要实行变法改良才催生出来，并且"新政"是由袁世凯等封建官僚所主持的，因此一直以来对于清末"新政"的评价多是负面的，甚至很多近代史书籍和其他的一些史料与著作在涉及"新政"这部分时，采取了回避的态度。以现代化的视角来看，清末"新政"绝非一无是处，还是取得了一些成绩的，基于相对和平的国内外环境，清政府在各方面也进行了相应的改良，其中教育在这个过程中也有了一定的进步，这一时期的实业教育也稍有起色。表4-2、表4-3、表4-4是1907—1909年全国实业学堂及学生数的统计。

### 表4-2　1907年各省实业学堂及学生统计表

单位：个，人

| 省份 | 农业 | | | | | | 工业 | | | | | | 商业 | | | | | | 实业预科 | | 计 | |
|---|---|---|---|---|---|---|---|---|---|---|---|---|---|---|---|---|---|---|---|---|---|---|
| | 高等 | | 中等 | | 初等 | | 高等 | | 中等 | | 初等 | | 高等 | | 中等 | | 初等 | | | | | |
| | 学堂 | 学生 | 学堂 | 学生 | 学堂 | 学生 | 学堂 | 学生 | 学堂 | 学生 | 学堂 | 学生 | 学堂 | 学生 | 学堂 | 学生 | 学堂 | 学生 | 学堂 | 学生 | 学堂 | 学生 |
| 直隶 | 1 | 135 | 1 | 30 | 4 | 70 | 1 | 154 | | | 2 | 321 | | | 2 | 100 | | | | | 11 | 810 |
| 奉天 | | | | | | | | | | | 4 | 187 | | | 1 | 13 | 1 | 17 | 3 | 271 | 9 | 488 |
| 吉林 | | | | | | | | | | | | | | | | | | | 1 | 160 | 1 | 160 |
| 黑龙江 | | | | | | | | | | | | | | | | | | | 3 | 327 | 3 | 327 |
| 山东 | 1 | 118 | 1 | 93 | 5 | 131 | | | | | | | | | | | | | 4 | 80 | 11 | 422 |
| 山西 | | | 1 | 136 | | | | | | | | | | | | | | | | | 1 | 136 |
| 陕西 | | | | | | | | | | | | | | | | | | | | | | |
| 河南 | | | 4 | 234 | 1 | 21 | | | 2 | 176 | 4 | 68 | | | | | | | | | 11 | 499 |
| 江宁 | | | 2 | 135 | 1 | 26 | | | | 118 | | | | | 1 | 111 | | | 2 | 89 | 6 | 479 |
| 江苏 | | | 1 | 50 | | | 1 | 85 | | | | | | | 3 | 171 | 5 | 208 | | | 10 | 514 |
| 安徽 | | | 2 | 59 | | | | | | | | | | | | | | | | | 2 | 59 |

续表

| 省份 | 农业高等学堂 | 农业高等学生 | 农业中等学堂 | 农业中等学生 | 农业初等学堂 | 农业初等学生 | 工业高等学堂 | 工业高等学生 | 工业中等学堂 | 工业中等学生 | 工业初等学堂 | 工业初等学生 | 商业高等学堂 | 商业高等学生 | 商业中等学堂 | 商业中等学生 | 商业初等学堂 | 商业初等学生 | 实业预科学堂 | 实业预科学生 | 计学堂 | 计学生 |
|---|---|---|---|---|---|---|---|---|---|---|---|---|---|---|---|---|---|---|---|---|---|---|
| 浙江 | | | 2 | 125 | 2 | 68 | | | | | | | | | | | | | 2 | 141 | 6 | 334 |
| 江西 | 1 | 120 | | | | | | | | | | | | | | | | | | | 1 | 120 |
| 湖北 | 1 | 86 | 1 | 60 | 3 | 251 | | | 1 | 691 | 1 | 75 | | | 1 | 120 | 1 | 38 | | | 9 | 1321 |
| 湖南 | | | 1 | 90 | | | | | 1 | 60 | 2 | 80 | | | | | | | 7 | 762 | 11 | 992 |
| 四川 | | | 5 | 154 | | | | | 1 | 183 | | | | | | | | | | | 6 | 337 |
| 广东 | | | 1 | 97 | 1 | 60 | 1 | 210 | 1 | 62 | 7 | 690 | | | | | 1 | 100 | | | 12 | 1219 |
| 广西 | | | 1 | 75 | | | | | 1 | 30 | 2 | 47 | | | | | | | 1 | 80 | 5 | 232 |
| 云南 | | | 1 | 299 | 5 | 99 | | | | | 3 | 142 | | | | | | | | | 9 | 540 |
| 贵州 | | | | | | | | | | | 2 | 43 | | | | | | | | | 2 | 43 |
| 福建 | | | 1 | 44 | | | | | | | | | | | 1 | 239 | | | | | 2 | 283 |
| 甘肃 | | | | | | | | | | | | | | | | | | | | | | |
| 新疆 | | | | | | | | | | | | | | | | | | | | | | |
| 计 | 4 | 459 | 25 | 1681 | 22 | 726 | 3 | 449 | 7 | 1320 | 27 | 1653 | | | 9 | 754 | 8 | 363 | 23 | 1910 | 128 | 9315 |

资料来源：《第一次教育统计图表》，载沈云龙主编：《近代中国史料丛刊·三编·第十辑》，文海出版社1998年版，第31～32页。原表部分统计数据有误，已作更改，特此说明。

表4-3 1908年各省实业学堂及学生统计表

单位：个，人

| 省份 | 农业高等学堂 | 农业高等学生 | 农业中等学堂 | 农业中等学生 | 农业初等学堂 | 农业初等学生 | 工业高等学堂 | 工业高等学生 | 工业中等学堂 | 工业中等学生 | 工业初等学堂 | 工业初等学生 | 商业高等学堂 | 商业高等学生 | 商业中等学堂 | 商业中等学生 | 商业初等学堂 | 商业初等学生 | 实业预科学堂 | 实业预科学生 | 计学堂 | 计学生 |
|---|---|---|---|---|---|---|---|---|---|---|---|---|---|---|---|---|---|---|---|---|---|---|
| 直隶 | 1 | 142 | 2 | 76 | 2 | 56 | 1 | 97 | | | 11 | 356 | | | 2 | 127 | 4 | 225 | | | 23 | 1079 |
| 奉天 | | | 2 | 180 | | | | | | | 3 | 163 | | | 1 | 25 | | | 2 | 216 | 8 | 584 |

续表

| 省 | | | | | | | | | | | | | | | | | | | | |
|---|---|---|---|---|---|---|---|---|---|---|---|---|---|---|---|---|---|---|---|---|
| 吉林 | | | | | | | | | | | | | | | | | 1 | 160 | 1 | 160 |
| 黑龙江 | | | | | 1 | 160 | | | | | 2 | 230 | | | 1 | 19 | 1 | 23 | 5 | 432 |
| 山东 | 1 | | 1 | 255 | 8 | 191 | | | 1 | 80 | 1 | 10 | | | | | 3 | 66 | 15 | 602 |
| 山西 | 1 | 127 | | | 1 | 30 | | | | | | | | | | | 1 | 82 | 3 | 239 |
| 陕西 | | | | | | | | | | | | | | | | | | | | |
| 河南 | | | 7 | 511 | 3 | 140 | | | | | 5 | 285 | | | | | 9 | 512 | 24 | 1448 |
| 江宁 | | | 2 | 77 | 1 | 70 | | | | 121 | 2 | 152 | 1 | 212 | 1 | 43 | | 117 | 7 | 792 |
| 江苏 | | | 2 | 89 | | | 1 | 70 | 1 | | | | 2 | 83 | 3 | 169 | | 151 | 9 | 562 |
| 安徽 | | | 2 | 59 | | | | | 2 | 43 | | | | | | | | | 4 | 102 |
| 浙江 | | | 1 | 79 | 7 | 369 | 1 | 281 | | | 3 | 180 | | | | | 1 | 59 | 13 | 968 |
| 江西 | 1 | 104 | 1 | 50 | | | | | 1 | 50 | | | | | | | | | 3 | 204 |
| 湖北 | 1 | 120 | 1 | 63 | 3 | 341 | | | 3 | 430 | 2 | 200 | 1 | 96 | 1 | 50 | 6 | 609 | 18 | 1909 |
| 湖南 | | | 1 | 100 | | | 1 | 234 | 1 | 91 | 4 | 183 | | | 1 | 39 | 7 | 777 | 15 | 1424 |
| 四川 | | | 1 | 140 | | | 1 | 219 | 1 | 189 | | | | | | | 5 | 185 | 8 | 733 |
| 广东 | | | 1 | 86 | 1 | 20 | 1 | 233 | 1 | 40 | 5 | 373 | 1 | 130 | | | | | 10 | 882 |
| 广西 | | | 2 | 185 | | | 1 | 50 | | | 3 | 86 | | | | | 1 | 65 | 7 | 386 |
| 云南 | | | 1 | 294 | 6 | 127 | | | | | 3 | 133 | | | | | | | 10 | 554 |
| 贵州 | | | 1 | 122 | | | | | | | | | | | | | | | 1 | 122 |
| 福建 | | | 1 | 89 | | | | | | | 1 | 30 | 1 | 131 | | | | | 3 | 250 |

续表

| 省份 | 农业高等学堂 | 农业高等学生 | 农业中等学堂 | 农业中等学生 | 农业初等学堂 | 农业初等学生 | 工业高等学堂 | 工业高等学生 | 工业中等学堂 | 工业中等学生 | 工业初等学堂 | 工业初等学生 | 商业高等学堂 | 商业高等学生 | 商业中等学堂 | 商业中等学生 | 商业初等学堂 | 商业初等学生 | 实业预科学堂 | 实业预科学生 | 计学堂 | 计学生 |
|---|---|---|---|---|---|---|---|---|---|---|---|---|---|---|---|---|---|---|---|---|---|---|
| 甘肃 | | | 1 | 47 | | | | | 1 | 36 | | | | | | | | | | | 2 | 83 |
| 新疆 | | | | | | | | | | | | | | | | | | | | | | |
| 计 | 5 | 493 | 30 | 2502 | 33 | 1504 | 7 | 1184 | 12 | 1080 | 45 | 2381 | 1 | 212 | 9 | 635 | 10 | 619 | 37 | 2905 | 189 | 13515 |

资料来源:《光绪三十三年（1907）各省实业学堂学生统计表》，载朱有瓛编:《中国近代学制史料·第二辑·下册》，华东师范大学出版社 1989 年版，第 218~219 页。原表部分统计数据有误，已作更改，特此说明。

表 4-4　1909 年各省实业学堂及学生统计表

单位：个，人

| 省份 | 农业高等学堂 | 农业高等学生 | 农业中等学堂 | 农业中等学生 | 农业初等学堂 | 农业初等学生 | 工业高等学堂 | 工业高等学生 | 工业中等学堂 | 工业中等学生 | 工业初等学堂 | 工业初等学生 | 商业高等学堂 | 商业高等学生 | 商业中等学堂 | 商业中等学生 | 商业初等学堂 | 商业初等学生 | 实业预科学堂 | 实业预科学生 | 计学堂 | 计学生 |
|---|---|---|---|---|---|---|---|---|---|---|---|---|---|---|---|---|---|---|---|---|---|---|
| 直隶 | 1 | 149 | 42 | 176 | 2 | 47 | 1 | 94 | | | 8 | 258 | | | 3 | 130 | 4 | 169 | | | 61 | 1023 |
| 奉天 | | | 2 | 314 | 1 | 32 | 1 | 118 | | | | | | | 1 | 136 | | | 3 | 160 | 8 | 760 |
| 吉林 | | | | | 1 | 58 | | | | | 1 | 20 | | | | | | | 1 | 108 | 3 | 186 |
| 黑龙江 | | | | | 1 | 155 | | | | | 1 | 179 | | | | | 1 | 31 | 3 | 129 | 6 | 494 |
| 山东 | 1 | 138 | 1 | 86 | 12 | 254 | | | 1 | 80 | | | | | | | | | 3 | 159 | 18 | 717 |
| 山西 | 1 | 105 | | | 1 | 30 | | | | | | | | | | | | | 2 | 82 | 4 | 217 |
| 陕西 | | | 1 | 236 | 1 | 45 | | | 1 | 46 | | | | | | | | | | | 3 | 327 |
| 河南 | | | 6 | 512 | 8 | 317 | | | | | 8 | 529 | | | 1 | 45 | | | 8 | 391 | 31 | 1794 |
| 江宁 | | | 1 | 36 | | | | | 1 | 109 | 3 | 206 | 1 | 24 | 1 | 89 | 2 | 170 | 4 | 367 | 13 | 1001 |
| 江苏 | | | 1 | 35 | 1 | 60 | 1 | 48 | | | 2 | 84 | | | 1 | 23 | 3 | 136 | | 127 | 9 | 513 |
| 安徽 | | | | | 5 | 137 | | | 1 | 75 | 1 | 21 | | | | | | | | | 7 | 233 |
| 浙江 | | | 1 | 71 | 4 | 117 | 1 | 189 | | | 4 | 161 | | | 4 | 127 | | | | | 14 | 665 |
| 江西 | 1 | 31 | 1 | 58 | | | | | | | | | | | | | | | 3 | 178 | 5 | 267 |
| 湖北 | 1 | 104 | 1 | 66 | | | | | | | 3 | 226 | | | 1 | 206 | 1 | 51 | 3 | 243 | 10 | 896 |

续表

| 省份 | 农业 | | | | | | 工业 | | | | | | 商业 | | | | | | 实业预科 | | 计 | |
|---|---|---|---|---|---|---|---|---|---|---|---|---|---|---|---|---|---|---|---|---|---|---|
| | 高等 | | 中等 | | 初等 | | 高等 | | 中等 | | 初等 | | 高等 | | 中等 | | 初等 | | | | | |
| | 学堂 | 学生 | 学堂 | 学生 | 学堂 | 学生 | 学堂 | 学生 | 学堂 | 学生 | 学堂 | 学生 | 学堂 | 学生 | 学堂 | 学生 | 学堂 | 学生 | 学堂 | 学生 | 学堂 | 学生 |
| 湖南 | | | 2 | 177 | 1 | 33 | 1 | 277 | 2 | 148 | | | | | | | 1 | 19 | 10 | 927 | 17 | 1581 |
| 四川 | | | 1 | 157 | 4 | 164 | 1 | 239 | 1 | 201 | 2 | 68 | | | | | | | 5 | 178 | 14 | 1007 |
| 广东 | | | 1 | 71 | 1 | 22 | 1 | 221 | 1 | 67 | 7 | 471 | | | 1 | 211 | | | | | 12 | 1063 |
| 广西 | | | 3 | 410 | 1 | 49 | | | | | | | | | | | | | 3 | 132 | 7 | 591 |
| 云南 | | | 1 | 351 | 7 | 192 | | | | | 5 | 246 | | | | | | | | | 13 | 789 |
| 贵州 | | | 2 | 388 | | | | | | | | | | | | | | | | | 2 | 388 |
| 福建 | | | 1 | 46 | | | | | 1 | 188 | 2 | 89 | | | 1 | 134 | 1 | 48 | 2 | 410 | 8 | 915 |
| 甘肃 | | | 1 | 36 | | | | | 1 | 63 | | | | | | | | | 16 | 491 | 18 | 590 |
| 新疆 | | | | | 3 | 90 | | | | | | | | | | | | | 16 | 404 | 19 | 494 |
| 计 | 5 | 527 | 69 | 3226 | 54 | 1802 | 7 | 1186 | 10 | 977 | 47 | 2558 | 1 | 24 | 10 | 974 | 17 | 751 | 82 | 4486 | 302 | 16511 |

资料来源:《光绪三十三年(1907)各省实业学堂学生统计表》,载朱有瓛编:《中国近代学制史料·第二辑·下册》,华东师范大学出版社 1989 年版,第 220~221 页。原表部分统计数据有误,已作更改,特此说明。

由表 4-2、表 4-3、表 4-4 可以发现,清末"新政"时期的实业学堂在数量上不是很多,而且学堂招生数量也很少。相对发达的省份还好一点,而较为落后的省份很难开设高等实业学堂,而且较为现代化的商业实业学堂,筹办起来更为困难。其实就"新政"时期的经济产业状况来看,实业学堂所培养的人才是根本没法达到其要求的,在数量上呈现出不够用的事实,在质量上,高等级的实业人才是缺失的,这是该时期实业教育的一个不足之处。然而,不可忽视的是,这三年各级各类实业学堂的数量以及招生数还是在缓步上升的。从总体上看,应该说随着清末"新政"的深入推进,实业教育也是连带着发展的,并且它也成为整个社会近代化中的一个重要组成部分。

（二）民国初期的职业教育统计

民国初期，中国近代职业教育的发展较之清末略有进步，1916 年召开的全国教育行政会议上，对各省区提供的教育报告进行了辑录，其中相当大的一部分是实业教育，对这部分内容的统计与研究，有利于了解民国初期我国职业教育的情况，表 4-5、表 4-6 分别是 1917 年全国甲、乙种实业学校及学生数的统计表格。

表 4-5　1917 年全国甲种实业学校及学生统计表

| 省份 | 校数（个） | | | | | | 现有学生数（人） | | | | | | 毕业学生数（人） | | | | | |
|---|---|---|---|---|---|---|---|---|---|---|---|---|---|---|---|---|---|---|
| | 农 | 工 | 商 | 美术 | 实业 | 总 | 农 | 工 | 商 | 美术 | 实业 | 总 | 农 | 工 | 商 | 美术 | 实业 | 总 |
| 京师 | 1 | | | 1 | | 2 | 53 | | | 71 | | 124 | | | | | | |
| 直隶 | 2 | 2 | 3 | | | 7 | 160 | 196 | 133 | | | 479 | 59 | 46 | 94 | | | 199 |
| 奉天 | 1 | 1 | 2 | | | 4 | 123 | 166 | 296 | | | 585 | 11 | 26 | 59 | | | 96 |
| 吉林 | 1 | 1 | 1 | | | 3 | 63 | 58 | 84 | | | 205 | | | | | | |
| 黑龙江 | 1 | 1 | | | | 2 | 225 | 227 | | | | 452 | 57 | 21 | | | | 78 |
| 山东 | 3 | 2 | 1 | | | 6 | 511 | 317 | 91 | | | 919 | 31 | 74 | | | | 105 |
| 河南 | 3 | 1 | 2 | | | 6 | 954 | 109 | 222 | | | 1285 | 121 | 15 | 14 | | | 150 |
| 山西 | 3 | 1 | 1 | | | 5 | 247 | 151 | 49 | | | 447 | 31 | | | | | 31 |
| 江苏 | 5 | 2 | 4 | | | 11 | 786 | 511 | 482 | | | 1779 | 161 | 66 | | | | 227 |
| 安徽 | 2 | 1 | | | | 3 | 300 | 115 | | | | 415 | 19 | 11 | | | | 30 |
| 江西 | 3 | 2 | 1 | | | 6 | 321 | 396 | 41 | | | 758 | 33 | 19 | 28 | | | 80 |
| 福建 | 2 | 1 | 2 | | | 5 | 267 | 185 | 245 | | | 697 | 64 | 24 | 16 | | | 104 |

| 省份 | 校数（个） | | | | | | 现有学生数（人） | | | | | | 毕业学生数（人） | | | | | |
|---|---|---|---|---|---|---|---|---|---|---|---|---|---|---|---|---|---|---|
| | 农 | 工 | 商 | 美术 | 实业 | 总 | 农 | 工 | 商 | 美术 | 实业 | 总 | 农 | 工 | 商 | 美术 | 实业 | 总 |
| 浙江 | 3 | 2 | 3 | | | 8 | 341 | 535 | 254 | | | 1130 | 94 | 76 | 26 | | | 196 |
| 湖北 | 1 | 1 | 2 | | | 4 | 105 | 212 | 225 | | | 542 | 40 | 13 | 32 | | | 85 |
| 湖南 | 4 | 6 | 2 | | | 12 | 727 | 468 | | | | 1195 | 72 | 87 | 42 | | | 201 |
| 陕西 | 1 | 1 | | | | 2 | 176 | 130 | | | | 306 | 19 | 12 | | | | 31 |
| 甘肃 | 1 | | | | | 1 | 60 | | | | | 60 | | | | | | |
| 四川 | 2 | 1 | 2 | | | 5 | 19 | 55 | 324 | | | 398 | | 45 | 15 | | | 60 |
| 广东 | 3 | | 1 | | | 4 | 188 | | 152 | | | 340 | 29 | | 32 | | | 61 |
| 广西 | 1 | 1 | | | | 2 | 60 | 120 | | | | 180 | 16 | 28 | | | | 44 |
| 云南 | 1 | 1 | | | | 2 | 429 | 64 | | | | 493 | 40 | 19 | | | | 59 |
| 贵州 | 1 | | | | 1 | 2 | 250 | | | | 56 | 306 | | | | | | |
| 绥远 | 1 | | | | | 1 | | 78 | | | | 78 | | | | | | |
| 合计 | | | | | | 103 | | | | | | 13173 | | | | | | 1837 |

资料来源：《1917年全国甲种实业学校校数暨学生数一览表》，载朱有瓛主编：《中国近代学制史料·第三辑·下册》，华东师范大学出版社1992年版，第262~263页。原表部分统计数据有误，已作更改，特此说明。

表4-6　1917年全国乙种实业学校及学生统计表

| 省份 | 校数（个） | | | | | 现有学生数（人） | | | | | 毕业学生数（人） | | | | |
|---|---|---|---|---|---|---|---|---|---|---|---|---|---|---|---|
| | 农 | 工 | 商 | 实业 | 总 | 农 | 工 | 商 | 实业 | 总 | 农 | 工 | 商 | 实业 | 总 |
| 京师 | 1 | 1 | | | 2 | 30 | 30 | | | 60 | | | | | |
| 京兆 | 2 | | 1 | | 3 | 47 | | 30 | | 77 | | | | | |
| 直隶 | 4 | 1 | 2 | | 7 | 159 | 33 | 137 | | 329 | 3 | | | | 3 |
| 奉天 | 5 | 1 | 3 | | 9 | 206 | | 205 | | 411 | | | | | |

续表

| 省份 | 校数（个） | | | | | 现有学生数（人） | | | | | 毕业学生数（人） | | | | |
|---|---|---|---|---|---|---|---|---|---|---|---|---|---|---|---|
| | 农 | 工 | 商 | 实业 | 总 | 农 | 工 | 商 | 实业 | 总 | 农 | 工 | 商 | 实业 | 总 |
| 黑龙江 | 7 | 1 | 2 | | 10 | 257 | | 64 | | 321 | 125 | | | | 125 |
| 山东 | 64 | 1 | 8 | | 73 | 2795 | 52 | 520 | | 3367 | 379 | | | | 379 |
| 河南 | 47 | 10 | 1 | | 58 | 2054 | 472 | 40 | | 2566 | 107 | 16 | | | 123 |
| 山西 | 26 | 4 | 20 | | 50 | 989 | 165 | 784 | | 1938 | 31 | | 75 | | 106 |
| 江苏 | 5 | 5 | 15 | 1 | 26 | 313 | 481 | 1043 | 84 | 1921 | 49 | 11 | 103 | 43 | 206 |
| 安徽 | 1 | | 2 | | 3 | 100 | | 128 | | 228 | | | 13 | | 13 |
| 江西 | 3 | | | | 3 | 94 | | | | 94 | | | | | |
| 福建 | | | 2 | | 2 | | | 84 | | 84 | | | 19 | | 19 |
| 浙江 | 11 | | 2 | | 13 | 322 | | 185 | | 507 | 13 | | 32 | | 45 |
| 湖北 | 19 | 2 | 5 | | 26 | 1021 | 163 | 391 | | 1575 | 129 | 15 | 29 | | 173 |
| 湖南 | 5 | 5 | 2 | 1 | 13 | 221 | 133 | 121 | 72 | 547 | 8 | | 14 | | 22 |
| 四川 | 3 | | | | 3 | 141 | | | | 141 | 4 | | | | 4 |
| 广东 | | 3 | 3 | | 6 | | 163 | 145 | | 308 | | | 16 | | 16 |
| 云南 | 35 | | | | 35 | 931 | | | | 931 | 196 | | | | 196 |
| 贵州 | 2 | | | | 2 | 107 | | | | 107 | | | | | |
| 合计 | | | | | 344 | | | | | 15512 | | | | | 1430 |

资料来源：《1917年全国乙种实业学校校数暨学生数一览表》，载朱有瓛主编：《中国近代学制史料·第三辑·下册》，华东师范大学出版社1992年版，第264~265页。原表部分统计数据有误，已作更改，特此说明。

从表4-5、表4-6可以发现，民国初期的实业教育是继承清末"新政"的底子在继续缓慢发展的，之所以说缓慢，很大一部分原因是这个时期的实业教育还没有改制为职业教育，此时社会上也未形成兴办职业教育的热潮；之所以说发展，是因为清末民初虽然国家制度、朝代政权发生了变动，但这并未对教育产生太大的冲击。下面是各省市的办学情况。

在京兆地区，开办了工艺传习所，设在京兆第一中学内，通过对多余的宿舍进行修缮和增筑，建成教学场地。该所招收高小以上的毕业生或同等学力者，开设化学、金工、木工和铁工4个科目，有两个班，共计100名学生。学生学成毕业后可以充任各县艺徒学校、乙种工业学校的教员以及贫民工厂的各类工师，该所计划经费充裕后要增添科目，延长修学年限，开设完全班，这样就可以满足各县广大求学者的要求。为了培养实业教育的教师，京兆还开设了乙种农业教员养成所，该所主要是以培养农业师资并推广各县乙种农业学校为宗旨，学校位于大兴县黄村，以之前的顺天农业学校旧址为基础，加以修缮而建成校舍。在师范、中等学校以上以及甲种农业学校及农业讲习所毕业 3 年以上或有许可证的人可以来养成所担任教员，养成所开设农学和蚕学两个科目，有两个班，共计 100 名学生，养成所较为注重实习，每个科目的学生都要实习 1 年，毕业后到各县的实业教育机关去任教。其甲种实业学校的办学情况，如表 4-7 所示。

表 4-7　1916 年京兆地区甲种实业学校一览表

| 类别 | 校数（个） | 科别 | 班数（个） | 人数（人） | 费额（元） | 备注 |
|---|---|---|---|---|---|---|
| 农业 | 1 | 高等农科 | 1 | 27 | 35904 | 该校原系高等农业现改甲种所有高等科，卒业后不再招生，咨部核准有案 |
| | | 甲种农科 | 1 | 28 | | |
| | | 甲种蚕科 | 1 | 26 | 包括前项内 | |
| | | 甲种林科 | 1 | 23 | | |
| | | 农学预科 | 1 | 79 | 包括前项内 | |
| | | 艺徒科 | 1 | 18 | | |
| 水产 | 1 | 制造科 | 1 | 28 | 20000 | 制造渔捞之第一年 |
| | | 渔捞科 | 1 | 32 | | |
| | | 本科 | 1 | 26 | 包括前项内 | |
| | | 预科 | 1 | 16 | | |
| 工业 | 1 | 织科 | 3 | 84 | 30721 | |
| | | 染科 | 2 | | | |
| | | 预科 | 4 | 162 | 包括前项内 | |
| 商业 | 2 | 本科 | 3 | 55 | 6379 | |
| | | 附科 | 2 | 61 | 包括前项内 | |

资料来源：《全国教育行政会议各省区报告辑录》，载沈云龙主编：《近代中国史料丛刊·三编·第十辑》，文海出版社 1986 年版，第 35 页。

　　京兆计划农业实业学校在三年内要添招农科和蚕科各三个班，林科增添两个班并改建校舍开辟一区作为森林育苗圃。水产学校打算在五年之内招满养殖科、远洋渔业、渔捞科第一、第二、第三年级各一班，制造科第一、第二、第三年级各一班，添置轮船机器及养殖场等，但是因为这所学校校舍并不靠近海岸，在办学中遇到了诸多困难，因此要筹备经费，等经济充足了打算将大沽作为新校址。工业两校有两所，一所设于清苑，计划在两年内招足染织本科六班、预科二班；另一所设于天津，计划在两年内招足染织六班、预科一班。京兆的甲种商业实业学校有两所，其中"天津一校拟于二年内招足四班，高阳一校拟于二年内招足四班。实业教育最重实用，学校所习宜适合社会之需要。从前实业界每与学校隔离是以学校不能致用而实业亦无由改良。欲祛此弊，除督令认真实习外，拟令各学校常谋与农工商各界所以联络之法，如展览成绩开会讲演，富有经验之实业家到校批评，既可采其议论，藉资改良，可输以新知识，俾传知社会增学校之信用。近据甲种农学函报拟培养种苗树苗与农家交换并令二三年级学生每逢星期日轮次到附近农村与农人作农事谈话，以交换新旧知识；水产学校拟遵章设水产讲习会，天津设有工商研究所，前由教育科介绍商业专门职教员讲演商业各项（如商标广告簿记等类由该所选题）冀收联络改良之效，盖实业教育校内学习与校外作业当并重也"❶。

当时京兆地区的乙种农业实业学校有 6 所，共计 150 人；乙种工业学校有 2 所，计 140 人；乙种商业学校有 7 所，共有 312 人。总体来看，乙种实业教育还处于幼稚阶段，1916 年京兆春季小学会议上专门提出要提倡实业教育，计划每县至少要开设 1 所乙种实业学校，在普通教育内适当增设农、工及商各科。当时京兆地区可考的县立乙种学校有设于武清的乙种农业学校、通县的乙种商业学校和顺义的乙种农业学校 3 所，可见普及率还是很低的，这主要是因为师资较为匮乏。关于实业教育师资的培养，京兆虽"暂不添设实业亦持积极进行主义，近年来历派农校毕业赴日实习者二名，工业教员学生六名，又工业学校毕业自费留学者十二名，明春再派水产一名或二名为再进之预备。再实业学校既持积极进行主义，此项教员自当预为培养。除农商两校前增附设教员讲习所外，以后拟再酌量情形于各高等或甲种实业学校内附设教员讲习科以储师资"❷。

在东北，当时的奉天计划首要大力推广甲种和乙种农业学校，同时开设女子蚕业学校，再渐次发展工业和商业学校。吉林的"实业学校开办较迟，属于省立者仅有甲种农业、甲种工业、甲种商业各一所，甲农、甲工皆附设乙种。

❶《全国教育行政会议各省区报告辑录》，载沈云龙主编：《近代中国史料丛刊·三编·第十辑》，文海出版社 1986 年版，第 36 页。

❷《全国教育行政会议各省区报告辑录》，载沈云龙主编：《近代中国史料丛刊·三编·第十辑》，文海出版社 1986 年版，第 37 页。

惟农业开办较早，计已经毕业甲乙种各一班；工业上年八月甫经成立，因招生不易暂与甲农合校以节经费；甲商设在滨江，上年添班经费因移作添建校舍之用，是以仅有本科学生一班，现已添招预科学生一班。农业甲种学生均本科一班、预科一班；工业甲种仅有预科学生一班、乙种学生一班。其属于县立者计，乙种农业有榆树、双城、扶余三所，乙种商业有宾县一所，乙种工业有双城一所，其他各县则限于经费或无此项学生之故，尚未设立至私立实业学校，不过县城乙种工业一所而已。实业为国家富强之源，乃教育进步。如此迟滞者，良由人民实业观念尚未十分发达，招致新生往往裹足不前。现在设法已将所有毕业之甲种农业学校学生除升入京师农业专门学校各生外，余皆发往本籍苗圃及农事试验场。乙种农业学校酌量任用并以该校校产收入补助学生杂费以示提倡，而广招来此，实业教育之大概也"❶。黑龙江的省立甲种农业学校设于省城内，当时农林科学生各一级，小学五级，都附设了农林试验场；省立甲种工业学校也在省城内，开设了土木、矿业两科，学生各一级、附属小学两级。在龙江、拜泉、肇州、青冈、肇东、呼兰、绥化、海伦、巴彦、兰西及庆城11县均设有县立乙种农业学校，学生一级或附小学一级。在绥化、巴彦、兰西和庆城4县均开设了县立乙种商业学校，学生一级。兰西设有附小学二级，龙江县立女子职业学校开设了缝纫、编物各科并附小学，黑龙江省的甲乙种实业学校共19所。热河当时的职业教育基础太过薄弱，只是计划在省城开设一所甲种实业学校，在每县各设一所乙种实业学校，但就热河当时的情况看，没有应用之教员，强行开设实业学校也仅能是徒耗费财力罢了，所以热河的实业学校只能缓办，等到各县确实有合格之教员且经费充裕了，才能开设实业学校。当时的察哈尔把主要精力放在了筹设实业补习学校及艺徒学校上面，因为他们认为"实业补习学校专为已过就学年龄或已有职业或志愿从事职业者而设，设置可借用他校教授，可不拘时间并得缺国文算术加授其他科目。艺徒学校主授学徒以实用技能，附教国文算术为谋生上应用之知识。学校制兼采习惯招徒制，三年或四年期满，力能谋生，即准毕业，其平日制出物品尚可售充经

---

❶ 《全国教育行政会议各省区报告辑录》，载沈云龙主编：《近代中国史料丛刊·三编·第十辑》，文海出版社 1986 年版，第 53 页。

费，二者简要切用，于人民生计问题关系极大"❶。

当时河南省的实业教育搞得不错，甲种实业教育机构有 13 处，1917 年计划增加经费 23974 元，力求教学设备的完备；乙种实业机构有 50 处，并且省政府仍督促各县次第开设。山西省开设 3 所甲种农业实业学校，甲种工业和商业学校各 1 所，如表 4-8 所示。

表 4-8　1916 年山西甲种实业学校一览表

| 校别 | 班数（个） | 学生数（人） | 经费（元） |
| --- | --- | --- | --- |
| 第一甲农 | 附设农业专校 | | |
| 第二甲农 | 4 | 220 | 2400 |
| 第三甲农 | 2 | | 2400 |
| 第一甲工 | 2 | | 8400 |
| 第一甲商 | 附设商业专校 | | |

资料来源：《全国教育行政会议各省区报告辑录》，载沈云龙主编：《近代中国史料丛刊·三编·第十辑》，文海出版社 1986 年版，第 77~78 页。

陕西省当时开设了 1 所甲种农业学校和 1 所甲种工业学校，而商业学校却还没开设。陕西省的商品颇为丰富，然而从事商业者缺少商业学识，因此经营乏善，极大影响了收入和效益。针对以上情况，陕西省计划在省垣设立 1 所甲种商业学校，先行提倡，以后逐渐推广。甘肃省地广人稀，既适合发展农业，同时矿产又非常丰富，但是甘肃全省却无一所实业学校，实在是可惜。因此甘肃省政府计划先开设一所甲种实业学校，以奠定农矿专门学校的基础，同时遵照教育部命令创办实业教员养成所，以发展实业教育。

当时南方省份的实业教育搞得还是很有成绩的，以当时的浙江省为例，其"原有省立甲种实业计农工桑蚕四所，工校分染织、机械、金工三科，各附艺徒一班。蚕校附补习科一班，农校分农林两科。本年于旧台属海门地方新设省立水产学校一所，补习科两班。明年农校一所，商校二所，私立女子职业学校一所，均由省每年给补助费。又另县立商校二所，合计现有甲种实业共十一所。其乙种实业，现计农业十所，工业二所，商业六所，共十八所。实业补习计，农业二所，工业二所，商业十三所，共十七所。惟此项实业教员类皆甲种

---

❶ 《全国教育行政会议各省区报告辑录》，载沈云龙主编：《近代中国史料丛刊·三编·第十辑》，文海出版社 1986 年版，第 268 页。

实业学校毕业生，于教育方法尚嫌欠缺，拟将省立各甲种实业学校延长一年，为志愿充任教员者加授关于教育学科，以为养成一种实业教员之计，当专案咨请核准"[1]。湖北省在清末便设有中等农业、中等商业、蚕业等学堂，初等班附设于各校中。民初蚕业归入农校，这样有农工商实业学校三所，经费还不及清末多，将近一万元。汉口商业学校在 1911 年付诸一炬确实可惜，县立的实业学校农业多于工业。湖南省当时有省立工业专门学校一所，开设机械应用、化学和采矿冶金三科；甲种工业学校一所，开设染织、机械和应用化学三科；省立贫民艺徒学校一所，设备不全、教学场所简陋，湖南省计划将其改为省立第一艺徒学校。该省有乙种工业学校一所，附设在甲种工业学校当中，有省立乙种窑业学校一所，即醴陵磁业学校，该校还开办了磁业公司，但是前些年公司亏损，难以维系，后来由省政府拨款支撑，在 1916 年 9 月改为窑业试验场。湖南省有甲种农业学校一所，清末还开办了一所甲种商业学校，也于 1916 年 9 月改为商业专门学校，新招预科生一班，注重外国语，乡办的甲种各班仍继续授课。

### （三）民国中期的职业教育统计

民国初期全国大多地区的实业教育还带有很大的原始性，学校数量及专业科目自然都很少，开设科别也都是初级性质的，师资和总体生源的数量又暴露出严重不足的问题，因此民国时期的职业教育是在基础相对较差的背景下发展的。经过十余年的努力，各个省份与地区的职业教育还是有一定的进步的，表4-9 是 1925 年全国职业教育机构数目的相关统计。

---

[1] 《全国教育行政会议各省区报告辑录》，载沈云龙主编：《近代中国史料丛刊·三编·第十辑》，文海出版社 1986 年版，第 137 页。

表 4-9　1925 年全国职业教育机关统计表

单位：所

| 省别与种别 | 职业学校包括旧制甲乙种实业学校 | 职业传习所及讲习所 | 设有职业科之中学校 | 设有职业准备科之小学校 | 设有职业专修科之大学及专门学校 | 职业补习学校及补习科 | 职业教师养成机关 | 实业机关附设之职业教育 | 慈善或感化职业教育 | 军队职业教育 | 总计 |
|---|---|---|---|---|---|---|---|---|---|---|---|
| 京兆 | 26 | 8 | 3 | 1 | 21 | 21 | | 6 | 15 | 1 | 102 |
| 直隶 | 57 | 19 | 2 | 8 | 6 | 2 | 1 | 2 | 6 | | 103 |
| 奉天 | 51 | 1 | | 1 | 1 | 1 | | 1 | 3 | | 59 |
| 吉林 | 9 | 3 | 2 | | 2 | | | | | | 16 |
| 黑龙江 | 18 | 12 | | 1 | | | | 5 | | | 36 |
| 山东 | 109 | 12 | 4 | | 4 | 6 | 2 | 3 | 2 | 1 | 143 |
| 河南 | 95 | 5 | 1 | 1 | 4 | 2 | | | | | 108 |
| 山西 | 67 | 69 | | 10 | 7 | | 2 | 4 | 2 | 3 | 164 |
| 江苏 | 137 | 11 | 34 | 3 | 35 | 39 | 2 | | 60 | | 321 |
| 安徽 | 32 | 6 | 3 | 2 | 2 | 4 | | | 1 | | 50 |
| 江西 | 22 | 3 | | | 2 | 1 | | | 2 | | 30 |
| 福建 | 25 | 7 | 1 | 1 | 3 | 2 | 1 | | 3 | | 43 |
| 浙江 | 48 | 10 | 1 | 2 | 4 | 5 | | 1 | 11 | | 82 |
| 湖北 | 70 | 2 | | 5 | 5 | | | 1 | 3 | | 86 |
| 湖南 | 89 | 6 | | | 2 | | | | 2 | 1 | 102 |
| 陕西 | 35 | 1 | 2 | | 1 | | | | | | 39 |
| 甘肃 | 8 | 1 | | | 1 | | | 1 | | | 11 |
| 四川 | 31 | 10 | 2 | 1 | 3 | 2 | | | 7 | | 56 |
| 广东 | 22 | 3 | 2 | 1 | 5 | 4 | | | 2 | | 39 |
| 广西 | 6 | 1 | | | 1 | 4 | | | 2 | | 14 |
| 云南 | 38 | 1 | | | | 2 | | | 9 | | 50 |
| 贵州 | 6 | | | | | | | | 2 | | 8 |
| 绥远 | 3 | 4 | | | 3 | | | | | | 10 |

续表

| 省别与种别 | 职业学校包括旧制甲乙种实业学校 | 职业传习所及讲习所 | 设有职业科之中学校 | 设有职业准备科之小学校 | 设有职业专修科之大学及专门学校 | 职业补习学校及补习科 | 职业教师养成机关 | 实业机关附设之职业教育 | 慈善或感化职业教育 | 军队职业教育 | 总计 |
|---|---|---|---|---|---|---|---|---|---|---|---|
| 察哈尔 | 1 | 1 | | | | 2 | | | | | 4 |
| 青海 | 1 | | | | 1 | | | | | | 2 |
| 总计 | 1006 | 196 | 57 | 37 | 113 | 99 | 8 | 24 | 132 | 6 | 1678 |

资料来源：中华职业教育社编：《中华民国十三年度调查全国职业教育报告》，《教育与职业专号之一》1926年总第182期，第28页。原表部分统计数据有误，已作更改，特此说明。

根据表4-9的统计数据可以看出，相比1916年的实业教育，1925年的职业教育是有着长足的进步的，其中发展最为迅速的应该是江苏和河北地区，江苏省自不必多言，这是职业教育的传统强省。然而北方的河北地区职业教育能发展如此迅速，确实是应该刮目相看。如果把京兆列入河北地区，那么这个区域的各类职业教育机构总量可以达到205个，在全国排在第二位，仅次于江苏的321个；如果把京兆和直隶单列出来，那么这两个地区职业教育机构数量在全国也是在中上游的，由此可以判断，到了20世纪20年代中期，河北地区的职业教育发展在全国已经处于领先地位了。

到了1935年，河北省的职业教育应该说已经非常接近民国时期的巅峰状态了，无论是学校的规模、所开科目、师资储备、学生数量以及经费保障等各项指标，都比以往要提升了许多，表4-10是1935年河北省所有职业学校科别、学生数以及经费数的统计数据。

表4-10　1935年河北省职业学校科别、学生、经费数调查表

| 校名 | 科别 | 班级（个） | 学生数（人） | 全年经费（元） | 备注 |
|---|---|---|---|---|---|
| 省立工业学院附设职业部 | 制革科 | 3 | 44 | 48600 | |
| | 染织科 | 3 | 32 | | |
| | 机工科 | 3 | 71 | | |

续表

| 校名 | 科别 | 班级（个） | 学生数（人） | 全年经费（元） | 备注 |
|---|---|---|---|---|---|
| 省立保定高级工科职业学校 | 染漂科 | 6 | 118 | 70200 | |
| | 机械科 | 4 | 140 | | |
| | 化学科 | 4 | 116 | | |
| 省立天津商业职业学校 | 高级会计科 | 1 | 37 | 37800 | |
| | 初级商业科 | 1 | 50 | | |
| 省立水产专科学校附设高级水产职业班 | 渔捞科 | 1 | 16 | | 与专科混合 |
| | 制造科 | 1 | 14 | | |
| 省立法商学院附设中学部商职班 | 高级商职班 | 1 | 38 | | |
| | 初级商职班 | 1 | 20 | | |
| | 中等商职班 | 2 | 24 | | |
| 省立天津中学校商职班 | 商科 | 2 | 54 | | |
| 县立易县高级农业学校 | 农艺科 | 2 | 78 | 10800 | |
| 县立黄村初级农业学校 | 农艺 | 2 | 48 | 21600 | |
| | 农作科 | 1 | 34 | | |
| | 园艺 | 1 | 35 | | |
| 获鹿县立职业学校 | 织染科 | 1 | 30 | 1551 | |
| 平山县立职业学校 | 农工科 | 1 | 40 | 3000 | |
| 唐山县立职业学校 | 织染科 | 1 | 50 | 1100 | |
| 井陉县立职业学校 | 织染科 | 1 | 27 | 1830 | |
| 安国县立职业学校 | 织染科 | 2 | 48 | 1050 | |
| 清丰县立初级职业学校 | 棉织科 | 1 | 22 | 1560 | |
| 迁安县南园汀初级职业学校 | 果木园艺科 | 1 | 8 | 3500 | |
| 迁安县四园堡职业学校 | 染织科 | 3 | 44 | 3638 | |
| 迁安县小塞职业学校 | 蚕桑科 | 2 | 28 | 1200 | |
| 戚县县立初级职业学校 | 织染科 | 1 | 35 | 2157 | |
| 濮阳县立女子完全小学附设初级职业班 | 家庭工业科 | 1 | 17 | 2000 | |
| 宜庄完全小学附设职业商科 | 商科 | 1 | 24 | 4499 | |
| 丰润县初中附设职业工科 | 工科 | 2 | 13 | 3000 | |
| 清河县立蚕桑学校 | 蚕科 | 1 | 34 | 1700 | |

续表

| 校名 | 科别 | 班级（个） | 学生数（人） | 全年经费（元） | 备注 |
|---|---|---|---|---|---|
| 磁县县立初中附设染织科职业班 | 染织科 | 2 | 28 | 2376 | |
| 丰润中东区区立完全小学附设职业班 | | | | | 未提交呈报资料，不详 |
| 新河县县立乡村师范学校附设职业班 | | | | | 未提交呈报资料，不详 |
| 宁河芦台职业学校 | | | | | 未提交呈报资料，不详 |
| 高阳私立职业学校 | 染织科 | 3 | 62 | 12600 | |
| 临榆私立初级商科职业学校 | 商科 | 3 | 72 | 1280 | |
| 邢台县商会附设商科职业学校 | 商科 | 1 | 20 | 2760 | |
| 天津公立商科职业学校 | 商科 | 11 | 719 | 28800 | |
| 天津私立乙种工业学校 | 化学工艺科初级工作 | 2 | 278 | 4600 | |
| 天津市私立通惠商科职业学校 | 商科 | 4 | 216 | 14250 | |
| 天津私立弘德商科职业学校 | 商科 | 5 | 242 | 18630 | |
| 安新私立崇模职业学校 | 商科 | 1 | 33 | 240 | |

资料来源：中华民国教育部编印：《全国职业教育概况》，中华民国教育部编印1935年版，第22~23页。

从表4-10可以看出，河北省的职业教育除了省立职业学校有所发展外，其所属各县也大多开设职业学校或者职业班。以民国时期凋敝的社会经济状况来看，在县里开设一所职业学校是很不容易的，尽管不少省份都制订计划要在各县均开设职业学校，但大多因为经费及师资的原因没有开办起来。而河北省在这一时期，各县的职业教育普及率还是非常高的，可见其职业教育进步得确实很迅速。表4-11是1935年河北省职业教育的各项指标统计表。

表4-11　1935年河北省职业教育统计表

| 科别 | 校数（个） | | | | 班数（个） | | | | 学生数（人） | | | | 经费数（元） | | | |
|---|---|---|---|---|---|---|---|---|---|---|---|---|---|---|---|---|
| | 计 | 省市立 | 县市立 | 私立 | 计 | 省市立 | 县市立 | 私立 | 计 | 省市立 | 县市立 | 私立 | 计 | 省市立 | 县市立 | 私立 |
| 总计 | 34（10） | 6（7） | 20（3） | 8 | 92 | 33 | 29 | 30 | 3059 | 774 | 643 | 1642 | 306321 | 156600 | 63801 | 85920 |

续表

| 科别 | 校数（个） | | | | 班数（个） | | | | 学生数（人） | | | | 经费数（元） | | | |
|---|---|---|---|---|---|---|---|---|---|---|---|---|---|---|---|---|
| | 计 | 省市立 | 县市立 | 私立 | 计 | 省市立 | 县市立 | 私立 | 计 | 省市立 | 县市立 | 私立 | 计 | 省市立 | 县市立 | 私立 |
| 农业合计 | 6（3） | 1（1） | 5（2） | | 13 | 2 | 11 | | 295 | 30 | 265 | | 38800 | | 38800 | |
| 农科 | | | （1） | | 1 | | 1 | | | | | | | | | |
| 渔捞 | 1 | 1 | | | 1 | 1 | | | 10 | 10 | | | | | | |
| 制造 | （1） | （1） | | | 1 | 1 | | | 14 | 14 | | | | | | |
| 农艺 | 2 | | 2 | | 4 | | 4 | | 126 | | 126 | | 10800 | | 10800 | |
| 农作 | （1） | | （1） | | 1 | | 1 | | 34 | | 34 | | | | | |
| 园艺 | 1（1） | | 1（1） | | 2 | | 2 | | 43 | | 43 | | 3500 | | 3500 | |
| 蚕桑 | 1 | | 1 | | 2 | | 2 | | 28 | | 28 | | 1200 | | 1200 | |
| 蚕科 | 1 | | 1 | | 1 | | 1 | | 34 | | 34 | | 1700 | | 1700 | |
| 工业合计 | 15（4） | 2（4） | 11 | 2 | 45 | 23 | 17 | 5 | 1175 | 521 | 314 | 340 | 156262 | 118800 | 20262 | 17200 |
| 制革 | 1 | 1 | | | 3 | 3 | | | 44 | 44 | | | | | | |
| 染织 | 9（1） | 1（1） | 7 | 1 | 24 | 9 | 12 | 3 | 474 | 150 | 262 | 62 | 26302 | | 13702 | 12600 |
| 机工 | （1） | （1） | | | 3 | 3 | | | 71 | 71 | | | | | | |
| 机械 | （1） | （1） | | | 4 | 4 | | | 140 | 140 | | | | | | |
| 化学 | 1（1） | （1） | | 1 | 6 | 4 | | 2 | 388 | 110 | | 278 | 4600 | | | 4600 |

| 科别 | 校数（个） | | | | 班数（个） | | | | 学生数（人） | | | | 经费数（元） | | | |
|---|---|---|---|---|---|---|---|---|---|---|---|---|---|---|---|---|
| | 计 | 省市立 | 县市立 | 私立 | 计 | 省市立 | 县市立 | 私立 | 计 | 省市立 | 县市立 | 私立 | 计 | 省市立 | 县市立 | 私立 |
| 工科 | 2 | | 2 | | 3 | | 3 | | 13 | | 13 | | 3000 | | 3000 | |
| 棉织 | 1 | | 1 | | 1 | | 1 | | 22 | | 22 | | 1560 | | 1560 | |
| 家庭工业 | 1 | | 1 | | 1 | | 1 | | 17 | | 17 | | 2000 | | 2000 | |
| 商业合计 | 10（3） | 3（2） | 1（1） | 6 | 34 | 7 | 2 | 25 | 2249 | 223 | 724 | 1302 | 108259 | 37800 | 1739 | 68720 |
| 会计 | 1 | 1 | | | 1 | 1 | | | 37 | 37 | | | | | | |
| 商业职业 | 1（2） | 1（2） | | | 5 | 5 | | | 132 | 132 | | | | | | |
| 商科 | 8（1） | 1 | 1（1） | 6 | 28 | 2 | 1 | 25 | 1380 | 54 | 24 | 1302 | | | | |
| 其他合计 | 3 | | 3 | | | | | | | | | | | | | |
| 职业班 | 3 | | 3 | | | | | | | | | | | | | |

资料来源：中华民国教育部编印：《全国职业教育概况》，中华民国教育部编印1935年版，第24页。原表部分统计数据有误，已作更改，特此说明。

由表4-11可以发现，1935年河北省职业教育的科目也更加丰富了，民国时期所讲的科目和现在的专业大致是相同的，科目与专业的增多，代表了产业的兴盛，许多专业只能是与之对应的产业出现或发展到一定程度，才能因其需要而开设起来，这也从另一个方面证明，这一时期河北省乃至全国的产业也比之前有了长足发展。

## 二、近代职业教育的办学情况

了解近代中国职业教育的办学情况，可以从职业教育的诸多要素和方面去进行研究与分析，本书计划选取经费筹措、师资储备、学生培养以及政府考察这四个方面进行论述。

### （一）经费筹措

中国近代职业教育发展缓慢、本土化程度较低的一个重要原因就是经费的短缺。笔者在查阅相关的档案及资料时经常遇到"国难当头""民生凋敝""经济孱弱""战争破坏""强占校舍""无法修葺"等字样，中国近代是个战争频发、动荡不稳和多灾多难的时期，职业教育也受到相当大的影响。以江西陶业学校为例，其经费"向由江西、安徽、江苏、湖北、直隶五省分任。光复以后，来源中绝，乃改江西省立。依二年七月至三年六月之预算，支出一万一千余元。而赣省费绌，未能如额支拨，至四月止，仅领银五千元"❶。很多省份制订的教育计划均因经费无着而无法实现，可见经费短缺是当时全国一个比较普遍的问题。

尽管经费不足，但是各个省份都在尽力拿出相当的费用去搞职业教育。当时的察哈尔就是很好的例子，1928年察哈尔省立第一和第二两所职业学校的经费总计为22015元，1929年第一和第二两所职业学校及农业专科学校的经费共计41376元。1930年三所学校共计58216元，县立职业学校的经费数并入到初等教育的经费内计算。就这一点来看，察哈尔的县级别的职业教育经费并非是完全独立的，而是被合并到初等教育的经费当中。这样的状况非常不利于职业教育的发展，因为经费不能独立，往往会被挪用或很难到位，而这种现象在当时也是较为普遍的。而省一级别的职业学校经费还是具有很大独立性的，该省的"省立第一职业学校及省立农业专科学校之经费，均由省库拨给。第二职业学校除由省库每年拨费七六八七元外，校中产息年有五六千元，十九

---

❶ 《1914年4月16日黄炎培考察江西陶业学校日记》，载朱有瓛主编：《中国近代学制史料·第三辑·下册》，华东师范大学出版社1992年版，第249页。

年度计收产息五八二零元"❶。这样能保证专款专用，因此民国时期察哈尔的职业教育经费投入在华北乃至全国，其绝对投入（指职业教育经费与师范及普通教育经费的比例，并非是与其他地区职教经费相比）还是很高的。表4-12是1920年察哈尔增加教育经费的预算表。

表4-12　1920年察哈尔增加教育经费预算统计表

| 校别 | 经常费（元） | 临时费（元） | 增加经常费及临时费理由 |
|---|---|---|---|
| 农业专科 | 1800 | 1000 | 该校本年度有预科一班升入专科，应增加经常费一千八百元临时费，设备费一千元，合计如上数 |
| 第一师范 | 6600 | 1400 | 该校只有初级四班，自本年度起添招高级一班，应增加经常费六千六百元，临时设备费一千元，开办费四百元，合计如上数 |
| 第二师范 |  | 4000 | 该校初高级完全，惟房舍不敷分配，设备尚嫌简略，本年度应增加建筑费二千五百元，临时设备费一千五百元，合计如上数 |
| 第一女师范 | 5400 | 400 | 该校只有三班，本年度添补一班，应增加经常费五千四百元，临时开办费四百元，合计如上数 |
| 第二女师范 | 5400 | 8900 | 该校只有三班，本年度添补一班，应增加经常费五千四百元，临时开办费四百元，又该校建筑费前经河北省核准三万元，只拨给一万三千元，余下一万七千元拟分两年补足，本年度应补发八千五百元，合计如上数 |
| 第一中学 | 4800 | 1400 | 该校只有初中四班，自本年度起，添招高级一班，应增加经常费四千八百元，临时设备费一千元，开办费四百元，合计如上数 |
| 第二中学 | 4800 | 1400 | 该校只有初中班，本年应添招高级一班，应增加经常费四千八百元，临时设备费一千元，开办费四百元，合计如上数 |
| 第一职业 | 5400 | 400 | 该校只有两班，本年度添补一班，应增加经费五千四百元，临时开办费四百元，合计如上数 |
| 第二职业 | 5400 | 400 | 该校只有两班，本年度添补一班，应增加经常费五千四百元，临时开办费四百元，合计如上数 |
| 合计 | 39600 | 19300 |  |

资料来源：察哈尔教育厅编辑：《察哈尔省十九年度增加教育经费预算概数表》，《察哈尔教育公报》1930年第22期。

由表4-12可以看出，20世纪20年代察哈尔对于职业教育经费的投入就基本上与师范教育是相持平的，而且对两所职业学校的经费投入还超过了对中学的投入，可见察哈尔对于这两所省立的职业院校是非常重视的。到了20世

❶　王世杰编：《第一次中国教育年鉴·丙篇·教育概况》，开明书店1934年版，第417页。

纪 20 年代末期，察哈尔政府对于职业教育经费的投入甚至超过了师范教育，从表 4-13 可见一斑。

表 4-13 1929 年察哈尔教育经费增加预算统计表

| 事项类别 | 全年经常费数目（元） | 开办费数目（元） | 备考 |
|---|---|---|---|
| 东西洋留学 | 14700 | | 留日两名、留欧美八名，核计如上数。因原有经费二千五百元，故减少开列川资，临时估计 |
| 第一、二师范增班 | 9600 | 1400 | 各增一班，核计如上数 |
| 第一、二职业增班 | 14400 | 2100 | 第一职业系两科，应增两班，第二职业系一科，应增一班，核计如上数 |
| 实业学校增高级班 | 4800 | 700 | 增加一班，核计如上数 |
| 模范小学校 | 3840 | 20000 | 第一年招生四班，核计如上数。开办费立连建筑费在内，可陆续支领 |
| 中等各校增加理科设备 | | 4000 | 本口及宣化两处，分制两份，各校合用 |
| 公共体育场 | 1200 | 1000 | 地址另行筹划，呈报核办 |
| 仿办党童子军 | 2400 | 3200 | 本口及宣化两处，分办分用 |
| 蒙旗师范讲习所 | 12628 | 2082 | 呈报有案 |
| 旗华添设高小四处 | 3840 | 1000 | 就初小添班核计如上数，开办费内连教员川资计算不足，由各旗自筹 |
| 冀盟添设初小十处 | 6000 | 1000 | 每旗设立一校，合计如上数，开办费连教员川资在内，不足由各旗自筹 |
| 蒙旗学生留学津贴 | | | 留学内地中等各校，津贴由各校自行筹划，大学与内地学生一律待遇，不另添款 |
| 合计 | 73408 | 36482 | |

资料来源：察哈尔教育厅编辑：《十八年度省教育经费增加预算单》，《察哈尔教育公报》1930 年第 34 期。

除了留学经费之外，职业学校增添班级是 1929 年察哈尔教育经常费投入最高的，达到 14400 元，而师范教育的经常费才 9600 元，职业教育经费可以说远高于师范教育，这样的经费投入比例与当时全国其他地区是完全不同的，其他省份基本上是师范教育经费要高于职业教育，察哈尔的这种反差，正代表了它对于职业教育给予了应有的重视和支持，在全国都是走在前列的。表 4-14 是 1929—1930 年察哈尔省立专科及中等学校的经费统计表。

表 4-14　1929—1930 年察哈尔省立专科及中等学校经费统计表

单位：元

| 学校 | | 农业专科学校 | 第一职业学校 | 第二职业学校 | 第一中学校 | 第二中学校 | 第一师范学校 | 第一女子师范学校 | 第二女子师范学校 | 第二师范学校 | 合计 |
|---|---|---|---|---|---|---|---|---|---|---|---|
| 资产 | 1929 年 | 178000 | — | 67819 | 1800 | 59100 | 750 | — | 5113 | 43491 | 356073 |
| | 1930 年 | 70000 | — | 67819 | 3220 | 59300 | — | — | 6913 | 40891 | 248143 |
| | 增 | — | — | — | 1420 | 200 | — | — | 1800 | — | 3420 |
| | 减 | 108000 | — | — | — | — | 750 | — | — | 2600 | 111350 |
| 岁入 | 1929 年 | 17202 | 12768 | 9507 | 12374 | 23844 | 18752 | 9876 | 14000 | 31580 | 149903 |
| | 1930 年 | 24880 | 19968 | 14507 | 21994 | 27364 | 27318 | 21812 | 15768 | 37112 | 210723 |
| | 增 | 7678 | 7200 | 5000 | 9620 | 3520 | 8566 | 11936 | 1768 | 5532 | 60820 |
| | 减 | — | — | — | — | — | — | — | — | — | — |
| 岁出 | 1929 年 | 17202 | 12768 | 11316 | 12374 | 24498 | 18752 | 9480 | 14000 | 31580 | 151970 |
| | 1930 年 | 24880 | 19968 | 15218 | 21994 | 27364 | 27318 | 21812 | 15768 | 37112 | 211434 |
| | 增 | 7678 | 7200 | 3902 | 9620 | 2866 | 8566 | 12332 | 1768 | 5532 | 59464 |
| | 减 | — | — | — | — | — | — | — | — | — | — |

资料来源：察哈尔教育厅编辑：《察哈尔省立专科及中等学校十八十九两年度经费统计表》，《察哈尔教育公报》1931 年第 5 期。原表部分统计数据有误，已作更改，特此说明。

在表 4-14 中仅从资产这一项可以看出，省立第二职业学校在 1929 年和 1930 年均为 67819 元，能够超越它的只有农业专科学校，农业专科学校在 1929 年的资产是 178000 元，但是到了 1930 年就变为 70000 元，在这一年当中削减了一大半。这说明察哈尔政府认为专科学校的经费投入也是过多的，应该削减，以便拿出更多的经费投入到职业教育及其他教育类型中。尽管当时察哈尔由于自然和经济产业等条件所限，能够拿出的教育经费并不是很多，在全国来说其教育经费甚至是落后的，但是经费投入比例的合理度在全国可以说是比较领先的。相比之下，河北地区职业教育经费投入比例极其低下，整个教育系统甚至在以畸形状态运行，因此察哈尔的做法倒是值得其他省份去学习的。

（二）师资储备

职业教育若要发展，必须保证有足够的师资，而且职业教育的师资还不同于普通教育，既要具备一定的理论基础，还必须能够进行实践技术操作的指导，也就是今天所谓的"双师型"教师。这类教师是很难培养的，因为当时的教师大部分都是课堂讲授型的，理论功底还算扎实，但大多实际操作能力不足，很难带领学生进行具体的实习；而一些工厂的技师倒是技术精湛，但是因为理论水平较差又很难站稳讲台，因此"双师型"教师紧缺成为一直困扰近代中国职业教育发展的棘手问题。"双师型"教师，必须能够"将生产、管理、服务知识和能力吸收内化，并能有效地再现、传授给学生。既具有一定理论知识，又有相应的专业实践技能；既可胜任理论教学，又可胜任实践教学。这就要求'双师型'教师不但熟悉操作过程，而且精通原理，并能善于组织学生进行实践学习"❶。时至今日，对职业教育教师的能力有了更高的要求，他们不仅要"具备科学研究的能力、过硬的理论功底，即专业技术能力，还必须掌握与工作过程、技术和职业发展相关的知识；不仅要致力于职业专业知识的传授，还要具备从教育学角度将这些知识融入职业教学的能力；不仅须具备发现问题的能力，还要具备制定解决问题方案和策略的能力；不仅须熟悉相关职业领域里的工作过程知识，还要有能力在遵循职业教学论要求的前提下，将其融入课程开发之中并通过行动导向的教学实现职业能力培养的目标"❷。

清末实业学堂教员的数量是相当有限的，而且不少教师都是外籍教员。表 4-15 是 1907 年全国各省实业学堂教员资格统计表。

表 4-15 1907 年各省实业学堂教员资格统计表

单位：人

| 省份 | 实业学堂 | | | | 计 |
|---|---|---|---|---|---|
| | 在本国毕业者 | 在外国毕业者 | 未毕业未入学堂者 | 外国人 | |
| 直隶 | 22 | 2 | 4 | 9 | 37 |
| 奉天 | 19 | 2 | 13 | 6 | 40 |
| 吉林 | 6 | — | 2 | 2 | 10 |
| 黑龙江 | 13 | — | 3 | | 16 |
| 山东 | 21 | 7 | 11 | 2 | 41 |
| 山西 | 3 | — | 2 | 3 | 8 |
| 陕西 | — | | | | |

❶ 詹先明：《"双师型"教师发展论》，合肥工业大学出版社 2010 年版，第 255 页。
❷ 田秀萍等：《职业教育资源论》，光明日报出版社 2010 年版，第 23 页。

续表

| 省份 | 实业学堂 | | | | 计 |
|------|----------|--|--|--|----|
| | 在本国毕业者 | 在外国毕业者 | 未毕业未入学堂者 | 外国人 | |
| 河南 | 23 | 1 | 5 | — | 29 |
| 江宁 | 22 | 6 | 14 | 2 | 44 |
| 江苏 | 17 | 7 | 38 | — | 62 |
| 安徽 | 5 | — | — | — | 5 |
| 浙江 | 14 | 1 | 17 | — | 32 |
| 江西 | 3 | 2 | 2 | 1 | 8 |
| 湖北 | 66 | 19 | 15 | 5 | 105 |
| 湖南 | 39 | 10 | 38 | 11 | 98 |
| 广西 | 13 | 1 | 1 | — | 15 |
| 云南 | 9 | 4 | 8 | 1 | 22 |
| 贵州 | — | 1 | — | 1 | 2 |
| 福建 | 15 | 7 | 2 | 1 | 25 |
| 甘肃 | — | — | — | — | |
| 新疆 | — | — | — | — | |
| 计 | 310 | 70 | 175 | 44 | 599 |

资料来源:《第一次教育统计图表》,载沈云龙主编:《近代中国史料丛刊·三编·第十辑》,文海出版社 1986 年版,第 56~58 页。原表部分统计数据有误,已作更改,特此说明。

　　职业教育的发展不仅仅是高层次的,只有初级职业教育打牢了基础,整个职业教育体系才算完备。民国时期各省初级职业学校亟需推广,但问题是教师非常缺乏,培养所需师资刻不容缓,就当时实业教员的培养机构来看,"惟是此项学校,在前清奏定学堂章程,称为实业教员讲习所,中分完全、简易二科。完全科比照优级师范办理,简易科比照初级师范办理。民国成立,学制变更,前项讲习所,缺焉未备,而普通实业学校之教员,遂日形缺乏。第乙种农工业学校及甲乙种实业学校,或程度较低,或师资易得,尚不为办学者所苦。至甲种农工业学校,需要最多,教授亦最难,自非培养师资不可。惟造端宏大,需费甚多,恐非现时国家财力所能企及。兹拟就各省性质相同之专门学校附设此项实业教员养成所,非特教授管理较易进行,即一切实习等项,亦较便利。所有办法,谨参照教育纲要及前清实业教员养成所办法,按切时势,斟酌损益，拟定实业教员养成所规程十一条"❶。下面是民初北洋政府教育部于1915年10月1日公布的《实业教员养成所规程》。

第一条　实业教员养成所以造就甲种实业学校教员为宗旨。前项教员养成所分为农业教员养成所、工业教员养成所两种。

第二条　实业教员养成所应附设于性质相同之专门学校之内，其经费由省款支给之。

第三条　实业教员养成所之设立及处所，由省行政长官视地方情形定之。

第四条　实业教员养成所之设立、废止及变更，均应详由省行政长官转报教育总长。

第五条　实业教员养成所之所学科目，得参照农业专门学校、工业专门学校规程办理，但须酌加教育学、教授法诸科目。

第六条　实业教员养成所学生入学资格，以中等学校毕业或与之有同等学力者。

第七条　实业教员养成所四年毕业。

第八条　附设实业教员养成所之学校，得令该科学生与其他相当班次之学生合班听讲，但教育学、教授法诸科目须于第四年分别教授。

第九条　实业教员养成所学生不纳学费。

第十条　实业教员养成所学生毕业后须在本省服务三年以上，但经行政长官允许他往者，不在此限。

第十一条　本规程自公布日施行。❷

此后，河北省第二职业学校的校长杜守文提出《培养初级职业教师案》，初步计划在省立职业学校内附设职业教员养成所，作为扩充职业教育的准备。具体实施步骤是首先在经常费和开办费筹措上，可以根据第二职业学校所附设

❶ 《实业教员养成所规程》，载朱有瓛主编：《中国近代学制史料·第三辑·下册》，华东师范大学出版社1992年版，第196页。
❷ 《实业教员养成所规程》，载朱有瓛主编：《中国近代学制史料·第三辑·下册》，华东师范大学出版社1992年版，第196~197页。

的职业教员养成所的惯例酌情划拨；入学资格限定四种人群，即老师范毕业生、初中级职业学校毕业生、旧制中学毕业生及新制中学的毕业生。修业年限暂定为两年，新制中学毕业生修业年限为三年；课程设置则根据招收学生的学历水平而定。为了鼓励上述四种人群踊跃到职业教员养成所学习，河北省教育厅规定还可以免收学员的学费和伙食费等，这个鼓励政策还是很有效果的，消除了大多数报名者的经济顾虑，全身心地投入初级职业教育师资的培训中。

职业教育师资缺乏，那就必须迅速培养师资以补充当时的亏欠。但是培养一名职业教育教师的周期是很长的，无法解决燃眉之急。当时有一种办法在某种程度上缓解了紧迫的形势，即开办教员养成所或速成班，这种培训机构能够在较短时间内就培养一定数量的职业教育教员。民国初期，北京有一所乙种农业教员养成所，包括农学和蚕学两个科目，分两个班级，总计有学员100人，经费数额为13980元。鉴于"养成所为造就农业师资，以备推广各县乙种农业学校。为筹备表内乙种实业教员养成所之一种学校，地址就大兴县黄村前顺天农业学校旧址，另加修葺。学生资格为师范及中学校以上甲种农业同等之学校及农业讲习所毕业者充，高小学校教员满三年以上或得有许可状者为合格，注重实习科目，期限一年毕业，以应各县之需求"❶。尽管养成所培养出来的职业教育教员专业水平不一定很高，但确实是解决师资紧缺的一条权宜之计。通过各种努力之后，到了20世纪30年代，河北地区的职业教育师资状况还是有很大改观的。例如，1930年河北省立职业学校有职员27人，教员38人；县立职业学校有职员34人，教员61人，全省共有教职员160人。在教员资格上，"全省教员99人中，大学毕业者18人（国内师范大学毕业者2人），高等师范毕业者2人，专门学校毕业者43人，国外留学者15人，其他学校出身者21人。至职员多系中等以上学校毕业"❷。北平市市立职业学校共有教职员26人，市立商业学校38人，合计64人。其中国内大学毕业的有27人，师范大学毕业的有6人，高级师范毕业者7人，师范学校毕业者2人，专门学校毕业者1人，留学国外者11人，其他出身的10人。这时职业学校的教员不但在数量上

---

❶ 璩鑫圭、唐良炎编：《中国近代教育史资料汇编·实业教育师范教育》，上海教育出版社1991年版，第265页。

❷ 王世杰编：《第一次中国教育年鉴·丙篇·教育概况》，开明书店1934年版，第411页。

有了保证，而且其出身即学历程度也有很大的提升。

但是从长远来看，中央政府应该"以各种可能合理之方法，培养各类高初级职业师资；重视实际经验与专业训练，利用一切假期参加实地工作，国内外之考察研究，应视为职教师资之经常设施；寒暑假之讲习进修，为一般新旧教员之必要工作；予以特殊待遇，坚其服务信仰，务使职业教育完全上了轨道"❶。在教师培训过程中，增强其劳作的训练，以期让他们"了解劳作与人生的关系，并实地操作，以养成勤劳、耐苦、精细、经济、审美的德行与习惯"❷。为了有效储备职业教育师资，民国时期教育部经常举办职业学校教师培训等活动，这样充实职业教育师资数量的同时又能提升现有职业教育师资的质量。1936年北平市市立职业学校委派本校教员韩馥亭等参加教育部举办的工业职业学校教员暑期讲习班，培训完以后，韩馥亭教员在全校作了非常详细的报告，现将报告摘列如下。

参加讲习班的经过，可以分为三个段落来说，一为参加受训之动机及经过，二为受训之情形，三为各地参观之情形。

一我国自鸦片战争以来，无一日不在非常时期，更自"九一八"事变迄今，吾中华民族，已到生死关头，国家危急，已到极度时期，倘仍不设法挽救，民族永无复生希望，国家无存在可能。有鉴于此，所以提倡救国教育，最近又提倡非常时期教育。欲充实教育之效率，必先有良好的导师，于是于二十三年教育部委托北京大学及清华大学合办之教员讲习班及师范大学之教员讲习班训练普通教员，以提高教师品质。近年中央因提倡职业教育，更感觉到职业师资训练缺乏，所以教部今年暑假举行各种职业学校教员讲习班。一为农科委托南京金陵大学办理，一为工科委托上海雷士德工科专门学校办理。我自己的确感觉到学识不足，很愿意参加受训，同时经本校校务会议决议，拟我与机械科主任同去上海参加，这是中央办职校教师训练班的意义及自己参加的动机。

❶ 中国教育学会理事会编辑：《中国教育学会年报》，中华书局1948年版，第69~70页。
❷ 中华民国教育部国民教育司编订：《国民教育师资短期训练班课程纲要》，中华书局1944年版，第43页。

二是开课后受训的情形。在礼拜一开课那天，有个何清儒先生参加开学典礼，并由校长 Lillie 博士报告职业导师训练班之重要，以及英国假期师资训练的情形。训练班共分三组：

（1）应用化学组，参加者 31 人，讲习科目有科学教授法、简易化学试验、简易物理试验、应用化学试验、应用物理试验。

（2）机械工程组，参加者 31 人，讲习科目有工厂方法及工程图画、应用力学、材料强弱学。

（3）土木建筑组，参加者□人，讲习科目有土木、实用及理论几何、水管装置及卫生工程、应用力学、材料强弱学、道路工程学、测量仪器之演习。

因为我个人所学为应用化学，所以单就化学方面述之如下：

化学组受训钟点，共为 30 小时，首次上课为科学教授法，系英国人 Dr. Shacklock 教授，由韦君人留部任翻译，因其说话为浙江土语，故同仁均不明了，后向翁先生建议，请易他人任斯职，未得允许，感觉到许多不便，至于物理化学等之讲授者尚好，但教材讲甚简单，如授应用化学试验，此试验钟点共为八小时，仅讲烧玻璃管之方法而已，同仁等均不满意，至于应用物理一门，与普通所学者无大差异。

共习两星期（每星期以六天计）零两天，每天仅上课二三小时不等，但讲授与出席人数之调查，甚为认真，这是办事上的一点好处，后来结果应用化学组，成绩欠佳，因该校无应化学之设备故耳。在受训期间，常有名人到校演讲，今将演讲人及其所演讲之题目报告给大家：

十四日　上海市政府技正股丰义先生讲各国汽车胎在中国运用之情形。

十六日　校长 Dr. Lillie 讲演发电。

十八日　何某讲工业教育。

二十一日　天厨味精厂长讲天厨工厂之情形。

二十二日　上海工务局局长沈怡博士讲黄河之历史探讨。

二十三日　英人 Sanger 讲电焊之应用及其结构。

二十五日　教部督学钟道赞讲中国职业教育之状况。

　　三是参观情形，虽经在上海有名的几个工厂参观，但实际上并未得到若何益处，今就参观做简单的报告：

　　十五日　商务印书馆：馆内一切无甚特殊处，仅印刷部分尚佳，惟因"一二八"大战之关系，内部建筑情形尚有几栋仍存炸后余痕，观之颇令人伤心！

　　十六日　除参观商务印书馆之另外一部外，则赴亚浦耳工厂参观，该厂设备及出品均佳，以制造电灯泡为目的，仅除此外，尚能制造电动机以及电扇等品，该厂为胡西园先生承办，已有十数年的历史，其资本已由三万元增至一百五十万元。

　　十七日　中央研究院：该院设备情形与北平研究院无大出入，内部分物理、化学、机械、炼钢等部，其主要分为制造与讨论，炼钢成绩很好，物理部多作实验仪器，此因我国尚待需要也，化学部多为研究工作。

　　二十日　造币厂：内部建筑与天津造币厂相似，然机械多为新式者，其中以造□币及铜元为原则。

　　廿三日　同济高职：由该校主任唐伯英先生招待，学校系高中程度，四年毕业，教员待遇甚优。其分机械、土木工程两科，校中最引人注意者，为院中各处设有标尺等，如屋之高低、地之面积等，均有数目表明。各教室内并设有度量衡表，以养成土木科学生之估计习惯。

　　廿五日　中国化学工业社，社中共分三部：（1）化妆品部；（2）味精部；（3）蚊香部。除参观其化妆品制造外，余二部均拒绝入内，至于化妆品部之设备尚称完备，然香料之配合等等，则严守秘密，不为外人道也，其设备甚好，出品亦佳。❶

　　对于职业教育师资的培训，国民政府是非常重视的，从上面的材料可以看出，尽管当时国难当头，国家正遭受日本帝国主义的侵略，但是依然想办法为教师提供培训。各个职业院校以及教师个人，也都非常珍惜这种宝贵的学习机会。韩馥亭教员详细记录培训经历的同时，也实事求是地评价了这次培训的收

---

❶ 北平市市立职业学校月刊社编：《职业月刊》1936年总第45~46期。

获和不足。

对于职业学校教员的资格，国民政府是有非常严格的要求的。1934 年国民政府教育部公布《各省市职业学校职业学科师资登记检定及训练办法大纲》，对于民国时期全国职业学校教师的检定以及训练进行了较为详细的规定。该大纲要求各省市教育厅及教育局要调查本省市当时及未来各级职业学校所需要职业教师的种类和数量，之后再进行登记、检定以及训练。职业学科的师资分为甲乙两种，甲种为高级职业学校职业学科的师资；乙种为初级职业学校以及职业补习学校职业学科的师资。职业教育师资登记资格的认定上，国内外专科以上学校毕业以后，具有两年以上的职业经验者，以及职业界的高级技术人员，才能允许登记担任甲种职业学科的教师；而乙种职业学科的师资，要求高级职业学校、甲种实业学校或者高级中学农工商科毕业后，具有两年以上的职业经验，或者是职业界的中级技术人员工作四年以上，均有资格登记，通过审核后到校任教。登记环节，特别注重对于申请者学科背景和工作经验的考核。如果有些人不具备上面的学历，但是专业技术精湛，而且还志愿到职业学校担任教师，各省市教育厅局可以根据其技术种类和程度，分别进行检定。在具体的检定上，"凡有职业技术及经验，其证明文件，经审查属实者，得受无试验检定；凡具有职业技术及经验，但其证明文件未能确实或有其他疑问时，应受职业技能之有试验检定"❶。检定合格的职业技术科教师，各省市的教育厅局需利用假期或定期对其进行职业教学及管理方法的培训。在具体的培训方法上，可以利用假期召集各科职业学校现任教员加以训练，并"指定成绩优良之大学办理职业学校师资训练科。招收高级职业学校及高级中学毕业生，予以适当之训练"❷，还可以选择成绩优良而又志愿充当职业学校师资之大学毕业生予以补助，让他们在原来学校或其他建设机关充当一到两年的助理，有了实际经验后再充任职业教育师资。

如果本省市所检定的各级职业学校职业学科师资不足，各省市教育厅局需要责令该省市兴办成绩卓著的专科以上学校，利用其教育条件和设备，培训一

❶ 中华民国教育部教育年鉴编纂委员会编：《第二次中国教育年鉴·第八编·职业教育》，商务印书馆 1948 年版，第 1032 页。
❷ 中华民国教育部编：《教育部二十五年度预定行政计划》，中华民国教育部编印 1936 年版，第 18 页。

定数量的职业教育师资。如果没有专科以上的学校，其他相当程度的学校也可以培训职业教育师资。高级职业学科的师资，可以由高级中学、师范、旧制中学、高级职业学校以及甲种实业学校的毕业生，经过三到四年培训，予以充任。但是高级职业学校及甲种实业学校的毕业生，若对所学职业学科有继续研究，只需接受两年的培训。初级职业学科师资，通过对初级中学及三年毕业的乡村师范学校或初级职业学校的毕业生，予以三年的培训，即可充任。但是初级职业学校的毕业生若对原来所学的职业学科有继续研究，只需接受一到两年的训练即可担任初级职业学校职业科的教师。训练过程中的学科分配上，初级和高级职业学校职业科师资训练期间的课程分配是普通学科占 10%、职业理论学科占 30%、职业技术学科占 50%、教育学科（包括教育学、教育心理、职业教育、职业教学法及教育实习等）占 10%。

关于职业教育教师的实际能力，国民政府教育部经常派遣督学进行视察。1933 年教育部曾派遣督学王锦考察了察哈尔省立宣化工业职业学校，考察后该督学认为省立职业学校校址在宣化城内贡院街，地势宽敞，校舍整齐。学生程度虽间有不齐，但能安心修学，恪守校规。重点考察的是教员任事及教学情形，其结果如下。

校长王肇修，适请病假，未在校，校务由教务主任李厚坤代理。教务主任兼教员李厚坤，教授化学科四年级化学品——化学品之原料，任教有年，教法纯熟。训育主任兼教员何桂洁，教授工科二年级化学——倍比例定律亚佛加特罗假说，教态沉静，讲解清楚。训育员兼教员赵星耀教授染科二年级硫化染科之染后处理法，讲解明白，语言清利，教材亦熟。体育主任兼教员刘滋，教授各级学生课间操——徒手操，动作整齐；又授工科一年级生理卫生学——运动系统，语言清利，教态自然，讲解亦清楚合法，应请嘉奖。国文教员刘景儒，教授工科二年级国文，对于消极思想派的总批评，将全文大意，加以批评，发挥尽致。英语教员王荫梓，教授工科二年级英语——高级实验英文法（代名词），纯用注入式讲授，教法应再改善。学生上班有未带课本者，应注意。史地教员胡维镛，教授工科一年级历史——春秋时代之概观，分条罗列，眉目清楚，教授合法。国文教员王实琛，教授工科四年级国文——中等国文法（名词七位），指示图解，明白熟练，学生易于了解。数学教员图域教授工科三年级几何——证题法及习题，解释习题，简洁明了。英语教员李枝洪教授工科一年级英语——开明本第一册第二十课，教授新生，注重拼音及读音，教法甚合。艺术兼植物教员郝连衍，教授工科一年级植物——果实之部分及果实之性质，教材不熟，举例间有错误处，应注意。国文教员贾维榘，教授染科二年级国文——告日本帝国主义下之各民族，对帝国主义及资本主义二语，解释详明，惟学生间有不带笔记而记于课本上者，应注意促其另备笔记簿。意匠教员李申，教授染科二年级意匠——多备机械之装置，绘图讲解，使学生易于领会，教法甚合。❶

总体来看，该校的大部分教师还是能够胜任其职责的，并且他们对于教育学生是抱有相当大的热情的，师德师风还是能够有所保障的，但是在教学方法上应该力戒注入式这种传统教学模式，须大力倡导启发式教学，让学生真正理解教师所教授的知识，这样才能够提高教学效率。

（三）学生培养

职业教育办得好，自然会提升人民的生产能力，人民的生产能力又关乎国家的兴衰成败，因为"立国之道，首在民心，次为民力。国力者，民力之所萃，而民族之意识，则民心之所表现也。昔者寇至不能御，全国民众，忍辱而吞声，民力已可见矣。夫力不足犹可徐图充实，若民心不振作，则生气索然，生机将斩，生力之充实，宁有望乎？如何充实民力，第一要着，在民族能自给自足，不再仰给舶来物品，此诚职业教育所应负之一部分责任也。至如何振作民心，则关系民族前途，实较充实民力尤为重要。一切教育，固应以此为重要目标，而职业教育，亦应视此为惟一重任"❷。由此可见，职业教育培养人才不仅仅包括技术方面，还要培养人民的道德操守。关于学生培养，本书主要选取

---

❶ 《察哈尔教育厅二十二年十二月二十日第二六五号训令》，载殷梦霞、李强选编：《民国教育公报汇编》（第85卷），国家图书馆出版社2009年版，第462~463页。

❷ 黄季陆：《革命文献·抗战前教育概况与检讨》，"中央"文物供应社1971年版，第252页。

20 世纪 30 年代的北平市市立职业学校为个案加以介绍和分析。

职业教育培养学生的数量，是随着时间而逐步提升的，清末的实业学堂所能培养的学生数量还是比较有限的，表 4-16 是 1907 年各省实业学堂毕业学生数量统计表。

表 4-16　1907 年各省实业学堂毕业学生数量统计表

单位：人

| 省份 | 农业 | | | 工业 | | | 商业 | | | 实业预科 |
|---|---|---|---|---|---|---|---|---|---|---|
| | 高等 | 中等 | 初等 | 高等 | 中等 | 初等 | 高等 | 中等 | 初等 | |
| 直隶 | 241400 | 100000 | 48000 | 234200 | | 67100 | 48800 | — | | — |
| 奉天 | — | | | — | — | 83406 | — | 293538 | 61235 | 181808 |
| 吉林 | — | | | | | | | | | 503312 |
| 黑龙江 | — | | | | | | | | | 20795 |
| 山东 | 338983 | 93548 | 50061 | — | | | | | | 60771 |
| 山西 | — | 176470 | | | | | | | | |
| 陕西 | — | | | | | | | | | |
| 河南 | — | 43619 | 17380 | — | 34943 | 61382 | — | | | |
| 江宁 | — | 189673 | 266266 | — | 202167 | — | | | 164815 | 31476 |
| 江苏 | | 95480 | — | 320451 | | | | 40951 | 27353 | |
| 安徽 | — | 46406 | — | | | | | | | |
| 浙江 | — | 70862 | 350206 | | | | | | | 31857 |
| 江西 | 130000 | — | — | | | | | | | |
| 湖北 | 415067 | 49827 | 31982 | — | 85247 | 46480 | — | 14553 | 50454 | — |
| 湖南 | — | 67331 | | — | 184683 | 20203 | | | | 49445 |
| 四川 | — | | | | | | | | | |
| 广东 | — | | | | | | | | | |
| 广西 | | 94400 | | | 51450 | 12212 | | | | 87500 |
| 云南 | — | 181441 | 27979 | — | — | 16599 | | | | |
| 贵州 | | | | | | 33546 | | | | |
| 福建 | — | 206817 | — | — | — | | — | 30753 | | |
| 甘肃 | — | — | | | | | | | | |
| 新疆 | — | — | | | | | | | | |

资料来源：《第一次教育统计图表》，载沈云龙主编：《近代中国史料丛刊·三编·第十辑》，文海出版社 1986 年版，第 51~52 页。

由于近代社会观念的束缚，人们大多不愿意将子弟送到职业学校去接受教育，因此职业教育的学生培养在招生这个环节就存在着很大的困难。以江西陶业学校为例，"该校学生数不多，其原因在社会不甚重视。又以方今学风骄贵奢惰，青年背不胜作工之苦，以故入学后惮于工作，而中途乞退者，亦有之闻。今春在省城招考学生，报名者仅二人。省公署不得已，乃改在本校招考"❶。鉴于这种情况，各个学校尽量提供优惠政策和吸引条件去招收生源，下面是北平市市立职业学校 1932 年 6 月的一则招生广告。

校址　北平，东四牌楼北，什锦花园。

名额　机械科一年级：新生五十名。

　　　机械科二年级：编级生十名。

　　　化学科二年级：编级生十名。

　　　机械科三年级：编级生十名。

　　　化学科三年级：编级生十名。

程度　一年级新生：高级小学毕业，或具同等学力者。

　　　二年级编级生：曾在已经立案之初级中学，或职业学校，肄业一年以上者。

　　　三年级编级生：曾在已经立案之初级中学，或职业学校，肄业二年以上者。

年龄　一年级新生：十三岁至十七岁。

　　　二年级编级生：十四岁至十八岁。

　　　三年级编级生：十五岁至十九岁。

考试科目

一年级：1. 国文；2. 算数；3. 常识测验，党义，史地，自然科学；4. 口试及体格检验。

二年级：1. 党义；2. 国文；3. 英文；4. 数学，算数，代数；5. 理化；6. 口试及体格检验。

---

❶ 《1914 年 4 月 16 日黄炎培考察江西陶业学校日记》，载朱有瓛主编：《中国近代学制史料·第三辑·下册》，华东师范大学出版社 1992 年版，第 250 页。

三年级：1. 党义；2. 国文；3. 英文；4. 数学，代数，几何；5. 理化；6. 口试及体格检验。

考试日期　七月十四日

报名日期　自公布之日起，至考试前一日止。

报名手续　报考者，须缴验证书，最近四寸半身相片一张，及报名费一元。（报名费，取录与否概不退还。）编级生，并须缴前校证明文件成绩表。

考试规则　应试者，除笔本外，其他物品一概不准携入场内。

入学须知

保证　取录各生，须于取录后五日内。到校交纳保证金六元，否则取消入学资格，于开学前，须邀同保证人到校填写入学愿书，方准交费上课。

纳费　取录各生，于入学前，须纳本学期左列各费

1. 学费　免收

2. 杂费　六元

3. 宿费　五元（不寄宿者免缴）

4. 体育费　一元

5. 预偿费　三元（学期末结算清还）

6. 制服及工厂费　暂定六元

住宿　本校备有宿舍，愿住校者，须于缴纳保证金时声明。

书籍　学生应用之书籍文具概归自备。（新生及编级生入学时，由学校发给购书单。）

膳费　本校厨房，由职教员暨学生共同管理，每月膳费约六元。❶

这是一份信息十分完整的招生广告，包括招收生源的专业、名额、入学程度与年龄、报名考试具体程序及收缴各项费用等内容，在阅读这则广告后对于这所学校的招生要求会有全面的了解。与国家颁布的《职业教育法》相关规定

---

❶　北平市市立职业学校月刊社编：《职业月刊》1932 年总第 11 期。

进行对照可以发现，北平市市立职业学校的招生程序是非常正规的。值得注意的是，这所学校的收费在当时来讲算不上是高昂的，尤其还不收学费，考试科目也都是基础性的。对于家境贫困的学生，该校还设置了免费及公费的名额。下面是北平市市立职业学校 1936 年免费及公费学额具体办法。

第一条　本校遵照部颁各级学校设置免费及公费学额规程（下节称部颁规程）第三条之规定，本年度设置免费学额八名（免交杂费体育费）。

第二条　本校遵照部颁规程第五条之规定，本年度设置公费生三名，每名每年除免交杂费体育费外并给予公费六十元。

第三条　本校学生志愿申请公费或免费待遇者，须按部颁规程第十二条之规定，呈请原籍县市或居住三年以上之县市之主管教育行政机关，提请县市长所发给之家境清贫证明书。

第四条　本校遵照部颁规程第十三条之规定，应给予免费或公费待遇学生之条件如下：

一、除学生呈请之家境清贫证明外，遇必要时，得由本校调查其清贫情形，以资考核，事实证明不清贫者不予审查。

二、本校录取新生及在校学生，凡申请免费或公费待遇者，如□过本校应设置之免费或公费学额时，应以免费或公费学额给予入学考试成绩较优或在校成绩较优之学生。

第五条　受免费及公费学生，如学年中间违犯校规情形较重者，得随时停止其免费或公费待遇。

第六条　本校免费生或公费生如有冒充清贫，或伪造家境清贫证明书情事，经查明证实者，得按部颁规程第十七条之规定，向该生或保证人追交各费。

第七条　本办法如有未尽事宜，依照部颁规程办理。❶

---

❶　北平市市立职业学校月刊社编：《职业月刊》1936 年总第 46 期。

尽管有如此优厚的条件，但该校的招生并不理想，从二三年级还要招收编级生就能反映出这一点，生源的数量与质量无法满足职业学校的招收要求成为当时的一种常态化现象。表 4-17 是 1936 年 9 月北平市市立职业学校的招生情况。

表 4-17　1936 年 9 月北平市市立职业学校新生统计表

单位：人

| 各科人数 | | |
|---|---|---|
| 机械科 | 化学科 | 土木工程科 |
| 36 | 26 | 28 |

| 籍贯统计 | | | | | | | | | | | | | | |
|---|---|---|---|---|---|---|---|---|---|---|---|---|---|---|
| 河北省 | 山东省 | 安徽省 | 浙江省 | 山西省 | 湖南省 | 江苏省 | 察哈尔省 | 湖北省 | 甘肃省 | 四川省 | 广东省 | 福建省 | 贵州省 | 云南省 | 吉林省 |
| 66 | 3 | 3 | 3 | 2 | 2 | 2 | 1 | 1 | 1 | 1 | 1 | 1 | 1 | 1 | 1 |

| 年龄统计 | | | | | | |
|---|---|---|---|---|---|---|
| 十五岁者 | 十六岁者 | 十七岁者 | 十八岁者 | 十九岁者 | 二十岁者 | 二十一岁者 |
| 3 | 11 | 22 | 30 | 16 | 6 | 2 |

| 家长职业统计 | | | | | | | | | |
|---|---|---|---|---|---|---|---|---|---|
| 工 | 农 | 商 | 教育 | 交通 | 司法 | 政 | 军 | 警 | 赋闲 |
| 2 | 31 | 17 | 11 | 14 | | 4 | 3 | 1 | 6 |

资料来源：北平市市立职业学校月刊社编：《职业月刊》1936 年总第 44 期。

从表 4-17 可以看出，北平市市立职业学校的发展基本已经达到顶峰时期，在原有的机械及化学两科基础上，又开设土木工程科，学校的规模得到拓展。从生源来看，报考的学生有 73% 来自河北省，剩下的来自全国其他各个省份，属于全国招生。年龄大部分都是 18 岁左右，说明这个年龄段正是适学年龄。这里主要关注学生们的家庭职业背景，有 1/3 的学生来自农民家庭，经商家庭有 1/5，需要说明的是经商家庭并不都是富商巨贾，更多的是做小买卖的。可见报考这所职业学校的学生大部分都是贫苦家庭出身，他们希望通过接受职业教育能够获得更多的社会攀升机遇。

当时的职业学校对于学生的日常教学管理是非常严格的，北平市市立职业学校也是如此，每个月都会统计事假、病假及旷课的学生，登载校报，予以警示，表4-18是该校1931年4月学生考勤结果的统计表。

表4-18 1931年4月北平市市立职业学校学生请假旷课统计表

单位：小时

| 姓名 | 事假时数 | 病假时数 | 旷课时数 | 姓名 | 事假时数 | 病假时数 | 旷课时数 |
|------|---------|---------|---------|------|---------|---------|---------|
| 王裕学 | — | 10 | — | 张立福 | — | 8 | — |
| 刘秉麟 | 2 | 1 | — | 张纬 | — | 1 | 5 |
| 赵华汉 | 2 | 3 | — | 赵毓恒 | — | 1 | 17 |
| 孔繁奖 | 1 | — | — | 亚宗申 | 2 | — | — |
| 李侍乾 | 2 | — | — | 徐德表 | 1 | — | — |
| 张世福 | 39 | — | — | 石生明 | — | — | 2 |
| 卢光融 | — | 4 | — | 傅金城 | 5 | — | — |
| 安贵福 | 2 | 7 | — | 蔡荫东 | 2 | — | — |
| 刘壮华 | 1 | 13 | — | 邢其寿 | — | — | 13 |
| 张泰然 | 3 | 11 | — | 林震欧 | — | 17 | — |
| 王德峻 | — | 1 | — | 张培福 | 9 | 35 | — |
| 郜得银 | 1 | 1 | — | 杜铨铠 | — | — | 6 |
| 陈之枋 | 10 | 22 | — | 岳增 | 7 | — | — |
| 蔡葩 | — | 6 | — | 李学周 | — | — | 1 |
| 葉广厚 | — | 1 | — | 魏绍清 | 79 | — | — |
| 彭春生 | 1 | 1 | 1 | 钟傑 | — | 2 | — |
| 王嘉祯 | 2 | 27 | — | 孙成廉 | 3 | — | — |
| 赵明英 | 6 | 1 | — | 姜克昌 | 7 | 16 | — |
| 牛映魁 | 3 | 1 | — | 阎毓照 | 2 | — | — |
| 杨震龄 | — | 1 | — | 王文华 | — | 10 | — |
| 岳顺 | 7 | — | 1 | 谢朝蔚 | 4 | — | 1 |
| 陆毅 | — | — | 4 | 王聘三 | 2 | 3 | — |
| □传则 | 7 | — | — | 潘福藩 | 1 | — | — |

资料来源：北平市市立职业学校月刊社编：《职业月刊》1931年总第2期。

从表4-18可以看出，这所学校在学生考勤管理方面是十分严格的。当然，学生们在学校期间表现好，也会受到学校的奖励，表4-19是1931年度北平市市立职业学校受到嘉奖的学生名单。

表 4-19　1931 年北平市市立职业学校受奖学生一览表

| 班级 | 学生姓名 | 事由 | 备注 |
|---|---|---|---|
| 机械科三年级 | 蔡葩 | 学业操行成绩均列甲等 | |
| | 杨震龄 | 勤于求学 | 一年未缺席 |
| 机械科二年级 | 李法 | 学业操行成绩均列甲等 | |
| | 亚宗申 | 学业操行成绩均列甲等 | |
| | 徐德表 | 学业操行成绩均列甲等 | |
| | 张宗舜 | 本科主要科目及操行成绩均列甲等 | |
| | 贡镰钧 | 勤于求学 | 一年未缺席 |
| 化学科二年级 | 石裕樟 | 勤于求学 | 一年未缺席 |
| 机械科一年级 | 张光辰 | 学业操行成绩均列甲等 | |
| | 杜生芝 | 操行成绩列入甲等并勤于求学 | 一年未缺席 |
| | 王福山 | 学业成绩列入甲等并勤于求学 | 一年未缺席 |
| 化学科一年级 | 陈有勋 | 学业操行成绩均列甲等并勤于求学 | 一年未缺席 |

资料来源：北平市市立职业学校月刊社编：《职业月刊》1932 年总第 13 期。

表 4-19 中的学生将会受到学校的奖励，北平市市立职业学校有专门奖励优秀学生的办法，现辑录如下。

一、本办法依据教育部颁布之职业教育规程第七十一条之规定指定之；

二、本校出品如经发售成本以外之盈余提出若干元作为奖金奖给成绩优良之学生以资鼓励；

三、奖金分甲乙丙三级

甲级　五元

乙级　三元

丙级　二元

四、学业操行及实习成绩均列甲等并榜列第一名者发给甲级奖金；

五、学业成绩列甲等操行实习成绩均列乙等并榜列前二名者发给乙级奖金；

六、学业成绩列甲等操行实习成绩均列乙等并榜列前三名者发给丙级奖金；

七、本办法经校务会议议决呈准后施行之。❶

在职业学校学生的实习方面，国民政府曾强调职业学校"附设工厂、商店、农场者，设备务求完善而切实用。应规定学生每日有若干时间实习"❷，同时还可以派学生到校外的工厂、农场及商店进行调查和实习，"至于实地询问或书信询问，则必须先使一般商家明悉询问之目的，商业学生因欲研究起见，故尔调查，以调查之成绩，分析之，考核之，比较之，然后归纳而得某种结果，其中并无恶意。且若能于此有所发明，将来应用于实际，转能与商界以无穷之利益"❸。此外，在实习过程中还要注重组织管理经营等能力的培养。从地缘的角度来考量，"农业学校当专设在乡村间，专为学习乡村中的职业。工业学校当专设在工业繁盛的地方，商业学校当专设在商务兴旺的市镇，以便学生可以实地观察与练习……设立职业学校，当以实地工作为主，上班授课为辅。最好这种学校的组织有一半时间在课室内学习；另有一半时间在实际生产机关中做工。即说学生艺徒化，亦无不可的。乃惟如此，学生毕业后始能担任实际生产的作业"❹。对于职业学校学生的实习活动，教育部向行政院提出申请，严令要求各省市建设机关尽量接受和容纳学生实习，因为"各省市职业学校毕业生所习之知识技能与实际工作需要不尽吻合，以致毕业生不易获得职业界信任，供求两方未相沟通，影响学生之就业者甚大。考其原因，固由于职业学校之教学课程尚须改进实习设备，致工作技能均欠纯熟，而校外实习之机会甚少，学生不能与职业界有充分接触，实为各省市职业学校之通病。除由本部派员视察指导，并增筹经费，充实设备，改进教学，以切实际需要外，应请钧院令饬各部会署各省市政府以及全国经济委员会，转饬所属公私立农工商卫生交通等建设机关工厂，尽量容许同性质之职业学校学生实习，既可使学生获得实际经验，增加效能，并可沟通供求之需要，培养社会之生产适用人才"❺。继教

---

❶ 北平市市立职业学校月刊社编：《职业月刊》1934 年总第 30 期。
❷ 中华民国教育部教育方案编制委员会编制：《改进全国教育方案》，中华民国教育部编印 1930 年版，第 14 页。
❸ 王恩良：《商业教育中调查问题实习问题之研究》，《教育与职业》1921 年第 3 期。
❹ 陈礼江：《陈礼江教育论文集》，江苏省立教育学院出版部 1936 年版，第 35 页。
❺ 《各建设机关尽量容纳职校学生实习》，《益世报》1936 年 3 月 23 日。

育部提出要求之后，天津市教育局因"所属各职业学校，素乏校外实习机会，且所授功课技术，往往与社会之需要不尽符合，曾令社会局通知各校注意改正，庶学生卒业之后，能以所学致用，免受失业之苦。近闻教育部对于此事亦有所筹划，业经分别咨令农工商卫生交通等建设机关，对同性质之职校学生，尽量容许加入实习，津市府接到部咨后，昨已令饬社会局转令各校遵照，本市职校获此实习之园地，职教前途当亦可日趋发展"❶。

对于学生的参观和实习，北平市市立职业学校是非常重视的。例如1931年4月7日该校机械科第三和第四年级的学生在科主任何冠洲的带领下参观欧亚航空公司。根据该公司事务主任介绍，"该公司为中德两国合资开办，中国股份占五分之三，德国股份占五分之二。航线分为三段，由北平至满洲里为第一段；由满洲里至俄京莫斯科为第二段；由莫斯科至德京柏林为第三段。现因中俄邦交尚未完全恢复，仅北平满洲里间可通航。飞机现有四架，分一二三四等号，皆为单货式。当时第一二三号均在北平，第一号专为搭客，第二三号专为载邮件之用。四机皆装有八只汽缸，每机均能达二百四十四匹马力，由北平至满洲里仅用六个半小时即可达到，推进机皆为合金钢制成，坚固耐久，其余如无线电报之设施均极完备"❷。再有该校"第四年级学生王裕学等，已肄业期满，行将服务社会；惟以在校所学，多属理论，非实地考察，不足以资借镜。故于十七日由机械科主任何冠洲带领，赴天津、塘沽、唐山等三处各大工厂参观，于二十三日返校。所到各处莫不受确实指导，该生等获益良多。又该生等此次参观旅费，除膳费自备外，其余概由本校职教员捐助"❸。学生们在参观这些工厂及公司期间，由学生赵华汉做了全程的详细笔录，可以反映出这些工厂公司的具体状况，这里限于篇幅仅选取一例。18日他们参观丹华火柴厂。到厂后，由该厂专门负责人接待并说明火柴厂的组织情形，然后到各部进行实地参观，参观笔录如下。

　　1. 地址：天津、西沽村。

---

❶ 《津市通令所属职校注重校外实习》，《益世报》1936年6月23日。
❷ 北平市市立职业学校月刊社编：《职业月刊》1931年总第2期。
❸ 北平市市立职业学校月刊社编：《职业月刊》1931年总第4期。

2. 面积：全厂约占百三十余亩。

3. 沿革：创办于前清宣统二年。

4. 资本：约二十余万元。

5. 工人：一千五百余名。

6. 原动部：锅炉一台，以供蒸木材及烘道暖气之用，为巴布克科及尉尔克科斯，蒸汽压力达五十磅。蒸汽涡轮一台，发电机一台，而发电机为三十三克罗瓦特。但全厂电力，皆由外方供给，故涡轮与发电机未使用也。

7. 制梗部：火材梗所用木材，为松杨二种。在未切削以前，先将木材锯成尺许短块，入蒸汽室蒸之。蒸妥后，移入制梗部。此部有锯梗机五台将木块切成木片，有切梗机五台，再将木片切成细轴，然后移于地上晒干之。

8. 筛轴部：细轴晒干后，移到筛轴部。此部有筛轴机三十余架，以筛去折断之细轴，再经列轴部排列之。此部有列轴机五十余架，以排列细轴于有孔之盘中，使轴与轴之间有适宜距离，以备沾油上药。

9. 油锅部：此部有油锅四台，使经过列轴部之细轴一端，先蘸油少许。

10. 蘸药部：细轴蘸油后，在此部蘸药。此部共有蘸药盘二十余台。

11. 化药部：此部专以调和药料，以供蘸油部之应用，因甚危险，故未参观。

12. 烘道：此部为一大长方形室，室内设暖气管多条，温度颇高，将蘸药之火柴，以铁车推入此部干燥之。

13. 退轴部：将烘干之火柴，用退轴机，由盘内退下，复整列于木盘中。

14. 包装部：此部分涂砂装盒及装包三层工作，以较为省力，故多童工。

15. 印刷部：印刷机器三架，裁切机三架。供印刷商标及裁切火材盒之用。

16. 修机部：内分机工部、铜铁部、锻冶部。

17. 制胶水部：有洗皮池三个，胶锅房一所，现因天气热，未工作。❶

　　1936 年 4 月，"高级机化两科第三年级初级机化两科第四年级学生五十八人，肄业行将期满，不久即将服务社会，兹为实地考查机械及化学工业起见，于四月十八日由机械科主任何震瀛化学科主任李守愚及事务主任王芝田率领赴外埠参观各大工厂。此次参观地点：高级机化科为天津青岛济南三地，往返日期为十四日；初级机化科为天津塘沽唐山三处，往返日期共七日。至二十五日及五月二日，均分别返校。所到各处，均加切实指导，对于该生等学识实获益良多"❷。该校学生的实习是很有特色的，内容丰富、劳动强度不低，表 4-20 是 1933 年 12 月化学工厂实习的报告表。

表 4-20　1933 年 12 月北平市市立职业学校化学工厂实习报告表

| 年级 | 项目 | 实习内容 |
|---|---|---|
| 高级一年级 | 无机试验 | 1. □化氧之制造及试验其性质；2. 精制食盐之试验；3. 制造硝酸钾之试验 |
| | 定性分析 | 1. 第三族铁盐、钴盐、镍盐、锰盐、镁盐、铝盐、铬盐等盐混合物之分析；2. 第三族未知物之分析；3. 第四族钙盐锶盐钡盐混合物之分析；4. 第四族未知物之分析；5. 第五族□、钠、□、□、铊诸盐混合物之分析 |
| 初级四年级 | 油类实习 | 1. 制普通肥皂之试验；2. 制透明皂之试验；3. 制洗衣条皂一百七十二条；4. 卫生皂之试验 |
| | 油漆实习 | 1. 热漂油之试验；2. 定颜料之吸油量试验；3. 硫酸锰之制造；4. 铅锰铬松脂皂之制造 |
| | 制革实习 | 1. 二浴法铬羚羊皮之整理；2. 植物类底革人造□□之试用；3. 铬锰猪皮之试验；4. 铬鞣面革之速干及整理；5. 面革各种发光剂之试用及应用机器轧亮 |

---

❶ 北平市市立职业学校月刊社编：《职业月刊》1931 年总第 4 期。
❷ 北平市市立职业学校月刊社编：《职业月刊》1936 年总第 42 期。

续表

| 年级 | 项目 | 实习内容 |
|---|---|---|
| 初级三年级 | 定量分析 | 1. 十分之一规定值重铬酸钾溶液之配制；2. 重铬酸钾规定溶液与硫酸二值铁溶液之比较；3. 定重铬酸钾溶液之规定值；4. 粗硫酸铁中铁之检定；5. 十分之一规定值碘溶液及十分之一一硫硫酸钠溶液之配制；6. 碘溶液与一硫硫酸钠溶液之比较 |
| | 有机实习 | 1. □□□反应之试验；2. 乙炔之制造及试验其性质；3. 盐之制造及试验；4. 润肤冰之试验 |
| | 油类实习 | 1. 线□油之精制；2. 胡麻油之精制；3. 菜籽油之精制；4. 制洗涤肥皂之试验 |
| 初级二年级 | 工艺制造 | 1. 牙粉之制造；2. 扑粉之制造 3. 制造西蒙蜜三十八瓶；4. 制造雪花膏二十四瓶 |
| | 定性分析 | 1. 第三组铁钴、镍、锰、铝、锌、铬诸盐类混合物之分析；2. 第三组未知物之分析；3. 第四组钙、锶、钡诸离子之单独检验 |

资料来源：北平市市立职业学校月刊社编：《职业月刊》1934 年总第 24 期。

学校学生们实习所制成的产品，学校还可以销售。为了进行成品促销，北平市市立职业学校于 1931 年还刊登了广告。

> 本校现存搅蜜机、抽水机、洋炉、新式两脚规、丁字尺、大小三角板、书挡及各种铜铁器具、理化试验用之离心抽水机、锥型蒸汽机模型、抽气机、齿轮、滑车、大小试验管架、烧瓶架、漏斗架、三足架及各种化妆品、各种皮革、各色皮毛等。均由本校机化两工厂自造，坚固耐久，物美价廉。此外一切零整机件物品，定做配制均可，不收工资，以酬雇主。购者请向本校营业部接洽可也。❶

1931 年该校还没有专门的销售产品部门，只能委托北平市市立商业学校附设的消费合作社帮助代销其校办工厂的出品，尽管是代销，但销售情况颇佳。此后，为了能让学生制成品的生产与销售紧密衔接，北平市市立职业学校在 1932 年的第三次教务会上，通过《教员学生可否筹资组织工艺出品合作

---

❶ 北平市市立职业学校月刊社编：《职业月刊》1931 年总第 3 期。

社，以助学生实习》的议案，推定辛少辰、艾宜裁、李云坡、李守愚、田春霖五人负责拟定简章，继而成立了运营组织，选定田春霖为制造部主任，李守愚为营业部主任，这个工艺出品合作社成立后，规定每股一元，认股者最多不得过二十股，每学期期末结账，按照盈亏按股分担，教职员及学生投资者颇为踊跃，很快就开展了工作。到了 1933 年，因为"本校机化二工厂，学生实习出品种类甚多，而社会人士均认为货美价廉，格外耐用。故来校购买者，亦日渐繁多。本校为购主便利计，特于校门右开办售品室，经筹备就绪后，已于十月廿八开始售货"❶，这种措施无疑加大了该校学生实习产品的销售量。表 4-21 是 1933 年 12 月北平市市立职业学校的学生实习产品出售列表。

表 4-21　1933 年 12 月北平市市立高级职业学校售品价目一览表

| 物品名称 | 计件 | 价格 | 物品名称 | 计件 | 价格 |
|---|---|---|---|---|---|
| 蓝墨水 | 每瓶 | 一角 | 小号喷壶 | 每件 | 二角 |
| 红墨水 | 每瓶 | 一角 | 喷雾器 | 每件 | 四角 |
| 大号教育钟 | 每件 | 六元 | 喷水壶 | 每件 | 五分 |
| 小号教育钟 | 每件 | 四元 | 铸铁皂盒 | 每件 | 一角 |
| 铜墨盒 | 每件 | 三角 | 掸子筒 | 每件 | 二分 |
| 浆糊 | 每瓶 | 五分 | 水勺 | 每件 | 二角 |
| 吃墨船 | 每件 | 一角 | 小汽船 | 每件 | 一角 |
| 铁哑铃 | 每件 | 六角 | 提水桶 | 每件 | 四角 |
| 木哑铃 | 每件 | 三角 | 铸铁水盆 | 每件 | 二角五分 |
| 铜分度规 | 每件 | 一角五分 | 扁茶叶筒 | 每件 | 一角五分 |
| 乒乓球铁架 | 每付 | 一元 | 三十一号厚铁炉 | 每件 | 三元五角 |
| 球杆 | 每件 | 二角 | 二十一号厚铁炉 | 每件 | 二元七角 |
| 六寸切纸刀 | 每件 | 一元五角 | 铜挂衣钩 | 每件 | 一角 |
| 八寸切纸刀 | 每件 | 二元 | 铜帐钩 | 每付 | 三角 |
| 十寸切纸刀 | 每件 | 二元五 | 铁挂衣钩 | 每件 | 四分 |
| 十二寸切纸刀 | 每件 | 三元 | 铜门拉手 | 每件 | 一角 |
| 十四寸切纸刀 | 每件 | 三元五 | 大榔头 | 每件 | 四角 |
| 丁字尺 | 每件 | 一元 | 小榔头 | 每件 | 二角 |
| 铸铅条模子 | 每份 | 十五元 | 内外卡针 | 每件 | 五角 |

❶　北平市市立职业学校月刊社编：《职业月刊》1933 年总第 22 期。

续表

| 物品名称 | 计件 | 价格 | 物品名称 | 计件 | 价格 |
|---|---|---|---|---|---|
| 扁元瓶雪花膏 | 每瓶 | 一角五分 | 椅子螺丝 | 每件 | 五角 |
| 洗涤肥皂 | 每盒 | 一角 | 割皮钢刀 | 每件 | 四角 |
| 卫生皂 | 每块 | 八分 | 翻砂工具 | 每盒 | 二元四角 |
| 大条皂 | 每条 | 一角二分 | 虎钳子 | 每件 | 四角 |
| 玉容油 | 每瓶 | 一角 | 木毛巾架 | 每件 | 一元 |
| 西蒙蜜 | 每瓶 | 四角 | 改锥 | 每件 | 一角五分 |
| 生发油 | 每瓶 | 一角五分 | 钢制克丝钳 | 每件 | 一元五角 |
| 冷膏 | 每瓶 | 一角 | 万能钢钳子 | 每件 | 二元五角 |
| 铁烧碳架 | 每件 | 一元五角 | 铜制喷雾器 | 每件 | 九元 |
| 十二孔试管架 | 每件 | 四角 | 甲种起钉钢锤 | 每件 | 五角 |
| 六孔试管架 | 每件 | 三角 | 乙种起钉钢锤 | 每件 | 三角 |
| 漏斗架 | 每件 | 四角 | 铁脸盆架 | 每件 | 五角 |
| 铁三足架 | 每件 | 三角 | 毛呢压力机 | 每件 | 三十五元 |
| 铸铁方水槽 | 每件 | 八角 | 大号抽水机 | 每架 | 一百廿元 |
| 铁酒精灯 | 每件 | 九角 | 小号抽水机 | 每架 | 九十元 |
| 五寸水壶 | 每把 | 一角五分 | 最新式搅蜜机 | 每架 | 十二元 |
| 六寸水壶 | 每把 | 二角 | 榨油机 | 每架 | 三十元 |
| 七寸水壶 | 每把 | 三角 | 空心力抽水机 | 每架 | 三十元 |
| 八寸水壶 | 每把 | 四角 | 足踏压力机 | 每架 | 六十元 |
| 大号喷壶 | 每把 | 四角 | 各种油漆、各种皮革 | | |

资料来源：北平市市立职业学校月刊社编：《职业月刊》1933年总第23期。

从表4-21这份成品出售清单来看，当时北平市市立职业学校的出品还是非常丰富的，从大件的抽水机到小件的卫生皂，总计有百十来件。更值得注意的是，这些货品的价格还比较便宜，物美价廉自然会畅销。除了北平市市立职业学校外，当时河北地区其他的职业学校也开设了售品部门，保定的河北省立高级职业学校在1936年10月举办了一次声势浩大的产品展览会，因为该校设有染织、机械及化学三科，所以能够生产出种类繁多的产品，此外该校售品处的展品售价很低，广受购买者的喜爱，在展览期间仅一天半的时间就卖出了500余元，可见当时这些职业学校培养出的学生们的技术水平还是有所保证的。

（四）政府考察

在近代中国职业教育办学情况较好的，除了南方省份外，北方的佼佼者就是河北地区了，在河北地区办学较出众者当属北平和天津，所以本书选取北平与天津二市作为典型，下面是当时教育部派专员考察后对各个学校作出的评价和整改方案。

北平市立惠工学校除了在实践操作环节比普通学校多外，其他的方面完全是小学校的性质。当时该校与社会局商议之后，决定将五六年级每周的劳作课增加至 300 分钟，教授的课程主要是印刷和缝纫两科。在调查中发现，该校的学生大多是工人子弟，所以可仿照第一工读学校的改进办法，增加职业所需的专业技能训练，学校的名称也要改为职业补习学校，不应该使用特殊的名称。

市立劳工夜校及一些机构设立的工人子弟学校，都是普通补习学校的性质，基本上没有劳工训练的作用和意义。所以在之后的开办过程中，根据学校的性质以及学生的家庭环境，增加职业技能的训练，并且一律改称为职业补习学校。

北平市的私立职业学校，也存在各种各样的问题，但大多是在办学设施和规模上。例如私立华北工程学校，学生人数很少，而且设备也极为简单，但是该校在教学中还是很注重实际操作和训练的，学生的技能、经验以及就业出路，都还不错，办理得比较有成绩，所以应该呈请立案，改定校名，以期发展和壮大。

私立京华美术学校分为音乐、中国画和西方画 3 个系，共 10 个班，学生人数也不多，各项教学设备还较为短缺，而且该校的技能训练及行政组织都不够妥当，应该加以整顿，同时命令其改办为高级艺术科职业学校，并限期办理立案手续。

私立求知中学高小年级每周是 6 小时的劳作实践，初中是 9 个小时，男生注重木工实习，女生重于裁缝和刺绣，以培养学生的基本生活技能。但这个学校的学生大多是贫困之家的子弟，所以应该在高小毕业以后，根据其家庭经济条件和学力的不同，分为升学与不升学的两个组，不升学的学生编入职业班，并让他们到合作单位海京工厂进行实习操作，以培养他们的谋生能力。而那些升学的学生，也可以进行适当的劳作，但是以不影响普通科目的学习为原则。

私立崇实中学为救济贫苦学生起见，实施工读教育，每天下午要求学生工作4个小时。主要从事制乳及印刷的工作，通过他们劳动所取得的收入来弥补他们亏欠的学膳费。通过这种方式，该校办得还算是有成效的。此外，该校还计划附设初级印刷科职业班，专为不能够升学的学生提供印刷技能的训练。但是还需要另行筹备款项，并将该科每月营业的利润，用于购置印刷机，同时该校还要注意美术和图画的发展，以求得该学科的完备。

私立崇慈女子中学的一切设施与崇实中学基本相同，贫苦学生就读该校，每天从事若干小时的裁缝及烹饪工作，以弥补她们少交或免交的学费。该校当时还计划添设女子职业班，可惜相应的设施极其缺乏，必须添置必要的设备后才能具体施行。

私立学校中的私立中华戏曲职业学校，当时办学的时间不是很长，但是能够上台演出的戏剧，已经有300余部了，可以说办理得还是很有成绩的。而且对于学生的穿戴着装、生活习惯的管理也比较好，但是让较小的学生练习高强度的功夫会影响学生的身心发育，必须要加以改进。当时戏剧是市民最主要的娱乐项目，因此该校的戏剧对于社会教育影响巨大，以后要注意在内容和形式上的改良，以图进步。

天津法商学院的商业职业科与天津中学商科，应该合并为省立天津商业职业学校，但是因为各方面的条件都还不具备，所以还是让自行办学，直到原有学校的学生毕业为止再商议合并的事宜。但是这两个学校的职业科实习时间较短，设备也较为简陋，对于商品的研究也不够深入，同时中西文打字、经济、商情调查及广告等实际工作，做得还不够，必须尽快改善。普通的课程例如生物学和外国地理等，每周3个小时的学习时间还是有点长，必须删减。而初级职业班必须注意书法、商业图画、珠算及明白旧式记账的方法，以传授学生实用的知识。1934年，河北省教育厅"关于筹设省立商业职业学校事，经前日（十三日）厅务会议通过商业学校筹备处组织大纲，并委赵玉堂、张芥尘、曲直生三人为筹备委员……筹设省立商职，至此已入具体进行阶段，于是本省法商学院所设之商职部，天津中学所设之商职班，均经教部饬令合并于商职学校，以资集中而免重复，所有该两校商职项下之经费，一律划归新成立之商职学校"❶。河北省教育厅筹设的"天津商业职业学校，并将法商学院附属商职部，暨天津中学之商业职业班合并，该校现内容一切布置，业经筹备就绪。闻校址已择定河北公园后，新大路书安里对过，先成立初级普通商业，及高级会计两科，均招一年级新生各四十人，俟下学期再招新生时，陆续增级。至日前天津中学家长联名反对并入，决置不理……教厅自周厅长到任后，即积极推行职业教育，依照部颁规定，职业学校应占全部经费百分之三十五，师范占百分之二十五，普通中学占百分之四十。但一查本省情形，普通中学过发达，经费几占百分之八十，限制中学添班，创办商职学校，实有进行必要，以符合部颁规定，刻教厅对职业教育已拟定计划，逐年扩充"❷。但是合并的事宜进展得并不顺利，"嗣以时间迫促，业经省立天津商业职业学校筹备委员赵玉堂等呈准教育厅，展至二十四年度始业时，再行合并。所有该院校应行合并班级，暂准仍就该院校上课，至于天津商业学校招考新生事宜，现仍继续进行"❸。该校普通商业科的历史、英文、国文、代数、几何以及会计科的军训，占用的教学时数太多，必须酌情进行删减，每周上课的总时数应该适当增加。此外，该校的校舍是与民房合租的，不但空间狭窄，而且这种与民众混杂的环境非常不适合学生学习，所以必须尽快迁移校址。

天津市的私立三八女子职业学校，一直以"提倡职业教育著名，历年毕业学生，除升学者外，服务家庭社会者，均能各称其职，最近鉴于时代之需要，添设妇女商业及工艺两科，工艺科课程，以文书、簿记、编织、图案、手工及生理卫生、育婴保产、家庭生活、家庭教育等常识为主要科目，凡有高小毕业程度，可入该校肄业，力学一年即可造成普通实用人才，为服务家庭社会之中坚人物；至于商科，则为初中毕业者而设，专习商业上各种知识技能，为将来立身之准备"❹。

私立天津弘德和通惠两所商业职业学校，培养出的学生职业水平较高，毕业后大多能够到天津市外国商行、银行及邮局就业，同时升学的学生能够达到

---

❶ 《教厅设置商职学校筹备处》，《益世报》1934 年 8 月 15 日。

❷ 《天津商职学校教厅已筹备就绪》，《益世报》1934 年 8 月 21 日。

❸ 《法商商职部与津中商职班暂缓归并商职学校》，《益世报》1934 年 8 月 25 日。

❹ 《本市三八女校提倡妇女职业》，《益世报》1934 年 8 月 24 日。

30%以上。但是在授课中，过于注重外国语和国文的传授，这些科目在实际生活中能够使用的并不是很多。而且该校对于学科过于注重讲授，调查研究和参观都很少，实习的设施也较为缺乏，这种情况必须要改善。其中的通惠商科职业学校，"原名私立商业学校，在本市各私立商业学校中成立最早，已历十余年，向以课程谨严规则整饬著，故由该校毕业学生，多在海关邮政及各大商行公司服务，或升入各大学，均能胜任愉快，博得社会好评。兹值秋季行将开学，校舍已行刷新，设备更形完整，又添开图书馆，对于课本重新整订；而教授方面，又多名宿，故于精神物质两方面，皆大增进，闻该校已定于九月五日招考新生，致日来报名投考者，愿形踊跃，该校下季之发展，不卜可知"❶。

天津市立师范的职业科与师范科，分为仪器标本和家庭工艺两组，同时还分为前后期职业和师范，职业科每周拿出大量的时间学习普通学科，占用了实习训练的时间。应该将前三年的一半时间，拿出来进行职业技能的训练，剩下时间学习普通学科。后三年的职业训练依然要占到总学时的1/2，其余的半数时间，普通学科和教育学科各半。只有这样，学生的技术才能够精湛熟练，毕业后既可以作为小学劳作科的教师，还可以到初级或者补习学校任教。

市立第三十五小学附设的初级木工职业班，适合社会的需要，学生实习的热情高，教学进度及时间的分配也较为合理。但是为了适应环境的要求，第三年可以加授普通建筑常识，修业年限也要有所延长。高级小学部原先附设的木工劳作组应该恢复，使职员进入木工班学习，接受木工职业的基础性训练。同时，在训练的过程中，要注意制作产品的精确，培养绘图和制图的能力，同时还需要逐渐运用新工具、方法及样式，以保证技能的与时俱进。

民国中央政府对于职业学校办得好坏，也有整顿的要求。以商科职业学校为例，"教育部以各地公私立职业学校之设置，应根据地方需要，庶使成绩显著，毕业生可有相当出路。乃近查各都市每有以商业职校，举办较易而多因陋就简，规模未备，招致学生收敛学费，轻忽教育之使命，几近营利，甚属非是。前经派员视查，各地此类情形所在多有，于一般青年贻害甚巨。特通令各省市教育厅局遵照，对于各商科职校设备学科，实习事项均应使其力求完善，

---

❶ 《通惠商职学校》，《益世报》1934年8月30日。

并列举应行注意各点，以便依据考核督饬改进，而重职教"❶。1936年天津市教育局奉教育部令要考查职业学校的办学成绩，考查项目主要是行政设施与教学训练两种。

甲、行政设施

1. 校长及职业学科教员资格经历是否符合规定；

2. 对于工厂及农场卫生，是否注意；

3. 实习场所容量或农林场面积与学生人数之比例是否敷实习之用；

4. 新增设备状况如何；

5. 学校有无设置顾问委员会，其工作状况如何，并与职业界有无密切之联络；

6. 实习出品之数量与销售、保管、会计方法，及其价值成本之盈亏情形。

乙、教学训练

1. 实习方式及教材，是否切实有效，有无系统与组织；

2. 各项实习有无利用校外生产建设机关；

3. 职业学科之应用技术担任教员，有无研究作品；

4. 对于学生是否实施严格训练，校风是否整肃，学生是否刻苦耐劳，如何训练学生创业精神；

5. 学生体格是否健全，体育设施如何。❷

教育部通过颁布明确的考核法令，使得全国各个地方的各级政府在考核其所属区域内的职业学校时，有明确的评审标准，有助于挑选出实力强劲的职业学校予以扶植，至于各项不达标的学校则予以适当处理。

❶《教育部通令各省市切实改善商科职校》，《益世报》1935年11月29日。

❷《津教局奉令考查职校成绩》，《益世报》1936年11月9日。

# 第五章　职业教育本土化的实践与评价

近代中国的职业教育理论，在清末还略显单薄，但是到了民国时期，对于职业教育理论的探索已经是非常丰富的了。职业教育本土化的学制、思想及理念这些理论性的成果必须有效地指导办学实践，才能体现出其应有的价值。职业教育理论与本土化实践最初的互动并不是很理想，然而随着两者的逐渐磨合，职业教育理论能够更好地指导本土化办学实践，反过来本土化办学实践的推进又刺激了理论的升华：一方面，从宏观抽象到微观具体，针对中国职业学校的实际办学问题，例如科目设置、课程讲授及师资培养等，随着办学实践经验的积累，职业教育理论也在细化；另一方面，从单纯地介绍国外职业教育理论转变为根据本国的实际情况及办学经验，探索在本土实施并普及职业教育的方法，力求理论与实践的结合，体现出务实化的特征。

本章对于中国近代职业教育本土化的实践，拟从职业指导、职业教育对产业的依托以及职业学校推动周边经济产业发展三个方面入手展开研究，并对其效果作出评价。从这三个方面来评价职业教育本土化的效果尽管可能不够全面，甚至某个方面的评价缺少可操作性，但笔者认为这是研究职业教育本土化必不可少的一个环节。

## 第一节　民国时期的职业指导

### 一、职业指导的提案

对于职业指导工作，民国政府还是非常重视的。1928 年的全国教育会议专门出台了《设立职业指导所及厉行职业指导案》，对全国的职业指导工作提出三点要求：第一，在各级学校修业期限的最后一学年，必须有职业指导和升学指导；第二，全国各大学和中学，应该设有职业指导部；第三，由大学院拟定推行计划，同时会同有关各部门，通令各省设立职业指导所。

总案一共由六个分案组成，第一个是由苏醒提出的《中央省县各级教育机关应设职业指导及介绍处案》，案中认为中学和大学的毕业生，流为下等流氓者不在少数。这些学生既没有能力择业，也因为无业导致贫困，这已经成为全国的普遍现象。所以中央及各省县的教育机关，均应设立职业指导及介绍机关，以指导这些毕业生走入正途，提高其就业率。具体的办法是"上自大学院，下至教育局，均附设此等机关。主其事者以确于指导有研究及经验者为合格。凡无业学生，请求指导及介绍者，须各纳费若干。以少为佳。将此等收入，储蓄于银行中日久积多，更可自办工厂，及振兴其他实业"❶。

中华职业教育社提出《各省都会应设立职业指导所案》，指出由大学院拟定全国应该设职业指导所的城市，并制定相应的计划，同时会同工商部，通令各省市政机关，会同地方商会青年会等团体，迅速筹设职业指导所，专门负责指导青年择业、升学等事宜。

上海青年会、上海女青年会、中华职业教育社、环球中国学生会联合提出《通令全国各学校厉行职业指导案》，指出职业指导源于欧美，距离当时也不过20年。开始实施时，范围很小，仅局限于学校的教员对于离校的学生介绍适当的职业，之后逐渐推广。到了民国中期，职业指导的范围已经不再仅仅局限在学校之内，职业指导不但向学生实施，还要面向全社会。对于普通民众进行职业指导，既能发挥其个性与特长，又适应了社会的需要。通过职业指导，使个人能力得到充分发挥，社会的经济又可以高速发展。欧美各国政府均设有职业指导局和工人介绍所等机关，社会上也有各类职业指导团体，学校也有各种职业指导委员会等。可以说职业指导对于国计民生起到了重要的作用。而中国国困民穷，当时已达到了顶点，遍地土匪、饿殍载途，国内人民饥寒交迫，穷苦无救的家庭不计其数；彷徨道路流离失所者不计其数；游荡闲散困顿无赖者

❶　中华民国大学院编：《全国教育会议报告》，转引自沈云龙主编：《近代中国史料丛刊·续编·第四十三辑》，文海出版社 1984 年版，第 504 页。

亦不计其数。这种经济凋敝的现象部分是由于国民没有职业造成的。当时有外国人调查，中国人口只有三亿一千万，较十年前少了九千万。十年中少了这么多的人口，主要是经济凋敝所致。所以当时中国的最大问题就是人民的生计问题，生计问题能否解决，有赖于国民职业是否发达。当时中国国民的职业状况主要有三种：一是有职业但是不相宜；二是想谋取职业却不可得；三是根本就没有职业可以谋取。鉴于这种情况，职业指导的施行不可稍缓。厉行职业指导的办法如下。

第一条　高级小学，最后学年，应设升学指导课程。

第二条　初级中学，最后学年，应设职业指导及升学指导课程；或设选科指导，使学生明白高级中学各分科之要旨及其内容。

第三条　初级中学，应设重要各业概况课程；并注意参观谈话，及阅读职业修养职业分析之书报。

第四条　初级中学课程，应随学年之变更，逐渐倾向于职业化，以便职业指导之实施。

第五条　各学校应调查本地与附近各地之重要职业内容，以立职业分析之基础。

第六条　高级中学，宜按时演讲国内各大学之概况，为升学之准备。

第七条　各学校应利用智力测验，考察学生个性，并注意青年个性与兴趣之变迁。

第八条　全国大学中学校，应设立职业指导部及介绍部，以便指导毕业生就业升学及介绍服务，并调查已就业学生之服务状况，及升学学生之成绩状况，随时加以指导。❶

这个提案道出了人民无法就业对国家和社会产生的重大危害，民生凋敝、经济萧条之后带来的是人口基数锐减。人口基数的锐减，加剧了劳动力资源的匮乏，最后导致国民经济整体性的下滑。为此，必须通过职业指导提升就业

❶ 中华民国大学院编：《全国教育会议报告》，转引自沈云龙主编：《近代中国史料丛刊·续编·第四十三辑》，文海出版社1984年版，第505~506页。

率。提案中给出的八点建议照顾到了各个方面，可以说是要尽一切可能来实施职业指导。

王世镇提出《注重职业指导案》，认为社会上的各种职业有赖于人类尽其所能方可有所发展，人生在世都应该有一种职业使得个人尽对社会和国家的义务，并进行正当的生活。中国的传统习俗较为轻视职业，家庭中的父兄除了希望子弟升官发财外，很少有对子弟进行职业引导的。学校方面，只是传授学生课本上的知识，对于学生实际生活中的职业问题很少注重。所以当时的学生毕业之后往往没有做事的能力。即使有些人在社会上谋取了一定的职位也是所学非所用。而社会上的事业却缺少相当的人才来从事，导致人民日渐贫困，国事也愈发不可收拾。解决的办法，必须保证国家有确定的组织机关，同时依据社会的需要与个人的性能，指导学生选择适当的职业。在学校中就进行择业的准备工作，使学生毕业之后能用其所学，以谋发展，这样不仅个人的生计有了着落，更促进了社会事业的发展。具体的实施办法如下。

1. 仿照英德美各国成规，全国青年职业事宜，由大学院及农工商各部负责主持。

2. 规定各省县教育行政机关，有指导学生职业之责任，并为学生介绍相当职业。

3. 全国各大学中学一律组织指导委员会。

4. 各省县市设立职业介绍所，各学校当局接洽介绍学生所能胜任之职业。

5. 大学院设全国职业调查委员会，各大学区设某大学与区职业调查委员会，以调查国内各种职业状况与其需要之技能等，制为统计以备指导职业时之参考。❶

该提案强调向国外先进的资本主义国家学习职业指导的重要性，并且在开展职业指导工作之前，要做好调查和研究工作，社会上有哪些产业、行业，它们到底需要什么样的人才，一定要做到心中有数。再有就是教育行政机关，要

❶ 中华民国大学院编：《全国教育会议报告》，转引自沈云龙主编：《近代中国史料丛刊·续编·第四十三辑》，文海出版社1984年版，第507页。

肩负起职业指导的重任。

陈礼江提出《推广职业学校毕业生出路案》，指出中国经济落后，民生困难主要原因是人民没有相当的职业，即使有些人有相当的职业，也缺乏相当的职业常识，这导致了生产效能的低下。欲祛除此弊病，必须尽快提倡职业教育。提倡职业教育的方法固然有很多，但必须要注意学生的毕业出路，这是当务之急。如果受过职业训练的人都能够获得相当的职业，那么不仅职业界可以日渐进步，即使是职业教育本身亦有可能获得长足的发展。国家的前途亦有赖于此。具体的实施办法有二："1. 请政府规定各机关所需用技术人员，须尽先任用职业学校毕业生。2. 各省设立职业介绍局。" ❶

开展职业指导，在用人这个问题上是得想想办法，如果全社会都任人唯亲，那还搞教育干嘛？只有按照真正的岗位技术要求去招聘人才，那么教育尤其是职业教育才有存在的价值。各个机关、单位、工厂等在招收技术人才时，优先使用职业学校毕业的学生，这本来就是基本的社会运行规则。

上面的种种提案都强调职业指导对于当时国家经济发展、社会安定以及人民生存的重要性，因而在全国普遍开展职业指导工作迫在眉睫。

## 二、民国中央政府对于职业指导的规定

基于上面的状况，1935 年 8 月教育部印行《实施中小学毕业生升学及职业指导之必要与其方法之说明》，非常系统地介绍了为什么要在中小学施行升学及职业指导，具体的实施办法等。

文件的第一部分说明升学与职业指导之间的关系。就小学毕业生的出路来看，包括升入初中、初级职业学校、职业补习学校，或者充当各行各业的学徒，或者只能做其他的小事。而初中毕业生的出路包括升入高中、师范、高级职业学校、短期训练班或者传习所等处，或者只能承担初级的工作和职务。高中毕业生的前途包括升入大学、专科学校、短期训练班及养成所等处，或者也可以充当小学教员以及各种机关的小职员。总体而言，中小学生有升学和就业

---

❶ 中华民国大学院编：《全国教育会议报告》，转引自沈云龙主编：《近代中国史料丛刊·续编·第四十三辑》，文海出版社 1984 年版，第 507 页。

两条出路。但升入短期训练班、职业学校或者专科大学，最终也还是要从事某种职业。可以说升学只是一个环节，而就业才是最终的目标，升学指导在某种意义上来说是间接性的职业指导，因此升学指导是职业指导的一个组成部分，升学是为了将来能够谋求更适合自己的工作。

第二部分是现代职业与现代青年的关系。就现代职业来看，其数量与内容由少到多，由单调变得复杂。所有组织设备、工作、生产、销售都逐渐趋于科学化，以科学的方法去解决问题。大体而言，现代工作有以下趋势：一是专门化，机械随科学而进步，科学进步的结果，即为分工合作，分工愈细愈趋专门化。往往一件产品的制造，中间经过若干步骤与动作，每种动作在现代生产组织中，都成了专门性的工作。之前徒弟时代的完整技艺，被细化为许多生产环节，每个环节更力求专业化。二是标准化，产品的生产流程、样式、数量、价格以及工作时间都有一定的标准，这种标准的变化，适应了社会经济发展的要求。那么标准化的结果就是全体生产人员必须按照规章制度工作。三是机械化，如果工厂企业没有复杂的机器，是不容易做到专门化与标准化的。机械越精细复杂，生产流程就越加专门化和标准化。近代中国的农工商业发展，机器更新，新式机器带来的竞争力是获取利润的必要工具。四是单调，因为上面的三个趋势，生产人员的工作就愈发单调和痛苦，终日在单调、重复、刻板、乏味、疲劳的工作环境中生活，限制了工人的智慧与创造力。这样，一个心灵手巧的人时间长了也仅仅成为整个生产大机器当中的一个螺丝钉，就像卓别林所演的电影《摩登时代》中一样，很少能有自由发挥的空间。五是现代职业非常注重效率，它要求节省成本，原料利用率高，单位时间的生产总量有所提升，这也是现代经济社会发展的原动力。但是要实现高效生产，必须依赖科学的管理方法，凡事要专门化、标准化及机械化，但也带来了单调、乏味和高强度等弊端。所以科学方法越精密，生产流程则越专门和机械，这样工作人员也就越呆板，但生产效率会有很大的提升。不可否认，"人是有感情意志的动物，固然不能当做机械看待，但是人的习惯行动，必须效能化，规则化，使其能与生产工具的运用相配合"❶。在经济竞争日趋激烈社会中的青年，谋生很不容易，

---

❶ 罗家伦：《文化教育与青年》，商务印书馆 1943 年版，第 73 页。

同时教育对他们的要求也愈加苛刻。总体来看，有四个方面的问题：一是青年缺乏社会实际生活经验。本来学校与社会是不应该分开的，学校生活与社会生活紧密相连，学校即社会。但实际上学校有自己的活动，这种活动却代表不了社会经验。而且学校教导青年也大多使用老方法，只是传授青年具体的知识和技能，很少让青年接触社会，这样导致青年社会生活经验不足。二是青年缺乏职业常识，因为学校的课本中很少包含职业常识，这种常识既没有统一的教材，也没有适当的方法向青年灌输，就是利用参观、讲演、阅读以及报告的方式，亦收效甚微。所以学生对于一般职业的实际情形，大多茫然无法应对。三是当时职业指导还不成熟，学校还没有组织专门机构对青年进行职业指导，教育者大多仅注重课堂讲授，灌输知识，很少注重青年的兴趣、能力以及职业引导，所以学生的求学途径十分狭窄，生活也没有明确方向，就像大海上的一叶浮舟，任由风浪席卷。四是退学和漂泊，因为学力、品性、经济以及疾病等原因，学生选择了退学。但是究其根本原因，是因为平时缺乏适当的指导，以致学生对上学产生绝望心态。即使有些学生找到了工作，但是因为并非其自身的兴趣所在，虽然能暂时解决他的生计问题，但时间不长就会陷入失业状态，到社会上流浪漂泊，这样的人比比皆是。

第三部分是个性差别与职务差别的关系。个性差别是教育的中心问题，这种差别表现在很多方面，简言之，一是体力与生理上的差别，生理上各种器官的能力差异，是个性差别中最明显的，身体机能健全与否，直接影响个人事业的成败；二是智力和学力上的差别，智力的高低、学力的优劣以及特长方面，是教学中的关键因素，教育者应该根据各个学生的智力和学力，因材施教；三是兴趣与品性上的差别，兴趣的培养与消除，固然与本来的智力有关，但是教育对于兴趣的影响甚大，品性也是如此，环境的改变往往影响个人的情意，这方面的差异非常复杂，也很难控制和把握，再有"青年大多是好高骛远，不顾社会上实际的情形，这是担任职业指导者所应该及时注意而加以校正的"❶。在指导的过程中，注意培养学生应有的职业兴趣，所谓职业兴趣是指"一个人探究某种职业或者从事某种职业活动所表现出来的特殊个性倾向，它使人对某

---

❶ 陈选善：《兴趣与职业指导》，《教育与职业》1930年第10期。

种职业给予优先的注意，并具有向往的情感；职业兴趣影响职业定向和职业选择，能促进智力开发、挖掘人的潜能、提高工作效率"❶，可见职业兴趣的重要性。四是经济与环境的差别，经济能力和社会环境左右着青年的发展，影响力也最大，每个人根据自身的家庭经济状况来决定其将来的事业，虽然社会经济组织以及国家的教育政策可以减少经济与环境对于个人的影响，但它还不是根本的决定因素。很多人"惟觉生徒之智有差异，而心理学家则证明精神各现象，皆有差异。其差异于平日之事，亦甚有关系。且谓四肢、五官、本能、能量、经验、兴味，亦未有相同者"❷。在业务的差别上，社会上各种事务的组织、设备、工作及效果都极为繁杂。这样它所需要的精神与物质的条件，也不尽相同。为求得人与社会相适合以便制造出最高的效率，一是应该注意体力与生理上的条件，因为不同的岗位和工作需要工作者特定身体器官的敏锐和精细。二是智力和教育的条件，灵活的脑筋可以从事政治外交工作，精密思维善于解决哲学数理问题，具备高深数理知识可以从事机械工程的工作，化学工程类的工作则需要生物和地质相关知识，而这些都是因为智力和教育的差异所致。三是机械工具及其他工作环境也影响甚大，机械的繁简多少，工具的精粗轻重，其他的环境如建筑、温度、空气、干燥或湿润、清净或嘈杂、速度、时间等，均因为业务的不同而有天壤之别。四是出品标准及其生产量方面的差异，出品标准的高低及生产量的多少，往往与业务的竞争及社会的需要有关。凡是竞争越激烈则需要越多，相应的标准也越高。五是酬劳升迁及教育机会，工资薪金的厚薄，年薪增加的办法，升迁的快慢，继续教育及继续进修的机会等，都有所不同。六是工作人员的选择保证及转移，招收工作人员的方法，如征求、登记、考试及介绍等，保障标准是否以工作成绩为依据，还是以管理人员的喜怒为依据，有无科学管理的设施，人员的转移是否常有，转移的数量如何均与业务有关。除了对人的研究之外，还要注重对社会产业的调查，"实施职业指导，首先要有两种不可缺少的根据，一是人的研究，一是事的分析，有了这两种根据，如同打战一样，知己知彼，才能百战百胜，职业指导如能有人与事的根据，工作才不空泛，才不致关门造车，调查社会主要产业及经济概

❶ 唐远苏：《由企业看职业学校——职业教育管理新视角》，北京大学出版社2007年版，第150页。
❷ ［美］E. L. Thorndike：《教育学》，［美］L.Hodous 译，上海广学会1918年版，第24~25页。

况，是研究事的重要方法之一。社会产业和社会经济，都是可以促成青年职业的倾向"❶，并吸引青年投入各行各业当中。

第四部分是个性认识与业务分析之间的关系，关于"个性的研究，结局就是人类的认识，人类一日尚存在，则这种研究，既属必要的，也必继续的。但向来关于这方面的研究，只是从思维上或实验上有着手而已。尤其因近代的实验心理学和实验教育学特见发达，所以特从这方面用力，欲得到科学的个性认识"❷。个性分析的方法，一是自己分析，即自己分析个人的能力强弱及兴趣，这是社会上的常见事情，这种评估的精确性和可靠性与个体的年龄和阅历有很大的关系，但是这种分析往往对别人隐恶扬善，对自己丑藏谅恕，都有过于主观的弊病。虽然很多人都需要自省，但是这种自我分析具有非常大的主观色彩，只能作为个人能力评判的参考。二是测验，无论是考试还是测验，在考查学生能力上还是非常有效果的，考试方法越精密，次数越多则考试结果的可靠性越高。仅仅几次考试是不足为据的。所以学生的平时成绩及毕业成绩应该合并计算，多方面考核学生的能力。三是评判，评判虽然与考试形式不同，但用意是一样的，经过多数人长时间的观察，或组织特殊的批评团体，记录某年级学生的表现，观察其综合结果。相比一两个人的意见，多数人的评判还是有许多优点的。但是评判中，评判者与被评判者的私交也会影响考核效果。四是商洽，学生的思想、信仰、品性、嗜好及其他隐情靠自己分析、测验及评判是没法发现的，必须依靠个别谈话，通过感情交流让学生表露真情，以此掌握学生的真实道德水平。业务分析的方法，一是自醒，一个富有经验的从业人员，会经常反思自己所从事职业的内容，包括工具、原料、方法、动作、训练及产量，等等。这种反思性分析的结果正确与否，完全看自省者的素质和方法，但一般而言，工作中的重要问题还是可以通过自省察觉的。二是访问，对于职业情况通过访问职业界的精英和领袖便可了解。在访问之前，必须有相当的组织与准备，不能仅凭借一时的想象作为询问的根据，之后还需要做补充性的访问，才能免除遗漏的弊病。三是实习，为了进行证实和分析，研究职业者应该亲自参加某种工作，经过一定的时间，知道其中的内容，于是就其实习所得进

---

❶　钟道赞、喻兆明：《中学生教育与职业指导》，正中书局 1946 年版，第 29 页。

❷　[日] 岛田正藏：《现代新教育彻览》，雷通群译，商务印书馆 1936 年版，第 105 页。

行系统的分析。四是调查，这是较为普遍的方法，即先制作一种问卷或表格，排列想要提问的问题，对从业者进行问卷调查，之后统计其填具的答案，作为参考资料。五是观察，即实地观察某种职业工作者的整个或部分工作流程以及其所需要的知识能力，之后进行分析和整理，必要时可以反复进行观察以便求证。其实"现在有许多机关，在用人上已经起用公开的选择，并不限于私人亲友。但实行公开选择最大的困难，据实业界负责的人说，是如何明了个人的情形。学识才能虽可用考试的方法占查，但个人的性情品格，如何可以看清楚。性格比学识才能在职业成功上还为重要，所以性格考查成为严重问题"❶。

第五部分是小学在升学和指导中所应该承担的任务。小学校在升学和职业指导中，根据其自身的设备、组织、教育及教师能力决定所需承担的具体任务。一是应该明确学生家庭经济、职业及健康状况，这是一般学校都应该做到的。但实际情况是在统计上较为烦琐，最后的统计结果又较为笼统。比如对家庭职业的分类，大多以农、工、商、医、军警、从政及党派为主要类别。这样的分类太过宏观，所谓工界，范围太大，说明不了家庭的实际背景。而且经济和健康条件也不大容易得出真实的情况。二是小学还有责任了解当地的社会状况，这个关系甚大，但是又难以实施，学校必须全力以赴去做这件事。在经过一次调查之后，就不必再做重复性的工作了。为了简便行事，可以先调查主要的事业，之后逐渐扩展其他，以后可以随时修正并补充材料。三是调查学生体力智力及学力，这些还是比较容易进行统计的。为可靠计，可以每学年调查一次，学力只要平时学级及学年考试的合并计算即可得到，可以利用现成的材料。四是灌输职业常识，这个要视年级而异。中低年级的学生要注重以故事的方式灌输给学生纲要性内容，不可太过烦琐。高年级的学生可以稍微深入一点，利用社会、国语及常识等再辅以教材，对之进行灌输。做这种工作，不能刻板地以教本为范围，要随时补充新知识。至于谈话，则可以随机应变，也就是对学生进行职业陶冶，这"并不是立刻要学生谋得职业的准备，是把各种职业上应有的基本训练，使学生应用纯熟。使儿童将来可以应付实际生活环境，替将来要学的职业知能，立一个良好的基础"❷。五是充实劳作及实际活动的学

---

❶ 何清儒：《学校与用人合理化》，《教育与职业》1935 年第 3 期。

❷ 陈选善主编：《职业教育之理论与实际》，中华职业教育社 1933 年版，第 475 页。

科。小学的劳作设施，可以参照地方情形而定，不必过于划一，而且每个人的工作也不宜采用单一的方法，可以分成若干小组，根据其兴趣类别再进行实际劳作。其他的活动例如图画、游戏及体育等，也有不同的兴趣者。简而言之，扩大学生的活动范围，变化他们的活动种类，通过这种方式了解并发展学生的爱好，这是非常重要的。六是注意学生读书及活动的兴趣。教师的耐心指导与学习环境的营造都可以培养学生的读书活动兴趣。良好读书嗜好及正常活动，对于一生的事业影响非常大，教育者应该注意到这一点。七是要编辑完善学籍簿。学籍簿其实各校都有，但是大多都不够完善。学籍簿通常包含学生三代籍贯、年龄、通讯处、各学年成绩，附以体格疾病与行为习惯信息。但是小学时代儿童所表现出的行为态度，也应该注意观察，并将结果计入到学籍簿当中。八是要访问学生家庭，虽然家庭访问有诸多不便，但是收效却甚大。不仅家长可以了解学生在校状况，且学校在访问中也能了解家庭卫生及经济状况。如果想要求得儿童教育的良好效果，学校和家庭必须密切配合。九是各业人员及校长必须向学生进行升学和职业讲演，这主要是使学生明白各业的情况以及中学和初级职业学校的设施，这种讲演适合在高年级学生毕业前进行，过早或者过多，效果都不好。十是面谈与指导，在小学实行面谈，因为学生年龄幼稚的关系，未必能收到很好的效果，仅能偶尔使用面谈，并用其他方法补足。至于指导，可以先多方面考察，到学生毕业之时，学生升学或就业自然就有自己的主见了。十一是假期补习，这是为决定升入初中或职业者而设，补习其不全面的学科知识。

第六部分是中学应有的任务。中学分为初高两级，初中学生正值身心发展最迅速的时期，所有思想、习惯、信仰及经验都有非常显著的变化，在这个阶段最需要指导。凡是小学应有的指导工作，在中学阶段都应该深入扩展，中学在升学和职业指导方面的任务有下列若干项。

1. 学科与职业兴趣，中学生对于学科与职业之兴趣，常随时代与经验增进而变化，惟依照各种调查之结果，仍表示有一部分之永久性。其最初，中间与最后之兴趣表示，其中具有相当理由者甚多，亦有任性决定而不加考虑者。吾人必须推原其究竟，以作参考之依据。学生对于各种业务内容是否明了，关系甚大，教员之教学方法，左右学生对于学科之嗜好尤多。

2. 课外活动嗜好，课外活动之真义，为补充课内活动之不足，而藉以培养各种应具之能力经验习惯也。范围虽无限制，选择必须慎重，指导尤宜周到。学生由参加课外活动中所得之影响既甚多，对于职业指导上所处之地位亦甚重要。

3. 行为思想之倾向与变迁，中学时代之学生行为与思想，比较活动。但以期知识经验浅薄，意志轻浮，同时好动之倾向亦盛，故管理颇为困难。惟少年每无成见，如能循循善诱，矫正亦易。此中趋势与变迁，支配青年之前途甚大，教员必须予以特殊之注意，使其反邪为正，从教育上最有利益方面去发展。

4. 修学旅行职业参观报告讨论，为扩大学生之实际见闻计，必须有许多校外活动，如天文台、理化实验所、史地博物馆、百货商店、完备工厂与农场等之参观，及报告讨论。若事前有准备，临时有指导，事后有系统的整理，各人或分组认定一个特殊问题或范围，为其参观考察的目标，则所得更多，各人报告综合起来，可得全部概括观念也。

5. 充实图书馆实验室，指导读书与试验，在中学时代，图书馆为教育之主要成分。目下一般学生，多看文学艺术书籍，以资消遣，鲜有涉及社会学科及理科者。半由设备简单，半由指导无人。学校以学生上图书馆为能事，并未计及阅读之对象，实为错误。至理化生物实验工作，为研究理科必须之条件，应如何充实内容，以增加自动研究之便利与机会，须知职业兴趣，多受物质支配，知识与技能二者为产生兴趣之最要因素。

6. 充实劳作内容与设备，用意与充实图书仪器同。农村中学之劳作，注重农艺畜牧与农具之制作，城市中学之劳作，注重金木二工，或历涉各种主要工业，最后选定一种擅长工作。此外凡能独出心裁，制作一二种物品者皆所奖励。

7. 灌输有系统的职业知识，所谓有系统的职业知识者，指各种职业概论之材料，以讲授或讨论方式灌输于学生是也。担任是科之教员，实际上很感不易，或轮流聘请各业专门人才，担任讲述。在短期间内，能编成有系统组织的材料，实为上策。

8.团体与个别谈话，对于中学生之谈话，以其知识渐开，裨益颇大，且藉此可以探讨其不可告人之隐情，而明其个性之偏颇所在。大凡一个普通重大问题，可于团体训话中行之，对于个别特殊问题，则宜施之于秘密交谈也。

9.设置奖学金贷学金及介绍课余或假期工作，清寒而优秀者，若任其消沉没落，非社会培植人才之本意，必须设法救济，以展其才，所谓奖学金额之设置，意即在此。至在校学生临时救济，如分配课后之抄写、送信及清洁工作，免除其学膳费之一部或全部，或特开生产作业室，每日工作若干小时，给以工资，替代学膳费用，或介绍假期之固定工作，按时给资是也。

10.实施指导，情形与小学同，特问题较复杂而已。❶

这十点意见既指明了在中学阶段实施职业指导的必要性，又拿出了非常具体的实施办法。从性情角度来讲，中学阶段学生开始定性，如果在这个阶段对他们进行职业指导，有利于他们职业操守的形成与固化。从另一个方面来看，中学毕业时面临的是升学与就业的抉择，若经过职业指导学生做出了适合自己的选择，将会有无穷的人生收益。但是如果没有经过职业指导，各个中学的"毕业学生不升学者即拟就业，困守家庭，即为学校之失败"❷。

最后部分是指导之后的工作，因为职业指导是一种持续不断的工作，对于已经接受指导的人是否适当，例如能否升学，工作是否满意，如果学生在升学、工作中遭遇失败打击，必须要研究其原因，到底是指导以外的环境造成的还是根本上的指导错误。职业指导的整个程序，"不但是指导选择职业，还要指导预备职业，还要帮助他们获得职业，不但是获得职业，还要帮助他们改进职业，这种工作当然不是一时的。学生定了职业以后，我们还须指导他如何可以得到这职业所需要的训练，需要什么训练，到什么学校去学。预备充足以后，我们还须负介绍职业的责任。介绍以后，还须继续考查学生在职业里有什

---

❶ 《实施中小学毕业生升学及职业指导之必要与其方法之说明》，《教育公报》1935年总第154期。

❷ 张文昌：《中等教育》，中华书局1938年版，第193页。

么困难，有什么不满意的地方，再随时加以指导，务使其达到一个圆满的适应，造成永久的职业基础"❶。因此，一方面要进行复考工作，一方面还要下功夫进行研究，之后再继续进行接触和指导，并随时调查其升学及服务状况，将所得到的事实，进行数量的统计及图表分析，以作为日后的参考。同时对于职业指导的整个问题，无论是产业状况还是学校，都有其研究的价值。对于学生的个案，有分别讨论的必要，故学校与学生，无论在学与毕业，均不能脱离关系。当然，在学生毕业后学校还有责任"对于已毕业学生之升学，就业情形有调查记载，并有校友会之组织，以资联络"❷。经过指导后，学生就业还是有所保障的，以江苏省立第一商业学校为例，该校"成立六载，毕业四次，计共一百五十五人。每届均由本校教职员广为介绍，结果尚佳。其趋于银行、工厂、路局及实业教育方面者，十之八九，赋闲无事者，寥寥无几人焉"❸。

### 三、各省市职业指导的开展与经验

民国时期河北省的职业教育也非常注重职业指导，以帮助学生的升学和就业。1916 年江苏省教育会曾经专门研究教育界与实业界相互联络的办法，为此该会曾邀集省内各个甲种实业学校的校长以及职业介绍部的主任们召开座谈会，一同商讨职业学校与实业界加强联系与合作的方式，职业学校毕业生提高就业率的问题。当日与会人员有"浦东中学代表周静涵、南通纺织学校□伯、省立第二工业学校陈道孙、省立第一商业学校代表朱德轩、省立女子蚕业学校章士麟、省立第二农业学校王企华、南通农业学校孙润江诸君；职业介绍部童秀通、朱少屏、沈信卿、蒋季和、吴和士、张百初、庄百俞、贾季英诸君；实业界钱新之、于瑾怀诸君，共二十人。由黄韧之君主席，详询本年有毕业者若干，平时对于实业界用过联络方法如何。到会诸君，均各抒所见，详细讨论。嗣议定将来学生之须赴各工厂参观或实习或试用者，当由省教育会设法介绍。又于本年就上海地方开一实业成绩品评会，使各科可以实地试验，以冀实业界

---

❶　陈选善：《职业指导》，《教育与职业》1930 年第 9 期。

❷　中华民国教育部督学室编：《教育视导试行标准》，中华民国教育部编印 1945 年版，第 120 页。

❸　《1921 年 6 月江苏省立第一商业学校概况报告》，载朱有瓛主编：《中国近代学制史料·第三辑·下册》，华东师范大学出版社 1992 年版，第 255 页。

与学校可以得彼此信用之益"❶。

下面是湖北省立甲种商业学校加强与商业界联络，以便加强学生从业能力办法的意见书。

介绍巨商，请予训诲也。商业学生，于新式商业学术，固具有根基，而于商场之习惯，商家之经历，容或未尽深知。是非平日介绍商界巨子，与之接近，时加训诲不可。所有兴业之故、致富之术，皆巨商素所经历，请其来校讲演，启迪后人，谅必欣然乐道。或介绍学生，趋往接谈，藉聆嘉言。务令成竹在胸，不难遵道而行。在巨商需人孔多，见有材堪任使者，自必罗致以去。是介绍巨商，为联络商界之法者，此其一。

率往参观，藉得接洽也。凡学问之成就，得于学校教育者半，得于社会教育者亦半。仅劬学于校中，不征验诸实际，井蛙之见，恐不能免。一临大事，何能因应自如？且事每有理论上，视为完全无缺者，而行之事实，反觉窒碍难通。教师之讲义、试验之成绩，统以理论为多。间有实习，不过供校内试验之用，规模狭隘，事务单纯，方之社会之活动事业，自有繁简之殊。是非带领学生，参观各机关商业不可。使知各公司之如何组织、各局厂之如何办理、其经营之方、整理之法，每因机关而不同，以之与所学者互相印证，集思广益，以增阅历，而扩眼界。迨接洽之地既多，谋生之路自广。是藉参观之法，为联络之媒者，此其二。

聘请顾问，赞助改良也。学校教育，对于本国实业状况，恐难十分明了。其所主张，往往有不合实际之需要者，以致商界、学界，截然两途。欲求互相接近，似应聘请实业大家为商校顾问，取彼之长，补我之短，新旧知识，彼此交换，庶可联络于无形，藉资改良之臂助。是聘名誉之顾问，为联络商界之法者。此其三。

荐至商业机关，用资练习也。商业界中大别为二，一为普通商业，一为机关商业。普通商业，即贩卖日常用品之商店，机关商业则不然。如银行为流通金融之机关，税关为货物出入之机关，仓库为囤置货物之机

❶ 《1916年江苏省教育会研究教育界与实业界联络方法》，载朱有瓛主编：《中国近代学制史料》，华东师范大学1992年版，第433页。

关，轮船铁路为运送人物之机关，邮电为传递消息之机关，保险为预防危险之机关。此外各种组合企业，类皆规模宏大，事务繁颐，非集多数之人，不克举办。而用人一端，较之普通商业，于经验之外，犹须学识。学校毕业学生，当择优荐往学习，迨至练习娴熟，品性才能，见信于人，则人方延揽之不暇，谁肯舍而去之。惟是此等机关，半属私营，半属官办。私营机关，收用较难，而官办机关，又非属校之力所能企及。拟恳钧署分别咨饬荐交各处学习，藉资提倡。嗣后继以私营机关，则用途渐广，进身有阶。是联络各机关、商业，为推广用途之始基者，此其四。

商请商会，分途转荐也。商业之学，原期致用。学而不用，何贵乎学。但用舍全权，操之他人，毛遂之荐，智者不取，须赖居间者，代为授引，而后始可直接。商会为商界之枢纽，登高一呼，众山响应。盖商会之中，各业帮董，齐聚一堂，某种职业，需人若干，某项人物，宜操何业，皆其所素知。在商会但尽吹嘘之力，而学生已得托足之地。是由商会转荐，为推广用途之阶梯者，此其五。❶

根据江苏省教育会的事迹可以发现，职业学校在开展职业指导过程中必须遵循"引进来"和"走出去"的双向原则，所谓"引进来"是指让实业界精英来学校做讲座和演说，以便师生对实业界的最新动态有所了解；而"走出去"则是指学校派遣学生到各个公司、工厂及企业去实习，通过实习来精熟专业技能，而在此期间如果学生表现出色，自然会得到实习单位的留任，这样就业问题自然也会得到解决。

此外，其他省份例如河北省教育厅也召开相关会议，会上各参会者交换提议后制定《拟在本厅设立职业指导研究会案》，缘由是职业学校与社会结合不够紧密，以至于职校学生毕业之后无法保证就业。因此要设置职业指导介绍机关，同时再进行普遍的社会调查，然后再仔细规划如何开展职业指导。但首要是成立职业指导的负责机关，因此河北省教育厅颁布《河北省教育厅职业指导研究会简章》，指出为了加强职业教育与社会事业的联系，以便人尽其才、事

---

❶ 《湖北省立甲种商业学校遵令疏通学生用途并联络商界办法意见书》，载朱有瓛主编：《中国近代学制史料》，华东师范大学 1992 年版，第 434~435 页。

得其人，因而才设立职业指导研究会。该会的任务是"调查职业学校状况及社会各种职业教育之需要，拟具职业指导及介绍实施方案"❶。该委员会成员十五人，教育厅长为主席，其他的成员主要来自教育厅的秘书科长、督学、实业和建设两厅的技术员及视察员、各职业学校的校长以及工商界人士，力求掌握各个部门对于职业指导的意见。同时该研究会设干事两人，其开会的议决事项由教育厅查核实施，且经费亦由河北省教育厅筹拨。

之后，河北省教育厅的聘任委员缪辉曾提出《组织职业指导之建议》的提案，理由是职业指导对于职业学校至关重要，因为无论职业学校的实施方针、课程规定、学生的择业以及心性的陶冶，都有赖于职业指导，同时职业指导可以避免学生毕业后出现学非所用的现象，所以应该常常调查社会工商业的发展方向、职业构成的变动，以此作为职业指导的参考。在采取的措施上，首先，职业学校要组织职业指导委员会，委员会成员包括职业学校的校长和教职员，主要工作是规定课程、实习指导、个性指导、共性指导、工商业的调查和联络以及介绍学生毕业后的相当职业；其次，由本省教育厅应酌情设指导专员专门督查并指导各职业学校及各县的职业教育机构的改进情况；最后，成立各县教育局组织职业指导委员会（成员包括河北省各县的职业教育专家及教育局职员）并在局内设立职业介绍所，专门介绍工商两界的对口人才。

如何有效开展职业指导，河北省认为首先要进行双向调查和分析。从社会方面看，在实施之前首先要明确社会的产业构成、职业状况及对人才的具体需求，这是最基础的工作，职业指导不能离开特定的社会政治经济状况和职业界的具体要求而盲目实施。职业教育在创办过程中必须密切联系本地经济产业的实际，时代发展到今天，新兴产业不断涌现，这些产业对求职者的能力也不断有新的要求，因此实施职业指导之前必须了解现代产业的构成、要求和发展趋势，如果连这部分工作都做不好，那么职业指导的开展也仅仅是无的放矢，最后不免成为空中楼阁。除了对社会产业的调查外，还要注重对人的研究，主要是对人的个性、能力和志趣进行分析。只有了解了学生的个性、能力和志趣，方可知道他们愿意从事什么职业，在哪些岗位上能做得更好。当今教育存在的

---

❶ 《河北省教育厅职业指导研究会简章》，载殷梦霞、李强选编：《民国教育公报汇编》（第58卷），国家图书馆出版社2009年版，第211页。

一个问题就是学校普遍忽略学生个体分析的工作，学生在临近毕业时，根本就不知道自己喜欢干什么，将来又能干什么，结果毕业后从事了不适合自己的职业，甚至因此贻误终生。

其次，学校与职业界必须加强合作。职业指导是国家的重要事业之一，仅仅依靠学校或社会上的团体是不能完成的。职业教育是一种合作性质的事业，任何团体单独办理都不会产生非常好的效果，人才的供给地——学校与接收地——职业界必须有密切的合作。民国时期许多学校非常注重与实业界的联系，例如清华大学就曾邀请实业界的精英和专家来到学校为学生作演讲，使学生了解实业界信息的同时激发他们从业的热情。当时清华大学邀请前京绥铁路总工程师邝星池作了土木工程方面的报告，时任塘沽水利碱厂总工程师的侯德榜来校作了化学工程方面的演讲，中国银行总司卷马寅初为学生作了商业与银行的报告，均收到了非常好的效果。如今，中国的大学普遍都开设职业指导课程，但是讲解这门课程的均以学生辅导员为主，专任的职业指导教师数量非常少。很多大学缺少请职业界精英来校给学生作演讲的热情和动力，以至于这门课的开设也仅仅是流于形式，并没有发挥出职业指导应有的作用。此外职业指导的开展也有赖于职业界的配合，但是现今企业和学校的合作难度很大，因为学校是一种非营利性单位，它提供的是潜在和长远性社会及经济效益，所以大多企业不愿意与学校合作，加之很多地方政府没能及时为学校和企业之间搭建合适的平台，也使得很多企业与学校的合作无法实现。要解决这个问题，政府应该出面来调节学校和企业之间的关系，为二者的合作搭建平台，有条件的可以将同类型的学校与企业组织在一起，构建教育与产业集团，使学校与企业一体化，这样职业指导工作就更容易开展了。

再次，职业指导的方法与实施主体要多元化。职业指导在 1915 年由郭秉文刚刚引进到中国的时候，无论是实施方法还是实施的主体均比较单一，当时的想法停留在学校"为之引导，亦势所必然。故学校中如能选定一职业引导会，专司学生引导之事，甚有利益者也。然此等会员，必富于职业之知识经验者，方能胜引导学生选择职业之任。而学生之学识才能，亦当随时观察。更以关于职业之事，开会演讲，因势而利导之，则学生之选择职业，得有所遵循矣。夫学校而不办职业引导会则已，若果办之，则必受家庭社会之欢迎。一校行之有效，则推及于全国，我国教育之前途，庶几有望"❶。由此可见，职业指导引入中国之始，其实施的手段还仅局限于演讲，之后又扩展出谈话、阅读、参观、测试等手段。到了 20 世纪 30 年代末期，职业指导的手段就十分丰富了，以当时的福建省立理工中学为例，实施职业指导的方法有十多项，包括"用人单位参观、择业志愿表填写、个别谈话、职业书籍购置、职业常识课程设立、各业概况介绍、学生家庭恳亲会举行等，都成为对学生进行职业指导的具体方式"❷。在实际工作中运用多种方法，使得这一时期的职业指导明显比之前更有起色。除了指导方法逐渐丰富之外，当时推行职业指导的主体也经历了由少到多的过程。最开始实施职业指导的主体就是学校，当然仅仅依靠学校确实是势单力孤，之后在许多热心人士的参与下，社会力量也成为实施职业指导的主体，例如中华职业教育社、全国教育会联合会、中华教育改进社及中华基督教青年会全国协会等社会团体在 20 世纪二三十年代的职业指导实施中扮演了极为重要的角色。职业指导不仅得到社会团体的关注，到了 20 世纪 30 年代也得到了政府的重视，上文提到的国民政府教育部于 1933 年 7 月颁布《教育部颁发各省市县教育行政机关暨中小学校实行升学及职业指导办法大纲》，要求各省市的中小学实施升学与就业指导。1935 年 8 月教育部又印行《实施中小学毕业生升学及职业指导之必要与其方法之说明》，该文件非常系统地介绍了为什么要在中小学施行升学及职业指导，具体的实施办法等。这样，学校、社会团体及各级政府共同推行职业指导，多管齐下，职业指导运动在 20 世纪 30 年代达到高潮阶段。如今，职业指导的责任也不应该由学校单独承担，如果社会上给予职业指导更多的关注，政府能够为职业指导提供更多的帮扶政策，那么我国的职业指导事业在新时期定有新面貌。

同时，还需要在中学开展职业指导。民国时期非常重视在中学阶段开展职业指导，究其原因，这和 1922 年壬戌学制的颁布有很大的关系，该学制对中等教育作出非常大的改革。首先，就修业年限来看，中学阶段由原来的 4 年延长至 6 年，并且分为初中与高中两个阶段，这就凸显出了中等教育在整个教育系统中的重要地位；其次，壬戌学制规定初级中学主要学习普通科目，到了高

---

❶ 郭秉文：《中国现今教育问题之一职业之引导》，《东方杂志》1915 年第 1 期。
❷ 金兵：《民国时期中等学校职业指导的沿革》，《中国职业技术教育》2010 年第 30 期。

中开始分科，学生可以选择普通、农、工、商、师范及家事等科目；再次，是取消了大学的预科制度，高中与大学接轨，中等教育与高等教育直接衔接；最后，将原来的"实业学校"改称为"职业学校"。这四个方面的变化都体现出中等教育具有承上启下的重要作用，在这个阶段学生要面临人生的选择，加上职业教育理念逐渐受到社会的重视，因此在这个阶段对学生进行升学和职业指导是十分必要的，邹恩润深感"初级中学之儿童时代实为其一生中最当决定明确职业意向之时期" ❶。此后，1924 年中华职业教育社在中国的南方省份开展"一星期职业指导运动"，活动覆盖上海青年会中学和澄衷中学、江苏省立一中、济南正谊中学及武汉的中华大学附中等学校，这为其他中学开展职业指导做出榜样。国家对于在中学开展职业指导也给予了足够的重视，民国政府教育部出台的《教育部颁发各省市县教育行政机关暨中小学校实行升学及职业指导办法大纲》中强调为了增进中小学各级教育效能，指导学生的升学与就业，各省市县的教育行政机关有义务督促所属中小学实施升学与就业指导。现今也是如此，学生在初高中临近毕业时，不一定非要升学进而去接受大学教育，很多学生经过职业指导后进入职业技术学校学习一门技术可能更适合自己，并且这也会使社会人才类型的比例更加合理。

最后，职业指导的服务须具有终身性。职业指导是一种持续不断的工作，在指导学生择业后还有许多工作要做，因为对于已经接受指导的人是否适当，例如能否升学，工作是否满意，必须要研究其原因，到底是指导以外的环境造成还是根本上的指导错误。一方面要进行复考工作，一方面还要下功夫进行研究，之后再继续进行接触和指导，并随时调查其升学及工作状况，将所得到的事实进行数量的统计及图表分析，以作为日后的参考。这样学校方能时刻掌握毕业后学生的升学和工作状况，在对他们继续实施职业指导的同时还能分析自身的职业指导工作存在的缺陷和不足，以图改进。职业指导的最终目的绝不是去帮助学生找到职业，而是要让学生从业后不断取得进步，只有对学生予以终身性的职业指导，学生就业后才能不断做出成绩，进而为社会经济发展贡献出更多的力量。在评判一所职业学校的职业指导工作时，需要了解它"对于毕业

---

❶　邹恩润：《初级中学之职业指导问题》，《教育与职业》1922 年第 12 期。

生就业有无介绍指导之设施；毕业生之就业状况，有无系统及详实记载，及就本业之百分比"❶，是否做了后续性的分析与总结。

当然，职业指导的实施仅仅依靠上述几个方面的工作还是不够全面的，其他例如设立专门的执行机构、保证充足的职业指导经费及专任师资、扭转社会上的守旧观念以及改良用人制度等方面，还有很多工作要做。民国时期的职业指导尽管因为当时社会、经济、政治、文化等条件的限制存在很多问题，但是它既有丰富的理论作为指导，又开展了轰轰烈烈的实践活动，因此对于今天的职业指导事业来讲，其价值与意义是毋庸置疑的。

## 第二节　职业教育与经济产业的互动关系

### 一、职业教育对经济产业的依托

#### （一）发展职业教育须考量经济产业的实际状况

推广职业教育，必须要做到有的放矢，这样才能收到实效。职业教育本是舶来品，不可避免地带有异域化的色彩，因此在推广过程中，首要的是结合本地区的实际状况来创办职业教育，如此方可适应本地的社会经济发展。

民国时期陕西省兴办职业教育就非常重视结合自身的实际特点，开设何种类型的职业学校，取决于当地的经济产业。与本地产业紧密对接，这是民国时期陕西省推广职业教育的出发点。就民国时期陕西全省来看，"天然可分为三大部，陕北榆林，属富于毛产，延属宜于垦牧。关中适于农林，兼宜工业。汉中则蚕桑农林采矿均乃改良之必要"❷。因此根据陕西省的地理自然特点，"某处应设某种学校，课程应特别注重某科，当以地方情形为准。如北山畜羊宜重毛织，南山育蚕宜重丝织，渭北产棉宜重纺纱，而畜牧森林等之应分别置重，亦复类是。至于乙种实业每县至少必须设立一处，分门不厌其多，课程惟

---

❶ 《考查职业学校办理成绩应注意要项》，《教育公报》1936 年第 5 期。
❷ 《1934 陕西省教育之改进·职业教育之概况与改进》，1934 年，陕西省档案馆藏，资料号：8-1-160，第 55 页。

求其简单而切实"❶。陕西省有自身的特色产业，这是创办何种类型职业学校的先决条件。陕西省既要创办一般类型的职业学校，又要根据自身各个地区的产业构成有所侧重地推广特定类型的职业教育。再就自然资源来看，陕西省"土维黄壤，田维上上，渭河流域沃野千里，宜于农耕，尤便工商。北有畜牧屯垦之利，南饶农桑林矿之产，席丰履厚，膏腴坐拥。实业教育如能普遍，全省举一省之人而为实业上之争逐，前途福利无有限量"❷。可以说，陕西省有着丰富的自然资源和地理条件，如果将这些资源和条件在兴办职业教育过程中能够加以利用，那么陕西省职业教育确有非常光明的发展前景。1928年，在全国教育会议的职业教育讨论组，陕西省教育厅根据陕西自身实际状况，提出请中央筹设西北垦务学校的议案，并拿出了六点理由和两点办法，其中第三点理由指出，"西北边境矿产丰富，徒以无人开发，货藏于地。故宜造就人才从事调查以便徐图开采"❸，这里又一次强调陕西省处于西北地区所具有的丰富自然资源，亟需开设与之对应的职业学校，培养对口专业人才，以便尽快开发当地资源。该议案的两点办法是，"于西北适宜地点（西安兰州或绥远）设一西北垦务学校；经费由中央筹拨，校长由筹边委员会推选"❹。陕西省教育厅的这一提案在全国教育会议上得到通过，批示请大学院组织西北垦务学校委员会，筹备进行。该提案切合陕西省的实际状况，陕西土地辽阔，但并没有被充分开垦，办垦务学校，推广农业教育以培养农业技术专门人才，确实是民国初期陕西省发展职业教育的当务之急。

　　除了掌握陕西省自身的自然条件之外，当时社会的行业状况也是决定如何创办职业教育的因素之一。这些因素包括：社会上哪些行业是朝阳产业，哪些产业已经步入垂暮之时，人们倾向于从事哪些职业，整个陕西省的行业构成是何种状况。职业教育需要与社会的经济产业紧密结合，以本地产业为导向，才能保持自己的生命力，如果做不到这一点，那么创办的职业教育无异于无源之

---

❶　陕西省教育厅：《陕西实业教育计划书》，《陕西教育月刊》1922年第15期。

❷　陕西省教育厅：《分期分区举办陕西实业教育计划书》，《陕西教育月刊》1923年第32期。

❸　《全国教育会议议决案总目·本厅提出全国教育会议之议案》，1928年，陕西省档案馆藏，资料号：8-1-109，第72页。

❹　《全国教育会议议决案总目·本厅提出全国教育会议之议案》，1928年，陕西省档案馆藏，资料号：8-1-109，第73页。

水、无本之木。为此，陕西省于 1928 年专门对该省的职业状况进行了社会调查，其中包括："全县以某种职业为最多？农工商学兵游民乞丐比例何如？业农者每人耕地若干？农人有无组织？如有，其情况若何？耕种器具牲畜如何？均有何种工业？工人有无组织？如有，其情形若何？工资如何？农工做工每日若干时？夜间有无工作？均有何种商业？商人有无组织？如有，其情形如何？中等商业资本若干？商业利率年约几分？放债利率月息几分？当兵者大半由于生活问题抑出于情愿或始而流落继而当兵？游民是不能谋生抑懒于谋生？乞丐是不能谋生？女子职业何如？妇女在家有何种工作？儿童有何种工作？蚕桑业何如？"❶ 通过这项社会调查，可以非常详细地掌握陕西省的工农业现代化程度、产业构成、职业比例、劳动者生活状态以及金融资本等经济社会状况，以此来引导各个市县职业学校的推广。

此外，民国时期著名的中华职业学校在开设科目之前，对周边地区的经济产业以及学生们服从的从业构成都做了非常详细的调查和分析。该校认为，"校中设科，实为开办时最重要最先应行研究之问题。盖职业种类，至为繁复。何者适宜于今日，何者为社会所需要，开办之初，不能不预为调查明晰，以为设施之标准。因念本校地址预定在沪之西南区，乃先就其地之附近，调查小学校学生父兄职业种类。凡学校六，若巽与、贫民、崇正、仓基、留云各小学，学生父兄数，计凡九百三十六人，其职业种类，多至百八十有七，列为统计，比较多寡，则以铁工为最多，次为小工，次为小贩卖，又次为木工，又次为花业等。小工与小贩卖，不足为固定职业，自当以木工为次多数。此虽限于数校学生父兄职业种类，然金工木工确为今日社会所需要，可无疑也……可知上海市西南区之重遇职业，以木工铁工二者为最占多数。故本校遂决定以此二者为主科。次又应社会之需要，先后增设钮扣、珐琅两工科及商业一科"❷。

当时的河北省在发展职业教育过程中，也非常注意考量当地的物产。根据各县物产的实际情况，来制定职业教育的发展规划，此后教育厅再根据实际状况对于计划作出相应的批示和调整，表 5-1 是民国初期直隶省各县所呈报的

---

❶ 《陕西社会调查表·职业状况》，1928 年，陕西省档案馆藏，资料号：8-1-111，第 61 页。
❷ 《中华职业学校概况》，载朱有瓛主编：《中国近代学制史料·第三辑·下册》，华东师范大学出版社 1992 年版，第 328 页。

各类产品和依据产品状况要发展职业教育的一览表。

表 5-1　民国初期直隶省各县职业教育计划与物产一览表

| 县别 | 专设学校 | 各县职业教育计划摘要 | 应令摘要 | 物产 | | |
|---|---|---|---|---|---|---|
| | | | | 农产品 | 工料品 | 工商品 |
| 天津 | 乙种工业、乙种商业、民一艺徒学校、普育女工厂、第一女子职业学校、国民生计学校、补遗女子工业学校、民立二十三附设商业补习学校、第三学区蚕桑传习所 | 一、分科教学 二、职业补习教育 三、组织职业介绍机关 四、养成职业教师 | 所拟计划多能扼要，仰即商承县知事克期举办以冀早收实效 | 高粱、玉米黍、大麦、小麦、谷、豆类、瓜类、花生果、棉、菜蔬类、果品类、稻、苇 | 棉花、棉籽、牛羊皮、羊血、鸡蛋、柳条、麻、稻草、苇 | 花边、草帽辫、苇席、苇、柳条器、□器、各种织品、麻绳、年画、炉干、棉纱、爱国布、地毯、烧酒、豆油、花生油、筋纸、虾酱、虾油、木炭 |
| 青县 | 无 | 拟组设一职业学校包括农工商三项，款项于学捐内加收并于工商界劝募 | 现在高级小学既按新制编级，应就各级经费添设职业班，城内兴济两校可设工商两科，杜林、北流河、土门店三校可设农工科，分别以织带、织布、制帽、农产、园艺为主，高级小学艺术一科应设麦瓣细工并加授农业 | 玉米、谷、高粱、豆类、山芋、花生、葡萄、枣、梨桃、杏 | 麦秆、粘土 | 陶器、土布、豆油、豆饼、烧酒、酱油、草帽 |
| 静海 | 无 | 于本年暑期后各高级小学校均酌授实业教科以灌输实业知识 | 该县职业教育既有专款存储，应即由参事会提出作为职业教育基金交教育局董事会保管，克期举办职业学校并添设工厂以便实习 | 小麦、高粱、玉蜀黍、豆类、大麻、棉花、谷 | 蒲草、苇草、麦秆、马绊草 | 蒲席、蒲包、蒲扇、苇席、帽辫、马绊草帽、酒、醋、豆油 |

| 县别 | 专设学校 | 各县职业教育计划摘要 | 应令摘要 | 物产 | | |
|---|---|---|---|---|---|---|
| | | | | 农产品 | 工料品 | 工商品 |
| 沧县 | 无 | 高小添授职业学科，城市注重商，乡区注重工，并令各高小于课余时间加授发□、帽辫两种 | 应就高小内添职业专科，城市注重工商，乡村注重工业 | 麦、玉米、谷、高粱、豆类 | 棉花、羊毛、麦秆 | 草帽、冬菜、粗布、条布、羊毛毡 |
| 南皮 | 无 | 拟定五年期内设立工商职业学校 | 先就高小添招职业班，分工商两科，工以棉织、毛织、编物、造纸为主，以后再另设专校，乡村小学可附设农业补习学校，学习种种栽培等法 | 草棉、冬菜、花生、梨、鸡子、木材 | 柳杆、杞柳、桑条、麦秆、茅草、羊毛 | |
| 唐山 | 无 | 无 | 该县县立高级小学持有开滦股票经费，最属充裕，现用新制编级，应将第三年经费改添职业班，分农产、制工两科，农业注重农产、制造工业注重织布编物，即以股票生息为职业设备费，添设工厂农厂以便实习 | 红粱、小麦、马兰 | 芦苇、麦秆、羊毛 | 粗细样布、土布、草帽辫 |
| 庆云 | 无 | 无 | 该县既无职业学校，又无计划，殊属不合，应就高小第三年减级经费添设职业班，男生注重木工制帽，女生注重织布编辫，初小应于较高年纪酌授相当艺习，并可酌加农业知识 | 小麦、玉米、谷子、高粱 | | 鞭炮、簸箕、簸□、蒲团、茶壶套、粗布、草帽 |

续表

| 县别 | 专设学校 | 各县职业教育计划摘要 | 应令摘要 | 物产 | | |
|---|---|---|---|---|---|---|
| | | | | 农产品 | 工料品 | 工商品 |
| 河间 | 无 | 各初级小学于手工门内添操帽辫 | 查该县曾于大渔翁庄设立乙种工业学校，以无款停办，迄今未设法恢复，殊属不合，现时高小既用新制编级，可将第三年经费改设职业班，注重帽辫机织两科，并筹设工厂以便联系 | 大小麦、五谷、豆类、花生、红白薯、芋叶 | | 草帽、白布、洋线布、洋袜子、烧酒 |
| 献县 | 无 | 高初小学校均添授职业科目 | 应就高小第三年经费改招纸业班，科目以帽辫机织为主，初小可酌量环境加授艺术农业或酌设农工补习学校 | 五谷、梨、枣 | | 草帽辫、草帽、口袋、粗布、腿带 |
| 阜城 | 无 | 拟筹得专款即创设职业学校 | 应先就高小内招设职业班以纺织为主，兼习染色捻绳各工，以后有款再设专校，初小可附设农业补习学校 | 谷、麦、高粱、棉花 | 棉花 | 线绳、带、粗布 |
| 肃宁 | 无 | 拟于小学内一律施行职业教育，男校授织工木工及其他工艺，女校授纺纱裁缝烹饪诸法 | 该县物产以麦面为大宗，职业教育应注重帽辫机织两科，可就高小校内添设职业班并设法添设各种工厂以资实习，高级小学于较高年级加授工用艺术 | 麦、红粮、谷子、棉花 | 麦秆、棉花 | 纺车、格车、织布机、织布铁轮机、布匹、毛巾、手巾 |
| 任丘 | 无 | 拟开办职工专科教授洋袜胰子草帽套帽手巾洋毯等类，并设售品所 | 所拟计划应克期开办，乡村学校应加授艺术农业科目，并应授以渔捞养殖等常识 | 五谷、麦、棉、白口、梨、山芋、瓜类、蒲苇、靛青、鱼蟹 | 麦秆、载苇、火硝 | 宽面布、麻布、黑板擦、毛毡、毛窝、洋布、小布、布袋、苇席、草帽辫、蒲扇、草纸、牛油虾 |

续表

| 县别 | 专设学校 | 各县职业教育计划摘要 | 应令摘要 | 物产 | | |
|---|---|---|---|---|---|---|
| | | | | 农产品 | 工料品 | 工商品 |
| 交河 | 无 | 女子小学加习帽辫织带，男子高小加授织布织席编筐，兼种棉植桑等科，在泊镇设立专校，分织染草帽套帽药罐头蚕桑植棉养蜂等，并在学校附设售品所 | 应就高级小学添招职业班，在泊镇设立专校，与商家联合办理，计划亦善，除原拟各科外应加翻砂一科 | 五谷、秋梨、香梨、鸭梨、枣、沙果 | 棉柳、红荆、木材、羊毛、牛羊皮、头发、陶土 | 木梳、竹篦、五色纸、铁器、汽锅、汽炉、汽管、气缸、机器、棉带、粗布 |
| 宁津 | 乙种实业学校一处 | 无 | 乙种实业学校应遵制改组职业学校，除织科外再加添金木工及纺纱花边等科，经费不敷可与高小学联合办理 | 五谷、棉花、花生、豆类、木材 | | 弹旧棉花机、新式轧车、播种镂、小炉匣子、盘钳、腿带、腰带、各种箱子、布匹、油 |
| 景县 | 无 | 无 | 各高级小校应就减级经费添设职业班，酌分农工商各科，其余各学均应加授编物机织各种日用艺术 | 五谷、小麦、豆类、番薯、花生、鸭梨、哈密瓜 | 羊毛、猪毛、鸡子清 | 锥子、粉皮、牛奶、科茶、草团、冷布、棉布 |
| 吴桥 | 无 | 前曾设立工业补习小学一处，于十二年停办，现拟设法筹款再行开设，各小学添设草帽辫 | 现在高小既用新制，应于男女各小学添设职业班，即以高级第三年经费作为职业班经费，注重辫制帽织布纺纱并添设工厂以便实习 | 棉花、五谷 | | 爱国布 |

续表

| 县别 | 专设学校 | 各县职业教育计划摘要 | 应令摘要 | 物产 | | |
|---|---|---|---|---|---|---|
| | | | | 农产品 | 工料品 | 工商品 |
| 东光 | 无 | 无 | 职业教育最关重要，该县竟无具体办法，殊属不合，应将高小三年减级经费改添职业班，收受高小毕业不能升学者，酌分农工两科，并与实业局联合筹设农场工厂以资实习，乡村小学酌加农业或附农工补习学校 | 绿豆、大小麦、谷子、榛子、白菜、萝卜 | 棉花、芝麻、豆 | 粗布、线带、镰刀、豆油、豆饼、酒、布匹、香油、麻绳 |
| 故城 | 无 | 无 | 应就高级小学内添招职业班，分工农两科，初级小学艺术一科，应授麦辫编物各种细工，并酌授农业知识 | 小麦、豆、玉蜀黍、谷、高粱、草棉 | | 铁铸农具、砖瓦、洋袜、毛巾、棉纱、土布、合股线 |
| 卢龙 | 无 | 已筹设职业学校一处，拟分农工两科，以蚕桑林业为主，工科以机织染色制丝为主 | 该县职业学校已筹有的款应即设法克期举办。此外高初小校均应加授工用艺术，学习辫桑柳各工，并授农业知识，实习种植 | 高粱、小米、豆类、花生、粟、枣、地瓜、棉花 | 桑皮、桑条、柳条 | 花生油、棉子油 |
| 迁安 | 乙组农业学校一处、乙种工业学校一处 | 已筹备蚕桑学校二处，高小校内添农工商各科 | 乙种学校改组职业学校，注重织布造纸蚕桑，学校应从速成立。高级小学应添招职业专班，初级小学酌加艺术农业 | 高粱、谷、花生、美棉、线麻、梨、粟、豆类、蚕□、芋叶 | 桑条、桑皮、棉花、花生、蚕□、蒜、牛羊毛 | 桑条、器、棉布、毛头纸、麻绳、花生油、毛毡、炼油、油衫纸 |
| 抚宁 | 无 | 各区添设高小时加授职业科目以事补助 | 先就高级小学添招职业两班，注重工商，乡村注重工农可用二部编制，实习讲授更迭施行，务期致用不尚空谈 | 花生、梨、苹果、桃、杏 | 鸡 | 蒲草垫、蒲扇、香 |

续表

| 县别 | 专设学校 | 各县职业教育计划摘要 | 应令摘要 | 物产 | | |
|------|---------|-------------------|---------|------|------|------|
| | | | | 农产品 | 工料品 | 工商品 |
| 昌黎 | 县立高小附设商科一班 | 议令各高小酌设职业科 | 所拟计划甚善，惟设置何科及应招收高小毕业生或初小毕业之年长者。应审察校内经济状况及计划情形，酌量办理乡间小学并应加授工用艺术及农业 | 梨、葡萄、胡桃、杏桃、苹果、红□枣 | | 鱼虾、硝卤、罐头 |
| 滦县 | 无 | 培养人才以储教习，预定筹划设学地点。女学添设实用缝织各科，学校与社会有密切之联络，学款充裕，学校添设职业补习班 | 各项计划颇能适应社会需要，可令各区高小添设职业班。开滦唐山一带注重渔捞养殖稻地，滦城各高小注重农产商业，嗣后再筹设专校 | 高粱、麦、花生、籽棉 | 棉花、桑条、靛、桑皮、猪鬃 | 土布、草席、桑条器、鱼虾、猪小□、芋叶、洋灰、锄板、毡鞋 |
| 乐亭 | 高小附设乙商两班 | 拟于东关育英小学内附设乙工班，又按地方情形小学加授苇制物及柳条器织带等工艺 | 应按所定计划克期举办工业班，可注重苇柳编物丝绵制品，各区高初小学亦应添设职业班或附设职业补习学校 | 棉 | 苇、麦秆、柳条、棉纱 | 席、草纸、柳条器、洋布、刀布、镜镶□条、枕顶、枕面、装饰品 |
| 临榆 | 职业学校一处 | 拟于商科外添设农业各科，俟筹定专款再依次扩充校数 | 应先就县立高级小学内添招农业班，以作物园艺森林制造为主，其余都统习。石门寨海阳镇秦皇岛各高小亦应添设职业班选授采矿冶金□皮织物制造各工 | 棉、高粱、花生、玉蜀黍、谷黍、山芋、洋海果、梨、花椒、豆类、蚕丝 | 石灰石、干子土、陶土、硫磺弹、荆条、牛羊皮、猪羊皮、牛羊骨 | 刺绣、爱国布、汽水、大线布、毛织品、无烟煤、玫瑰、露酒、卫生酱油、全烟 |

续表

| 县别 | 专设学校 | 各县职业教育计划摘要 | 应令摘要 | 物产 | | |
|------|---------|----------------------|----------|------|------|------|
| | | | | 农产品 | 工料品 | 工商品 |
| 遵化 | 无 | 拟设职业学校及蚕桑补习所 | 所拟计划既因无款终止，应就各高级小学成级经费添设职业班，酌量学校环境分设农工商各科，农科注重作物园艺及农产制造，工科注重染织制革栽绒蚕丝编柳纺纱等工 | 水稻、旱稻、稗子、玉蜀黍、高粱、谷、豆类、大小麦、莜麦、花生、芝麻、亚麻子、棉子、苹果、沙果、李子、林桥、山红果、山楂、海棠果、梨、桃、杏、栗子、榛子、柿子、红枣、羊枣、葡萄、蜂蜜、蜂蜡 | | 罐头、柳条器、绵羊皮袄、山羊皮袄、狗皮褥、山羊皮褥、各种皮张、织绒褥、轧花车、纺线车、织布机、线丝车、煤 |
| 丰润 | 职业学校一处 | 各高小添设农商各科职业学校，加染织一班 | 该县各区高小经费均甚充裕，现用新制编级。应将第三年经费添设职业班，各按本校环境酌设农工商各科，初小较高年级加授艺术农业 | 稻、棉、落花生、菘蓝、高粱、豆类、梨、葡萄、苹果、枣子 | 山松、苇、藤、河柳 | 盐、油、酒、棉、布、工业画、年画、冬菜、席 |
| 玉田 | 无 | 拟就县立第一高小内添设乙种商业一班 | 所拟办法颇合，惟应删去乙区字样，以符定章区立。各高小亦应一律办理，科目应按各校情形酌分农工商各科，初小亦须酌添艺术农业 | 棉花 | | 草辫、草帽、布匹 |

| 县别 | 专设学校 | 各县职业教育计划摘要 | 应令摘要 | 物产 | | |
|---|---|---|---|---|---|---|
| | | | | 农产品 | 工料品 | 工商品 |
| 文安 | 乙种商业一处 | 县立男女高级小学附设职业科，男校以木工铁工为主，女校以织工绳物为主，并拟于城内□桥左右各庄等处各设职业专校 | 各项计划颇为切要，应积极筹备乙种商业学校并改组职业学校，高初小学艺术科应授麦苇网箔各种细工，东淀附近各校可加授渔捞养殖各种常识 | 五谷、蒲、菱、藕、□麻 | 蒲席、□麻、麦草 | 藕粉、豆□、条粉、毛毯、洋袜、蒲席、苇席、鱼箔、虾□、蟹□、渔网、土布、砖瓦、火硝、地毯、洋布、毛巾、酥糖 |
| 大成 | 无 | 拟于县立男女师范、男女各小学附设工业练习场，购置织机织布，制草帽各种机器，筹聘教师二三人，轮流教练各校毕业年限延长半年以资历练。将来毕业有人，即由教育机关集股组织工厂以资安插 | 各项计划尚合，惟小学学生年龄不齐，是否均有使用机器能力，应由各校酌加限制。至小学艺术一科，应授麦苇柳条各种细工，并加授农业设法实习 | 小麦、谷、高粱、玉米、黑豆 | 麦秆、苇草、棉花、柳条 | 草帽辫、苇席、小布、干粉、烧酒、草帽 |
| 新镇 | 无 | 无 | 应在高级小学内收容毕业不能升学各生在校补习职业一年或二年，并注重实习，按学生家境性能酌定科目，初级小学亦应加授艺术农业，以为职业之准备 | 高粱、谷、豆、大小麦、玉米 | 黄麻、麦、稻 | 棉布 |

| 县别 | 专设学校 | 各县职业教育计划摘要 | 应令摘要 | 物产 | | |
|------|---------|---------------------|---------|------|------|------|
| | | | | 农产品 | 工料品 | 工商品 |
| 宁河 | 工艺学校一处 | 无 | 职业教育关系重要，该县竟无具体计划，殊属不合。工艺学校成绩不佳，应令改进。与高小联合办理，除织布外，添商业以高小第三年经费为职业常年经费，以工艺学校经费为设备费，添设工厂商店以便实习。各高小亦应添设职业班 | | 芦苇 | 渔、盐、硝、卤 |
| 清苑 | 无 | 拟先设职业教育养成科以储师资。各小学内注重工艺美术，酌增职业准备科目，更联合多数学校共聘专门匠人教授各项工艺 | 该县物产以棉麻花生为大宗，职业教育应即注重棉织麻织轧油造纸等科，各高级小学应添设职业班，按地方情形分别规定科目，初级小学选授应用艺术，于较高年级加授农业知识并注重实习 | 谷、芝麻、小麦、高粱 | 棉花、麻、花生 | 汽机模型、螺丝机、花边机、磨粮机、人力抽水机、□粉、罐头、酱菜、毛地毯、梗线凉席 |
| 满城 | 无 | 高级小学添设职业专班，初级小学添编早帽辫 | 高级小学职业班应克期成立初级小学，加授农业知识并实习种植各法 | 棉、麦、谷、高粱、豆类、稻、藕、黍、稷、红薯、玉蜀黍、菜蔬、麻、花生、果品 | 丝、麻、麦秆、柳条、芦苇、石板、杂皮 | 洋布、粗布、苇席、石板、各种石器、皮货、石灰、石笔、毛头纸、水车 |

| 县别 | 专设学校 | 各县职业教育计划摘要 | 应令摘要 | 物产 | | |
|---|---|---|---|---|---|---|
| | | | | 农产品 | 工料品 | 工商品 |
| 徐水 | 无 | 预筹经费设立职业学校，收高小初小毕业生，就地取材分班教授，并设工厂以便实习。如经费不足先在高小内添设职业班，初小改良手工学习浅易工作 | 该县所拟计划均为切要，应即商承县知事克期筹备，至高级初级小学改良手工选授工用艺术，应就地取材，较高年级加授农业。于棉谷烟特别注重，并使实习种植栽培传习帽辫，应附小学内，不必设巡行工师 | 大小麦、草棉、谷、菘、于蓝 | 棉花、麦秆、蓝靛 | 烧酒、粗布、草纸、成文纸、草帽 |
| 定兴 | 无 | 拟就高小内余房添设职业班，收容高小毕业无力升学者，教授本地特别商品制造方法。二年毕业，城镇乡小学酌加艺术科，就地取材仿制各种需要物品，并加授农业科 | 所拟计划颇合，应克期举办。此项经费即以高小第三年级经费改充，并与实业局联合筹办各种工厂以便实习，又固城镇高小学田甚多，应令添设农业班，将附近学田充作校舍，令学生实习，种植栽培及农产制造等法 | 棉花、小麦、小米、高粱、玉米、豆类、芝麻、荞麦、甘薯、白菜、葡萄、鸡子、肥猪 | 棉、高粱、芝麻、蒲子 | 成文纸、大头菜、秦椒油、烧酒、蒲包、蒲扇、土布 |
| 新城 | 无 | 拟就北关初小内添设农业科，并在苗圃实习，将来即改为职业学校。南关高小内添设棉业科并在农场实习 | 应就高级小学内添加职业专班以种棉植桑育蚕养蜂为主，兼习造花织布等工，乡村小学酌授艺术农业等科 | 小麦、玉蜀黍、芝麻、花生、芋薯、棉花 | 木材、杂皮、青麻、草棉 | 香油、花生仁、榆皮□、纸花、粗布、口袋、通草花、五色棉带 |

续表

| 县别 | 专设学校 | 各县职业教育计划摘要 | 应令摘要 | 物产 | | |
|---|---|---|---|---|---|---|
| | | | | 农产品 | 工料品 | 工商品 |
| 唐县 | 织工传习所一处 | 传习所改组职业学校，各高小手工一门，酌授铁丝制器柳条编物及雕刻织纺皮毛作品等，并添设农商各科知识 | 各项计划均甚周妥，暑期开办教员讲习会，研究各种职业及经济专学，尤属扼要，应即举行。至高级小学按新制编级必级次减少，应将减级经费添招职业班次 | 谷、稻、红枣、棉花 | | 羊皮、布匹、铁轮布机、水车、足踏水车 |
| 博野 | 无 | 男高小加授农科，女高小加授织科 | 应于男女高级小学内添招职业专科，男校以农为主，注重棉麦，女校以工为主，注重织布编发，初小亦应加授农业知识 | 棉、麦、谷、高粱、豆、甘薯 | | 土布、洋布、发网 |
| 望都 | 无 | 无 | 应就高校内筹设业科，以纺织为主，乡村小学应加授农业艺术两科，以为职业之准备 | 菜椒、芝麻、线麻、棉花、枣 | 棉花、棉线、蚕丝、蓝靛 | 豆粉、挂毯、黄酒、烧酒、口袋、白布、芦席 |
| 容城 | 无 | 拟令各高小添设职业班，以纺织帽辫为主 | 所拟各高小添设职业班，以纺织编帽为主，计划书颇善，惟应附设工厂多加实习钟点。至初小亦应加授农业知识，并设法实习 | 棉花、谷、小麦 | | 烧酒、洋袜子、粗布 |
| 完县 | 无 | 无 | 应就高级小学内筹添铁业班，注重纺纱织布，高初小均应加授工用艺术，学习编物各种工艺并授农业知识实习种植 | 椒、粟、棉花 | 棉花 | 土布、毛巾、柳器、荆货、灰木炉 |

续表

| 县别 | 专设学校 | 各县职业教育计划摘要 | 应令摘要 | 物产 | | |
|------|---------|---------------------|---------|------|------|------|
| | | | | 农产品 | 工料品 | 工商品 |
| 蠡县 | 无 | 无 | 职业教育计划书现时最关重要，该县竟无具体办法，殊属不合，应在高小添设职业班，城镇选分工商，乡区选分工农，农业应授作物园艺，工业应学织布揉皮纺纱编物，初小可附设农工补习学校 | 小麦、黑豆、小豆、红粱、桃、梨、蔬豆、大豆、麻子、棉花、杞柳 | 麦芽、柳条、麻绳、□花、棉纱、兽皮、兽骨、皮硝、草帽辫、黄□、糖料 | 柳条器、提花布、发网、皮货、织布机、□金子、爆竹、木机布 |
| 雄县 | 无 | 筹办铁工学校及商业补习学校，各村小学内附设平民农业学校，设立草帽辫场所，栽种桑秧以备养蚕 | 职工学校可就高级小学内克期筹办以机织麦瓣两项为主要科目，各村小学附设农校以为年长失学及初毕业学生补习农业知识亦属可行 | 麦、棉、麻 | 硝、棉、麻、麦秆、苇 | 草纸、草帽、棉籽油、新式织布机、新式凉席、苇席、刺绣、棉纱、布匹 |
| 安国 | 职业学校一处 | 就原有职业学校渐次扩充 | 职业学校除染织两科外应添设帽辫纺纱等可，高初小学艺术一科应授麦辫细工，乡村学校应加授农业，实习种植，城市学校应加授商业或附设药商补习学校授以簿记药种及植物化学之，与药学有关系者并实习试验 | 棉、麦 | 靛 | 粗布、药材 |

续表

| 县别 | 专设学校 | 各县职业教育计划摘要 | 应令摘要 | 物产 | | |
|---|---|---|---|---|---|---|
| | | | | 农产品 | 工料品 | 工商品 |
| 束鹿 | 无 | 拟先设乙种职业学校一处以后再次第推广 | 拟设职业学校应删去乙种字样，科目以揉皮纺织为主，应克期筹办并筹设工厂，各初级小学校可附设农工商各种补习学校 | 棉花、五谷、丝麻 | 皮毛、棉、丝麻 | 毛毯、丝线、鞭子、剪子、皮袄、水胶、土布、粗线、粗线袜、手巾、洋袜子、洋线、毛巾、带子、绵带、线口袋 |
| 安新 | 无 | 无 | 该县人民艰窘，尤应注重职业以期挽救生计，该局长对此竟无具体办法，殊属不合。应即设法筹办，如无款可筹，应就高小第三年经费改招职业班，安区注重农工，新区注重农工，新区注重商工，各初小应酌量环境，临地应加授农业知识，淀地应加授水产渔捞养殖等，以为职业准备 | 棉、麦、麻、苇 | 麻、苇 | 布匹、苇席 |

续表

| 县别 | 专设学校 | 各县职业教育计划摘要 | 应令摘要 | 物产 | | |
|---|---|---|---|---|---|---|
| | | | | 农产品 | 工料品 | 工商品 |
| 高阳 | 职业学校一处 | 普通学校加添职业科目并筹设染织专校 | 染织专校应克期筹立并就高级小学内添招职业班，分农工两科，农科注重棉麦及农产制造，工科注重机织染色并制造织具 | 稻、高粱、谷黍、大小麦、玉蜀黍、稷、花生、山药、芝麻、棉花、酥麻、菜蔬、瓜类 | 火硝、黑□、棉花、酥麻、木材 | 人造丝光提花布、电光布、提花布、爱国布、印花布、线呢、漂白轧花布、方格布、提条布、粗网斜纹布、双丝布、白原布、白漂布、白市布、白粗布、小粗布、铁轮机、提花机、花纸、花板、纹板、毛绳、毛织围巾、毛织男女帽、本地纱、草子油、草纸 |
| 正定 | 高级小学附设织工厂一处 | 高级小学加授棉业蚕桑，初小添授棉业浅说并设校园以便实习 | 高小添招职业专班招收高初小学毕业生，除授原股各科外，再酌加轧花机弹花机造水车，制罐头肥皂绸带等工艺 | 棉花 | | 镶花土布、绸带、药棉、细布、皮硝、肥皂、罐头、轧花机、弹花机、水车 |
| 获鹿 | 乙种工业学校一处 | 乙种工业学校拟筹添经费，添制草帽辫一科，并拟筹设平民工厂，石家庄地方又拟设立商业学校 | 乙种工业学校既系办有成绩，应即筹添经费改组职业学校，除原有科目外，应再添设帽辫一科，以期适应社会需要，平民工厂不必另筹，可在职业学校附设，石家庄拟设商业学校，计划亦其切要 | 麦、棉花、桑 | 蚕丝 | 丝工业、造胰厂、煤炭业、铁货业 |

续表

| 县别 | 专设学校 | 各县职业教育计划摘要 | 应令摘要 | 物产 | | |
|---|---|---|---|---|---|---|
| | | | | 农产品 | 工料品 | 工商品 |
| 井陉 | 职业学校一处 | 继续整顿职业学校，各高级小学附设职业班，各初级小学添授园艺浅说，女子小校添授养鸡饲蚕法，平民学校侧重荆条编物 | 职业学校应添设蚕桑传习所，各高级小学附设职业班，应克期举办初级小学，于园艺外应加授工用艺术，女子小学于养鸡饲蚕外应再添授家事园艺，平民学校应即改为职业补习学校 | 米、麦、高粱、玉蜀黍、棉花、柿、枣、石榴、沙果、桃、杏、胡桃、花椒 | 煤、炭、陶土、石棉 | 瓷器、陶器、荆条编物、芦席、柿饼、枣酒、粗布、蚕丝 |
| 阜平 | 无 | 拟设农林学校 | 应就高小第三年经费添招职业班，酌分农林两科，并与实业局联合筹拨官荒山地用作农场校林以备实习，至高初小学可酌加雕漆木器编物毛织各种工用艺术 | 高粱、谷、玉蜀黍、红枣、核桃、青白麻、芋叶、蓝靛、药材 | 羊毛、羊绒、羊皮、猪毛 | 羊毛毯、羊毛毡、毛口袋、木碗、木盒、木盘 |
| 乐城 | 无 | 拟在织工场内附设乙种工业学校农事试验场，内附设乙种农业学校 | 应先就高级小学内添招职业班，分农工两科实习授课，更迭办理各占半日，即与织工场农事试验场互相联合俾便实习 | 棉花、小麦 | 棉绒、棉籽、麦秆 | 棉纱、棉布、棉籽油、油饼 |
| 行唐 | 无 | 扩充各校职业科，筹办职业学校，举行职业讲演，扩充各校学林 | 物产既以棉麦木料□柳为大宗，城内高级小学校添设棉业科，口头镇高级小学校添设林业科，颇能适应社会需要，应即克期举办，至举行职业讲演扩充各校学林，计划均甚周妥，初级小学校应再酌加艺术农业并可附设农业补习班 | 棉花、小麦、芝麻、枣 | 羊毛、柳子、木料 | 布、醋、花生油、芝麻油、枣酒、皮酒、羊毛毯子、柳□、薄□、水车、织布机子 |

| 县别 | 专设学校 | 各县职业教育计划摘要 | 应令摘要 | 物产 | | |
|---|---|---|---|---|---|---|
| | | | | 农产品 | 工料品 | 工商品 |
| 灵寿 | 无 | 各初级小学添设农桑实习并添设乙种实业学校 | 就高级小学内添设职业班，分农工两科，高初小学艺术科，应授麦辫雕刻等工艺并加授农业如麦棉花椒等均应特别注重，实习种植采摘等法 | 麦、谷、高粱、豆类、棉、花椒 | | 花椒、解玉砂、棉纱、棉布 |
| 平山 | 职业学校一处 | 拟于现有农科外再添设染织一班，各高级小学均加授农业，注重蚕桑并令广开校园注重实习 | 所拟计划均属妥善，调查表亦详明得法 | 杂粮、稻、麦、棉、菜蔬、花椒、果木、芋叶 | 丝、麻、蓝靛、芦苇、石灰、石墨、解玉砂、石棉、云母石、水晶、棉、羊皮毛绒 | 土布、苇□、酒、苇席、毛头纸、陶器、石□、棉纱 |
| 元氏 | 无 | 拟于各高级小学校设职业班造就该项人才并商同实业局设立工厂以便生徒实习 | 高级小学校添设职业班并拟设立工厂计划切要，应即克期举办。至高初小学本科生应加工用艺□务就本地取材。乡村小学高年级酌加农业，于本地重要农产宜详细讲授并使实习种植栽培等法 | 棉、麦、豆、梨、枣、胡桃 | 羊毛、猪鬃、丝 | 卫生裱、线毯、毛毡、毛头纸、石板、□器、纱、粗布、扣袋 |
| 赞皇 | 无 | 手工图书侧重实用并拟筹设职业学校一处 | 应先就高小内添设职业班分工农两科，用二部制编，初级教授实习各占半数，更迭办理。高初小学均应改授工用艺术并授农业实习种植 | 粟、麦、红粱、胡桃、棉 | 木材、棉花、蚕丝 | 汴袖、棉纱、棉布、薰枣 |

续表

| 县别 | 专设学校 | 各县职业教育计划摘要 | 应令摘要 | 物产 | | |
|---|---|---|---|---|---|---|
| | | | | 农产品 | 工料品 | 工商品 |
| 晋县 | 无 | 无 | 高小添招职业班，注重纺织轧花造油编柳等工。初小应授编物粘土各工，并实习农业之种植栽培等法 | 棉花、花生、麦、豆、粟、高粱、梨、枣、菜蔬 | 绵花、棉子、柳条、粘土 | 油饼、瓷盆、柳条器、席香、棉布、□井器、压花机 |
| 无极 | 无 | 高级小学添职业班，女子高小添蚕桑专科，劝业所内筹设农业讲习所，设立纺织工厂，师范讲习所改良手工 | 准令按照计划书克期筹办师范讲习所，除改良手工外，应再加授农业商业并实地联系。高初小学本级生应加授应用艺术 | 棉花、美棉、谷子、小麦、花生 | 棉花、柳条、麦秆 | 土布 |
| □城 | 无 | 高级小学添设职业班，以养蜂农艺造粉笔等料为主体，以后再另行筹设织染铁木等科 | 该县物产既以麦棉花生羊毛为大宗，职业教育应注重棉织毛织轧油等科，以期适应社会需要。现时无款可筹，可就高小第三年经费改为职业班常年经费，并添设工厂以资实习。高初小学应加授麦辫粉笔各种工用艺术，乡村学校可选授饲蚕养蜂各法 | 棉花、小麦、花生 | 棉花、羊毛、碎骨、牛油 | 粗布、粉笔、水车 |

| 县别 | 专设学校 | 各县职业教育计划摘要 | 应令摘要 | 物产 | | |
| --- | --- | --- | --- | --- | --- | --- |
| | | | | 农产品 | 工料品 | 工商品 |
| 新乐 | 无 | 无 | 职业教育最关重要，迭经厅令催促，该局长延不呈报，已属不合，乃查阅来呈，对于此项计划书毫无准备，所填物产表亦甚疏略，足证平时办事敷衍，应严加申斥，仰就高小克期筹办职业班，按本地物产酌分科目 | 水梨、红枣、花生 | | |
| 易县 | 乙种实业学校二处，桑蚕学校一处 | 实业学校内附设蚕桑传习科半年毕业，高级小学内添设养蜂科 | 实业蚕桑各校应遵新制改为职业学校，以育蚕养蜂为主，高级小学酌授艺术农业两科，平地注重植育桑育蚕，山地注重养蜂制砚 | 芋叶 | | 台□砚 |
| 涞水 | 无 | 拟将本线办理之织布工厂改组为乙种实业学校，就本地物产品料加以研究，编入学科以养成实用人才 | 所拟计划书尚合，应即克期举办，早责成小学校应于高年级就学校环境酌加艺术农业，以输入农工知识技能以为职业准备 | 谷类、芝麻、绿豆、落花生、棉花、稻、果品 | 棉花、线麻、青麻、荆条、羊毛 | 木炭、山楂、花生油、药材 |
| 涞源 | 蚕桑传习所一处 | 无 | 该县职业教育尚无具体办法殊属不合，应即详细计划以促进行，现可就高小内添设职业班，男校注重毛线木工，女校注重编物发鬏兼习绘画漆雕，初小加授相当艺术及农业知识 | 米豆 | 石棉、线毛 | 木碗、木盘、绒帽、绒鞋、毛毯、发网 |

续表

| 县别 | 专设学校 | 各县职业教育计划摘要 | 应令摘要 | 物产 | | |
|---|---|---|---|---|---|---|
| | | | | 农产品 | 工料品 | 工商品 |
| 定县 | 乙种实业学校一处 | 乙种实业学校内添招土木工程科一班,四乡高小分别注意商事农业工业,初小提倡帽辫,女校加授围巾手工 | 乙种实业学校应即改称职业学校,添设土木工程科,颇能适应社会需要,应即克期举办,各高小应就第三年经费添招职业班,除清风店明月店两校注意商业外,其余各校可酌量环境情形设农工各科,并设工厂农场注重实习 | 棉花 | 麦秆、柳子 | 土布、草帽辫、柳条箱、簸箕、簸箩、汲水罐 |
| 曲阳 | 无 | 无 | 职业教育最关重要,该县竟无具体计划,殊属不合。应就高小第三年级经费改为职业班经费,招收高小毕业生,授以机织兽皮木石各工及农产制造。初小较高年级加授相当艺术科,并酌加农业知识 | 芝麻、高粱、麦、花生、棉、稻、梨、枣、桃、柿 | 青石木材、印石、泥□、煤、滑石、陶土、磁石、坯土、兽皮、猪鬃 | 白布、煤炭、砖瓦、碑碣、玩具、枣酒、蜂蜜、石灰、香油、瓷器、石像、石器皿 |
| 深泽 | 无 | 拟设乙种工业学校注重染织两科 | 应改职业学校高级小学内可添招职业班,各高初小学均应加授工用艺术,乡关小学可附设农业补习学校 | 棉、麦、谷、高粱 | | 布、柳货、绵带、线毡、□花、头发 |
| 深县 | 无 | 无 | 就高级小学内添招职业班,分工农两科,用二部编制法,实习教授更迭施行授以作物园艺森林制造纺织兽皮编物窑业等工 | 五谷、小麦、豆类、花生、芋叶、棉、桃、粱、枣、麻 | | 花生油、豆油、酒、绸、爱国布、粗布、布袋、粗纸、皮革、陶器、五金器、木器、柳条器 |

续表

| 县别 | 专设学校 | 各县职业教育计划摘要 | 应令摘要 | 物产 | | |
|---|---|---|---|---|---|---|
| | | | | 农产品 | 工料品 | 工商品 |
| 武强 | 无 | 无 | 职业教育最为重要，该县局拟将此项进行计划，俟诸异日，殊属不合。查前于十二年奉教育部令各省县应将教育经费划拨几成专办职业教育。当经本厅通令各县在案，该局长应即商承县长将高小第三年经费改为职业班经费收，高小毕业生授以各种职业教育，俾有自谋生活能力 | 五谷 | 火硝、小□ | 膏药、□药、年画、梭布、土布 |
| 饶阳 | 无 | 拟于城内组织乙种工业学校招高小毕业生，设织染两科 | 该县职工早已发达，应亟设立织工专校，如不能克期筹备，可先就高小内添设职业班招高小毕业生选习织染两科 | 豆类、粟、黍、玉蜀黍、花生、棉、麻、马铃薯 | 棉纱、蚕丝、柳条、羊毛、麻、蜂蜡 | 饶绸、棉布、口袋、腿带、手巾、羊毛毡、柳条器、麻绳 |
| 安平 | 无 | 拟于各种学校均添授农业工业学科 | 该县男女作品以大绢罗底为大宗，职业教育应注重织绢织罗，可先就高小内添设职业班，城内高小设商业班，其余师范模范应注重织绢，女子高小应注重织罗，初级小学应授工用艺术 | 五谷俱全，以红粱米麦为大宗 | | 大绢、罗底、罗圈、马尾缎 |

续表

| 县别 | 专设学校 | 各县职业教育计划摘要 | 应令摘要 | 物产 | | |
| --- | --- | --- | --- | --- | --- | --- |
| | | | | 农产品 | 工料品 | 工商品 |
| 大名 | 无 | 拟于县立之高小内各设职业班 | 该县中区应以商业为主，东区以工业为主，西区以农业为主，女子高小应注重缝纫纺织刺绣编物等科 | 小麦、红粮、小米、瓜子、瓜□、花生、红粱、鸭梨、枣、白罗葡 | 麦茎、兽骨、牛皮、猪毛、土硝、槐子 | 粉条、粉皮、松花、蜜枣、草帽、条筐、条箕、苇席、木器、农具、绵带、手巾、线机、爱国巾、手套、围巾、线毡、土布、刺绣、帽辫、带花土布 |
| 南乐 | 草帽传习所一处 | 高级小学添购草帽机器使学生制造草帽 | 高级小学应另添设职业专科招收高小毕业生，除授制草帽外并授制作毡帽及□制牙枣等，初级小学应实习编辫选茎种麦植枣等业 | 麦、谷、高粱、豆类、玉蜀黍、花生、果品 | 麦秆、毛丝 | 草帽辫、草帽、毡帽、□压枣 |
| 清丰 | 无 | 1.以省款在大名设立甲种工业学校，以储各县职业教师；2.第二高级小学改为职业学校；3.第一高小增设农业科；4.高级小学工艺科改为实用工艺 | 第一项应由本厅通盘筹划再酌量采择施行，第二三四各项应即克期举行，惟第一高小在城内似宜于工，第二高小移于乡镇似宜于农，可由第一高小添招职业班，注重染织帽辫等科，第二高小改为职业学校，注重农业各科 | 麦、高粱、谷、玉蜀黍、豆、红薯、罗葡、花生、枣、梨瓜 | 麦秆、杂皮、木材 | 小车、草帽、麻□、芦苇、草帽辫、棉布、捻绸、瓷器、铁器、竹器、洋纱、洋油 |

续表

| 县别 | 专设学校 | 各县职业教育计划摘要 | 应令摘要 | 物产 | | |
|---|---|---|---|---|---|---|
| | | | | 农产品 | 工料品 | 工商品 |
| 东明 | 无 | 男女各校一律酌加职业科目，材料按照本地情形就地取材。各初男校三四年级加授艺术农业两科，各初女校加授缝纫及草帽辫 | 男女各校一律酌加职业科，办法尚合。惟高级小学现用新制编级，应将高级第三年经费改添职业班，招收高级小学毕业生，不能升学者酌分农工两科，以期适应社会需要 | 花生、棉花 | 蚕桑 | 棉花、花生米 |
| 濮阳 | 无 | 各高小添设农业，县立高小添设职工一科 | 应就高校减级经费先设职业班，收高小毕业生，男校注重制帽造纸，女校注重编物纺织各工，乡间学校注重农业实习种植等法 | 麦、豆、花生 | 牛皮、□桃皮、青布 | 白布、捻绸 |
| 长垣 | 草帽辫传习所一处，鉴井传习所一处 | 拟开办蚕桑传习所 | 传习所系暂时性质，应设立职业学校，如一时无款可筹，可就各高小内添招职业班，并筹设工厂以便实习，各初级小学可附设农业补习学习学校 | 五谷、豆、棉花、落花生、丝、瓜子 | 麦秆、棉花、丝、柳条 | 草帽、蚊帐、□绢、白油、柳条器 |
| 邢台 | 商业学校一处，织工传习所二处 | 商业学校拟改为职业学校，县立初级师范学校添农商各科，高级小学校设职业科，各校注重学生之校外作业 | 所拟各项计划均要周妥，惟师范学校除农商外，应再加授本县所有各种工用艺术，令师范生分组学习以为各小学储备艺术师资 | 谷、麦、稻、麻、苇、梨、栗、柿、枣、橡壳、核桃、藕、芋草 | 皮毛、石英、解玉沙、石棉、丝 | 羊皮、猪羊毛、谷货、洋布、土布、麻、药材、□丝、枣仁、橡壳、皮货、汴绸、席、牛毛毯、地毯、水车、轧花机器、陶器 |

| 县别 | 专设学校 | 各县职业教育计划摘要 | 应令摘要 | 物产 | | |
|---|---|---|---|---|---|---|
| | | | | 农产品 | 工料品 | 工商品 |
| 沙河 | 草帽辫传习所一处 | 拟设蚕桑农业学校,各小学添授农业注重实习 | 先就高小内添招职业班,分编物机织两科,编物宜于麦草荆柳机织,宜于棉丝毛绒,以后再次第添设专校,各小学艺术一科,亦应授麦苇荆柳各细工 | 五谷、枣、梨、芋草、苜蓿、棉花 | 麦秆、蚕茧、柳条、荆条、羊皮、羊绒、芦苇、蓝靛、白沙石 | 煤、皮货、线毯、土布、柳筐、柳斗 |
| 南和 | 无 | 令各小学高年级加授有切实用之科目,并筹集专款于城镇要区设立职业学校 | 各小学校高年级艺术科应授麦柳细工,农业应特重麦枣等类,并于高级小学内先招蚕业一班,注重织布造纸编柳蚕枣兼及制粉 | 五谷、大枣 | 麦秆、柳条 | 段熟地、薰枣、白粗布、花粗布、粉条、毛头纸 |
| 平乡 | 无 | 无 | 应就高小第三年经费添设职业班,注重农业并联合实业局筹设农场,实习种植选种施肥各法,且兼办农业制造如编物轧花纺纱各工,初小应附设农业补习学校 | 白麦、红粱 | 麦茎 | |
| 广宗 | 无 | 拟筹有专款即设职业学校并先令各学校添设职业科 | 应将高小第三年经费作为职业班经费,收受高小毕业生授以帽辫织布及罐头等工,并与实业当局联合筹设工厂以便实习 | 麦、棉、各种果品 | | |
| 巨鹿 | 无 | 无 | 应设职业学校以纺纱为主,高初小学艺术科,应授帽辫细工,乡间小学并宜加授农业实习种植 | 棉花、麦、花生 | 棉花、木材、麦秆 | 搭子、纺纱、土布 |

续表

| 县别 | 专设学校 | 各县职业教育计划摘要 | 应令摘要 | 物产 | | |
|---|---|---|---|---|---|---|
| | | | | 农产品 | 工料品 | 工商品 |
| 唐山 | 无 | 拟令各校内于手工一科，就本地物产制造社会之日用品 | 应就高小校内添招职业班，以织布造水车编物为主，兼习制油薰枣等法，乡间小学加授农业知识 | 小麦、棉花、花生、葱、白菜 | | 石灰、薰枣、铁水车、木水车、栲栳、土布口袋 |
| 内邱 | 无 | 筹设工业学校分染织两科，各高初级小学加授农业，教育 | 所拟计划书颇合，如现时无款可筹，应就高小第三年经费先设职业班，注重机织色染及果品制造，并与实业局联合添设各种工厂以备实习 | 红粱、谷子、柿子、核桃、枣、橡壳 | | 土布、薰枣、核桃、橡壳 |
| 任县 | 无 | 拟与劝业所同力合筹设职业学校 | 应筹设职业学校注重纺织造车造纸制扇编席等工 | 大小麦、豆类、粟、高粱、黍稷、芝麻、花生、蔬菜、梨枣、杏、桃、葡萄 | 木材、锦麻、苎麻、靛青、苇、蚕□、棉花、牛羊皮 | 粗布、汴绸、线毯、棉线、麻绳、猪毛绳、□瓦、瓦盆、毛头纸、铁车、水车、轧花车 |
| 永年 | 无 | 无 | 应就高级小学内添招工商两班，工科以织布造水车编物制扇为主，并兼习薰枣制粉制油造纸等法，即由商科贩卖以资练习 | 棉花、小麦、五谷、芝麻、花生、芋叶、菜蔬、桃、梨、杏、林橡、瓜类 | 木材、苇、蒲棒、蒲黄、槐子、靛青、麦秆、麻、稻草、羊毛、皮革 | 粗布、爱国布、纺纱、线毯、毛巾、席、蒲扇、簸箕、筐、栲栳、笆斗、蓝、水车、木器、陶器 |

续表

| 县别 | 专设学校 | 各县职业教育计划摘要 | 应令摘要 | 物产 | | |
|---|---|---|---|---|---|---|
| | | | | 农产品 | 工料品 | 工商品 |
| 曲周 | 无 | 拟于初中手工一门添设蚕桑学，各高小手工一门，添授麦秆编制帽辫 | 应就高小减级经费招收高小毕业生编为职业班，用二区编制酌分农工两科，农科注重麦棉蚕桑，工科注重纺织编物 | 五谷 | 棉绒、麦秆 | 粗布、土布、棉绒 |
| 肥乡 | 无 | 拟设棉业讲习科及纺纱机织学校 | 所拟颇能适合计划，需要现时筹款维艰，应就高小减级经费先设职业班，酌分农工两科，农科植棉载柳，工科注重纺织编物 | 棉花 | | 土布、柳器 |
| 鸡泽 | 无 | 无 | 应就高小内添招职业班，分农工两科，农科注重作物园艺，工科注重纺纱织布编辫鞣皮制油造粉等工 | 小麦、棉花、豆类、粟、高粱、大麦、罗葡、白菜、青椒 | 棉花、麦秆、木材、牛皮、羊毛 | 大布、棉油、旱芋、麦粉、手巾、□底、缸瓦 |
| 广平 | 无 | 无 | 于高级小学内添招职业班，分农工两科，高级小学艺术一科，应授麦柳织工并加授农业，令高年生实习种植 | 白麦、谷、高粱、绿豆、玉蜀黍、花生、瓜子、棉花 | 棉花、木材、麦秆、牛羊皮、牛羊毛、麻 | 粗布、棉丝、油类、旱芋 |

续表

| 县别 | 专设学校 | 各县职业教育计划摘要 | 应令摘要 | 物产 | | |
|------|----------|----------------------|----------|--------|--------|--------|
| | | | | 农产品 | 工料品 | 工商品 |
| 邯郸 | 无 | 拟于高级小学内添授职业一科 | 应就高级小学内添招职业班,乡村小学酌加农业实习,种植制造等法 | | | 麦粉、粉条、粉皮、薰枣、芝麻油、花生油、棉油、酱油、醋、烧酒、粗布、毛巾、腰巾、牛羊、油蜡、牛革、靛青、粉笔、旱芋、水芋、石磨、石碳、大小车、苇席、高粱秆席、棉麻绳、柳条绳、栲栳、柳条盆、柳条簸箕、荆条筐、荆条篮、荆条筛 |
| 成安 | 无 | 初小加授农业,高小加授农业及纺织 | 应就高小第三年减班经费先设职业班并添筹款项设备农场工厂以便实习,初小加授农业并于较高年级加授工用艺术 | 棉花、谷类、大小麦 | | 洺酒、土布 |
| 威县 | 职业学校一处 | 职业学校内添筹经费增加科目并令高级小学内添聘专门教员加授职业科目 | 准令遵照计划书妥速进行并于高级小学内添招职业专班 | 棉花、麦梨、杏、桃 | 净花、麦秆、柳条 | 细线绳、柳条器、粗布、细布、带子、净花、棉油、豆饼 |
| 清河 | 蚕桑传习所一处 | 无 | 就高小添设职业班以纺织鞣皮为主,小学艺术一科,应授麦辫细工并加授农业知识,实习种植各法 | 草棉、小麦 | 牛皮、皮硝 | 棉布、棉线、花被面 |

| 县别 | 专设学校 | 各县职业教育计划摘要 | 应令摘要 | 物产 | | |
|------|---------|-------------------|---------|------|------|------|
| | | | | 农产品 | 工料品 | 工商品 |
| 磁县 | 无 | 无 | 该县应克日筹备职工专校，此外马头镇高小应附设商业班，彭城镇高小应附设窑业科，固义村高小应附设农科，城内女子高小应设家事纺织及女子各种职业，其余高初各小学应加授农业艺术 | 棉花、大枣、小麦、花生 | 粗瓷土、粗瓷药、玻璃石 | 磁器、砂货、烟煤、焦炭 |
| 冀县 | 无 | 拟办织工专科教授机织，改良土布各小学添授麦秆细工 | 小学加授麦秆细工并开办织工专科教授机织等办法，应即克期举办，如无款可筹，可就高小第三年经费先添职业班，并与实业局联合筹设，机织工厂，小学应酌加工用艺术应加授农业 | 栗、麦、高粱、棉、梨、枣 | 棉花子、牲畜皮、柳条、麦秆 | 瓦盆、便帽、炮竹、土布、布袋、褡子、带子、筐篮、簸箕、柳行李、麦辫 |
| 南宫 | 无 | 无 | 职业教育最关重要，该局长竟无具体办法，殊属不合。应就高小第三年经费改招职业班，科目以机织制油为主，初小应加工用艺术，农业或附设农工补习学校 | 棉花、落花生 | | 线毯、桌布、□子、套帽、土布 |

续表

| 县别 | 专设学校 | 各县职业教育计划摘要 | 应令摘要 | 物产 | | |
|---|---|---|---|---|---|---|
| | | | | 农产品 | 工料品 | 工商品 |
| 新河 | 无 | 拟设乙种实业学校 | 拟设乙种实业学校，既从已捐筹有的款，应即改职业学校，积极进行□一时，尚难筹办可先就高小第三年经费添招职业班，酌分农工两科以作物园艺为主，工以织染为主，俟办有成绩即成立职业学校 | 棉麦、谷、豆、红粱、花生、果品 | 麦秆、柳条、木材 | |
| 枣强 | 无 | 无 | 应就高小第三年经费改招职业班，酌分染织两科兼及鞣皮制毡并与实业局联合，筹设工厂以便实习，初小酌加工用艺术，农业或附设农工补习学校 | 五谷、棉花、梨 | | 羊毛线、合股线、皮货、毡帽、粗布 |
| 武邑 | 无 | 拟于初级小学内添设职业科，现在城内开一草帽辫传习所，以为兴办草帽工厂之张本 | 该县物产以织布辫席为大宗，职业教育计划书应以机织编物为主，以期适应社会需要，并添设机织苇席及帽辫各工厂以便学生实习 | 五谷、棉花、枣、梨 | 麦秆、柳条、荆条 | 苇席、粗布、草帽辫 |
| 衡水 | 无 | 初小添设编物并酌添农工商科，女校添蚕桑科 | 计划尚合，惟应添设校园学林工厂商店以便实习，至城乡高级小学现用新制编级，应将第三年经费添招职业班，酌分农工，农以作物园艺为主，工以制苇编发鞣皮造酒为主 | 五谷、棉花、果品、菜蔬 | 牛羊毛、骨、猪毛 | 酒、苇、笼篦、竹笙、发网、煤炭、缸瓦 |

续表

| 县别 | 专设学校 | 各县职业教育计划摘要 | 应令摘要 | 物产 | | |
|---|---|---|---|---|---|---|
| | | | | 农产品 | 工料品 | 工商品 |
| 赵县 | 无 | 高级小学注重工用艺术，俟筹有的款再令各高小添设职业班 | 各高小第三年经费可改为职业班经费，添设职业班，酌分农工两科，农科注重植棉接果，工科注重编物纺织并与实业局联合筹设农场工厂以便联系，初小应加授艺术，艺术农业并附设农业补习学校 | 棉花、雪花梨、鸭嘴梨、甜桃、五谷、麦 | 麦秆、柳条、荆条 | 土布、包皮布、筐、囤、水车、蓝白线布、草帽 |
| 柏乡 | 无 | 拟于东南西三区提倡帽辫，北区筹办纺织工业 | 该县产物以棉花小麦猪鬃羊毛为大宗，职业教育应注重机织编物，可就高小减级经费改为职业班收高小毕业生酌授棉织毛线各科兼学麦辫及制各种轧弹灌溉机器 | 棉花、小麦 | 猪鬃、羊毛 | 轧花机、□花机、水车 |
| 隆平 | 无 | 谋设职业学校注重农业 | 应就高小减级经费添招职业班，酌分农工两科，于本地重要农产详细讲授，并设试验场实习，选种施肥等法兼学农产制造酌授轧花纺纱织布编物等物 | 小麦、高粱、棉花 | 棉花绒、苇 | 土布、轧花车、苇席 |
| 高邑 | 无 | 无 | 就高小内添招职业班，以工业为主，酌分窑业造车纺织织物等科，至高初小学本年级学生应授麦秆编物各种细工以为职业准备 | 小麦、棉花、五谷、豆类、芝麻、红枣、花生 | 石灰石、干子土、槐木、麦茎 | 石灰、缸瓦、水车、陆车、香油、白油、黑油、棉布、白油饼、黑油饼 |

续表

| 县别 | 专设学校 | 各县职业教育计划摘要 | 应令摘要 | 物产 | | |
|---|---|---|---|---|---|---|
| | | | | 农产品 | 工料品 | 工商品 |
| 临城 | 城内高小附设毛线工厂，郝庄镇高小设有农事试验场 | 拟于高小校内添设职业班，初级小学课外增添职业实习 | 应在高小校内添设职业班，工业注重毛织棉绒，农业注重作物园艺及农产制造，并添设工厂农场增多实习钟点。初级小学应加授工用艺术或附设农工补习学校 | 谷子、高粱、小麦、棉花 | 羊毛 | 烧枣、毛线、土布、棉纱 |
| 宁晋 | 乙种实业学校一处 | 拟将乙种实业学校改组职业学校 | 该县职业学校应以纺纱织布为主，高初小学艺术一科，应授麦秆柳苇各种细工并酌量情形加授农业实习种植各法 | 小麦、草棉、美棉、五谷、酥麻 | 麻、柳条、柳芽、苇、棉籽、小菜籽 | 土布、苇席、挂面、铸铁器、柳条器、窑业、木杈、鞭炮、毛头纸、葛箔、麻绳 |
| 宣化 | 道立工业学校一处 | 注重农业各高初小学增授农学并勤加演说唤醒农民 | 现在高小既用新制编级，应就第三年减级经费先设职业班，收受高小毕业生，授以酿酒造纸酥皮绒毛各工并设工厂以便实习初小较高年级应加艺术农业或附设农业补习学校 | 高粱、黄谷、豆类 | 山羊皮、羊毛 | 麻纸、毡鞋、毡帽、皮褥 |
| 赤城 | 无 | 无 | 应就高级小学添招职业专科分习农工，农科于莜麦黄谷山药等特别讲授并种实习，工科以酿造鞣皮毛绒为主兼重农产制造 | 莜麦、红高粱、黄谷、山药 | 牛羊毛、牛马皮、羊皮、蓝靛、柳条、高粱秆、苇、白麻 | 毛毡、毛毯、皮袄、皮裤、簸箕、麻纸 |

续表

| 县别 | 专设学校 | 各县职业教育计划摘要 | 应令摘要 | 物产 | | |
|---|---|---|---|---|---|---|
| | | | | 农产品 | 工料品 | 工商品 |
| 万全 | 乙种工业学校一处，高小设商科一班 | 拟于织染两科外添设制鞋制帽两科，并设皮毛工厂及麻织物工厂各一处 | 乙种工业学校应改为职业学校，除织染两科外应加授制鞋制帽制革至□，各科尤应注重毛绒麻织，高级小学附设商业科，应延长年限以期养成商业较高人才 | 高粱、小米、马铃薯、大麻、玉蔓青 | 皮毛、麻、卤 | 皮货、毛货、麻绳 |
| 龙关 | 无 | 无 | 就高级小学内添招职业班，城镇注重工商，乡区注重农工 | 豆类、小麦、莜麦、荞麦、谷米、黍、胡麻、菜籽、杨柳、桦 | 毛、皮、麻、药材、赭石、磁石 | 白面、莜面、豆面、麻油、白酒、黄酒、麻绳、毛袋、毛毡、木炭 |
| 怀来 | 模范职工小学一处 | 于职工学校内添授石膏工制粉笔 | 职工小学应改组职业学校，招收高小毕业生，除原定科目外可加授毛织鞣皮酿造酒烧窑制纸编物等科 | 谷、稻、林、荳、麦、黍、苹果、梨、葡萄、桃、杏、沙果、核桃 | 羊毛、羊皮、猪毛、煤、石棉、石膏、干子土、红缸釉、苇麻、麻秆、甘草、知母、党参、麻黄 | 布毛巾、烧酒、皮件、酒麸、粗瓷缸、瓦盆、毛毡、苇席、麻纸、草纸、沙锅 |
| 蔚县 | 职业学校一处 | 各小学注重公卖室学校园工作部兼习工商各种知识 | 职业学校应注重麻绒毛织各品，高级小学添设职业专班，加授酿造窑业图案等科，初级小学酌加艺术农业 | 粟、高粱、黍、麻 | 麻、毛、菜籽 | 麻绳、毛毯、毡帽、毡鞋、沙器、窗花、刺绳 |

续表

| 县别 | 专设学校 | 各县职业教育计划摘要 | 应令摘要 | 物产 | | |
| --- | --- | --- | --- | --- | --- | --- |
| | | | | 农产品 | 工料品 | 工商品 |
| 阳原 | 艺徒学校一处 | 拟就原有学校妥筹得款设法扩充 | 艺徒学校应即改为职业学校并添筹款项于棉毛丝名种织品外加授窑业雕刻两科，高初小学亦应注重编物雕刻以为职业准备 | 麦、谷、黍、红粱、豆类、大麻 | 大麻、皮毛、土卤、燧石 | 粗瓷、鼻烟壶、图章、烟嘴、毛织物 |
| 怀安 | 乙种工业学校一所，机织工厂一处，柴镇两级女校内附设毛织科目 | 无 | 乙种工业学校应改组职业学校，与机织工厂联合办理，一收高小毕业生，一收年龄已大之初小毕业生，除棉织染色外，应加授毛织鞣皮编物制造各工，男女高小亦应添加职业班酌分农工两科 | 谷、黍、马铃薯 | 白土、羊毛、羊皮、苇、麻 | 毡鞋、毡帽、老羊皮袄、山羊皮袄 |
| 延庆 | 无 | 拟于山地平原地方建设职业学校，分农商等科 | 先就高小内添招职业班，分农商两科，注重实习以后再次第扩充分设专校 | 高粱、玉米、豆类、马铃薯、果品 | 羊毛、药材、杏仁 | 干果品、加釉、瓦盆、酒、毛鞋、毡鞋、木炭 |
| 涿鹿 | 实业工厂一处 | 拟设职业专校或就高小内附设职业班 | 办法均可，应即克期举办科目，应以毛织酿造为主，高初小学艺术一科应授麦秆柳条各种细工 | 高粱、大米、豆、大小麦 | 秫秆、麦茎、蒲草、柳条、蓝靛、大麻、槟麻子、羊毛 | 烧酒、黄酒、煮酒、青酱、草纸、白麻纸、槟麻油、毡鞋帽、蒲包、蒲扇、席子、笤帚、刷子、香草帽 |

资料来源：中华民国直隶教育厅编：《直隶职业教育与地方物产》，中华民国直隶教育厅编印1925年版，第11~50页。

　　根据表5-1可以发现，当时的直隶省各县所提供的本县农产品、工产品及商业品资料还是非常详细的，各县也针对各类产品的实际状况提出职业教育计划，教育厅对各县的计划作出评价，并给出更为具体的指导意见，按照这种思路去发展职业教育，其本土化程度自然会得到显著的增强。

（二）产业的兴盛是职业教育发展的经济基础

从职业教育本身来讲，"无论是规模的扩大，发展速度的加快，还是内部质的变化，职业教育都必须有一定的人力、物力、财力的投入，而这又是以一定的社会经济能力为基础的。地区的经济状况，尤其是财政状况的好坏，对职业教育的发展是有影响的"❶。职业教育若要保证可持续性的发展，首要的是打破人们轻视工业的观念，并保证当地经济产业的繁盛，因为经济产业的发展会为职业教育提供必要的物质和就业保证。它能够为创办职业学校奠定必要的硬件基础，其中包括经费、设备、校园基建和实习基地等，这是办好职业教育的根本。职业教育"这种上层构造自是依据经济构造以成形，且跟随经济发展以变迁的"❷。同时，社会经济发展所带来各行各业的兴盛能够提供更多的岗位，学生充分就业才能保证职业教育的正常运行及持续发展。而且"社会生产的规模越大，技术水平越高，社会化程度越高，社会生产中需受职业教育的劳动力人数越多，两者的动态关系就越明显"❸。职业教育与经济发展的关联可以理解为"唇齿相依、息息相关，是教育资源与经济资源的直接结合，是提高劳动者素质最直接、最有效的渠道，是培养绝大多数不同职业的实用型人才的教育。对个人而言，它能迅速提高劳动者的技术水平和劳动适应能力，大大增强其就业竞争力；对社会而言，它既有助于全体劳动者文化知识水平和教育程度的整体提高，又是解决结构性就业失衡的一把金钥匙"❹。因此，只有在产业兴盛后对技术人才有了更多的需求，职业教育才会有实质性的发展。

把目光再转向当下，我国在快速发展过程中，已经步入产业升级和转型期，如果要保持这种经济快速发展的冲力，必须大力发展新兴产业。而在新兴产业中，装备制造业、高新电子产业等将会成为我国未来的支柱产业，更确切点说，带有核心技术的支柱产业将会成为我国未来经济发展的重要增长点。在为新兴产业发展做好政策、经济等支持的同时，必须要保障高素质技术和管理人才的供给，产业的这种要求应该说既对当下的职业教育提出考验，也更是刺

❶ 许世建、张翌鸣、陶军明等：《职业教育预测与规划》，巴蜀书社 2010 年版，第 16 页。
❷ 李浩吾编：《新教育大纲》，南强书店 1930 年版，第 254 页。
❸ 许世建、张翌鸣、陶军明等：《职业教育预测与规划》，巴蜀书社 2010 年版，第 15 页。
❹ 杭永宝：《职业教育的经济发展贡献和成本收益问题研究》，东南大学出版社 2006 年版，第 127 页。

激职业教育发展的大好契机。

经济产业与职业教育常态性的关系分为几个阶段，首先是出现了新兴的各类产业，这些产业需要大量高质量技术和管理人才，然而此时职业教育所培养的人才无论在数量和质量上都没法满足产业的发展要求，会出现一个错位期。在这期间，职业教育就会自我调整和改革，甚至是扩大办学规模，以便培育出经济产业所需之人才，无形中职业教育伴随着产业更新、升级，自身也会进步。我国的职业教育起步并不是很早，因此教育理念以及专业设置等都处于不完全成熟状态，与产业的契合度也不够，只能是随着产业的变化而不断调整。与现代产业的勃兴相伴，经济产业及各类企业缺乏高质量人才的问题已经开始暴露，在这种背景下，职业教育培养人才时必须做到精准定位，以实现精准服务。此外各个区域还应该打造一些实力强劲、专业品牌突出的职业院校，以便形成该区域内的人才高地。

应该说经济产业尤其是骨干和支柱产业重心的转向直接决定了职业教育人才培养的目标和格局，当下我国的产业普遍以高端制造业、电子科技业、环境保护产业和各类服务业为主，之前那种高排放、高消耗、高污染的产业已经被淘汰或成为夕阳产业，劳动密集型的生产方式已经逐步退出历史舞台，产业的新老更替会带来人才需求市场的根本性变化，随之而来的必然是部分传统技术者难以找到工作，而新产业的人才需求又会出现空缺，由此职业教育自然会根据这种变化作出调整、变革，并且壮大自身的办学实力。

## 二、职业教育带动当地经济产业的发展

在经济产业的发展过程中，职业教育的助推力是必不可少的。职业教育通过提供生产技能来增强经济产业的生产效率，职业教育输出的现代技术与工艺可以促进产业的升级与换代，职业教育培养的高素养劳动力可以满足产业的多种需求。

当然，推广新式学科和技术也不是容易的，也有一个缓慢接受的过程，例如清末刘坤一的奏折中便提到这种情况，"惟劝农设学，闾阎生计攸关，叠饬各地方官详谕绅民，一体遵照，无如农氓椎鲁袭故安常，骤语以耕植新法，疑

信参半，且屡遭荒歉，款项难筹，官民力均未逮，现由上海农学报馆广译报章，颁行各属，俾乡里小民耳濡目染，藉开风气，而昭信从，则农学可以遍设矣"❶。民国时期，随着社会观念的逐步开放，职业教育越来越得到社会的认可，相应的职业教育发挥的功用也越来越大。

职业教育的典型载体是职业学校，一所职业学校的本土化程度较高，那么它就会很好地为本地经济产业发展服务。

黄炎培曾参观南通农业学校，对这所学校为社会服务的事迹进行了记录："余往参观时，棉尚未收，田间一白如雪，纵人观览。定明年一月十五日开棉作展览会。问主任孙君，其资本较之寻常农家有增加否？答无有。但种得稀，剪得透，约仅留九台为度，亦用通常肥料，但于配合及播种栽培上研究耳。该校以渐得社会之信用，乃仿欧美制度，设扩充部，分讲演会、俱乐部、贩卖部等，而以'贷种所'为联络农夫社会之主要方法。"❷

江苏省立第二农业学校也非常注重服务于社会，"近年农业教育界所提倡之乡村农民教育主义，本校行之已久。民国四年春，开农村小学教员讲演会于本校，各县来者甚多。五六两年，利用暑假，分往各县，集合农村小学教员开农业讲习会。七年以后，开办农村职业教员养成科，举行毕业三次近二百人。凡此皆为乡村农业教育谋间接之普及，藉以政进农业社会，而图将来之发展"❸。黄炎培调研该校，记载该校"分农科、蚕科，今岁苏属秋禾，大闹虫灾，该校农科二年级学生分头调查苏城附近农家之损失，列表统计，损失百分之四十。此食稻者为螟虫。治法将稻根拔下而烧之，否则明年必重发，祸且加烈。该校陈列许多病虫标本，并取螟虫所窟穴之稻根，聚作大堆，以示焚烧之模范。毕业生留校分科研究。费君毅祥专研究病虫害，又查得苏松一带麦之黑穗病甚烈。一□之间少数黑穗，因风力之传染；数传后可变多数。预防之法，惟有温汤浸种。将种子先浸于摄氏三十七八度之温汤中，然后播下。此法本极

---

❶ 《光绪二十五年二月 刘坤一奏》，载朱有瓛主编：《中国近代学制史料·第一辑·下册》，华东师范大学出版社 1986 年版，第 933 页。

❷ 《黄炎培记南通农业学校》，载朱有瓛主编：《中国近代学制史料·第三辑·下册》，华东师范大学出版社 1992 年版，第 223 页。

❸ 《王舜成〈述江苏省立第二农业学校之过去与未来〉》，载朱有瓛主编：《中国近代学制史料·第三辑·下册》，华东师范大学出版社 1992 年版，第 229 页。

易，但难使一般乡民得识恰好之温度。该校拟以同温度溶解之物分给乡民，使投是物于温汤，以其溶解而验得适宜之温度"❶。

以上种种行动和事迹都表明，职业学校在当地产业发展上还是起到了相当大的服务作用的。为了详细说明这个问题，本书选取民国时期的河北省立易县高级农业职业学校作为研究个案，分析这所学校对当地经济产业发展带来的功用。

（一）河北省立易县高级农业职业学校的发展历程

之所以选取河北省立易县高级职业学校作为个案，因它的发展计划比较周详，将科目设置、课程安排、校舍扩充、学生实习等各个方面要素都进行了非常细致的部署，而且这些计划都是贴近其自身以及河北省实际的。

追溯该校前身是河北省省立第八中学，1933 年 10 月改为河北省立易县初级中学，1934 年 7 月改为高级农业职业学校。1929 年易县奉令筹办职业教育，1930 年 1 月经省政府委员会议决，决定将梁格庄行宫作为职业班的校舍。1930 年 8 月，经农矿厅批准将行宫前面的官地及附近的官山拨给高级农业职业学校作为农场与林场。1931 年 5 月曾拟定了五年计划，打算一面扩充初级中学班，一面逐渐充实学校的教学实习设备，计划在 1935 年成立高级农业职业班。几年下来，各方面的筹备已经粗有规模，农场大约有 400 亩，林场有河滩地 200 亩及荒山 3 方里，并且在 1933 年成立职业补习班，一年毕业。

1934 年 7 月奉令改名为高级农业职业学校，停止招收初中班。每年招高小毕业学生两个班，5 年毕业，到 1938 年完成双轨制。在这 5 年中，首先要添班及设科，该校当时有初中二三年级各两个班，在当年暑假可以招收高级农职一年级两个班，初中班到 1935 年完全结束。高级职业班每年添招两个班，到 1938 年就有 10 个班。从 1934 年到 1936 年，计划专设农艺科，到 1937 年兼设园艺科，至于森林和畜牧两科，等五年计划完成之后可以再行决定是否设置。科目设置的理由如下。

1. 本校附近山陵平地具备，经营作物及果树均宜；

---

❶ 《黄炎培记江苏省立第二农业学校》，载朱有瓛主编：《中国近代学制史料·第三辑·下册》，华东师范大学出版社 1992 年版，第 231 页。

2.本校数年来设备特重作物及园艺两项，已置有相当农场及果园，采取教材比较不感困难；

3.本校学生多系本省中部农家子弟，按中部农业状况应先注重改良普通作物及园艺作物，是非设农园两科不足以应社会之需要；

4.农园两科设备比森林畜牧两科用款较少，兹当开办伊始在在需款，似以先设农园两科较易发展。❶

具体的计划是1934年开设高级农艺科两个班、初中四个班；1935年高级农艺科四个班、初中两个班；1936年高级农艺科六个班；1937年开办高级农艺科七个班、高级园艺科一个班；1938年开设高级农艺科八个班、高级园艺科两个班。从科目的设置上来看，该校还是在非常客观评估了自身的自然条件基础上，才作出的决定。表5-2、表5-3是在其五年计划中制定的农艺科和园艺科课程表。

表5-2　易县高级农业职业学校五年计划农艺科课程表

单位：课时

| 学科 | 第一学年 | | 第二学年 | | 第三学年 | | 第四学年 | | 第五学年 | |
|---|---|---|---|---|---|---|---|---|---|---|
| | 第一学期 | 第二学期 | 第一学期 | 第二学期 | 第一学期 | 第二学期 | 第一学期 | 第二学期 | 第一学期 | 第二学期 |
| 纪念周 | 1 | 1 | 1 | 1 | 1 | 1 | 1 | 1 | 1 | 1 |
| 公民 | 1 | 1 | 1 | 1 | 1 | 1 | 1 | 1 | 1 | 1 |
| 国文 | 4 | 4 | 4 | 4 | 2 | 2 | 2 | 2 | 2 | 2 |
| 算术 | 3 | 3 | 3 | 3 | | | | | | |
| 英文 | 3 | 3 | 3 | 3 | 2 | 2 | | | | |
| 地理 | 2 | 2 | 2 | 2 | — | | | | | |
| 历史 | 2 | 2 | 2 | 2 | — | | | | | |
| 物理 | — | — | 2 | 2 | 2 | | | | | |
| 化学 | 2 | 2 | 2 | 2 | | | | | | |
| 图书 | 1 | 1 | 1 | 1 | — | | | | | |

❶《河北省立易县高级农业职业学校五年计划》，《河北省教育公报》1935年第4期。

续表

| 学科 | 第一学年 | | 第二学年 | | 第三学年 | | 第四学年 | | 第五学年 | |
|---|---|---|---|---|---|---|---|---|---|---|
| | 第一学期 | 第二学期 | 第一学期 | 第二学期 | 第一学期 | 第二学期 | 第一学期 | 第二学期 | 第一学期 | 第二学期 |
| 体育 | 2 | 2 | 2 | 2 | — | — | — | — | — | — |
| 军事训练 | — | — | — | — | — | — | 3 | 3 | — | — |
| 生物学 | 3 | 3 | 2 | 2 | 2 | 2 | — | — | — | — |
| 土壤学 | — | — | — | — | 2 | 2 | — | — | — | — |
| 肥科学 | — | — | — | — | 2 | 2 | — | — | — | — |
| 作物学 | 3 | 3 | 2 | 2 | — | — | — | — | — | — |
| 棉作学 | — | — | — | — | — | — | 2 | 2 | — | — |
| 农艺化学 | — | — | — | — | — | — | — | — | 2 | 2 |
| 园艺学 | — | — | — | — | 2 | 2 | 1 | 1 | — | — |
| 畜牧学 | — | — | — | — | 2 | 2 | 1 | 1 | — | — |
| 测量学 | — | — | — | — | — | — | — | — | 3 | |
| 气象学 | — | — | — | — | — | 2 | — | — | — | — |
| 病害学 | — | — | — | — | — | — | 2 | 2 | — | — |
| 虫害学 | — | — | — | — | — | — | 2 | 2 | — | — |
| 蚕桑学 | — | — | — | — | — | — | 2 | 2 | — | — |
| 造林学 | — | — | — | — | — | — | 2 | 2 | — | — |
| 育种学 | — | — | — | — | 2 | 2 | 2 | — | — | — |
| 农业工学 | — | — | — | — | — | — | — | — | 2 | 2 |
| 农业推广 | — | — | — | — | — | — | — | — | 3 | |
| 农业合作 | — | — | — | — | — | — | — | — | — | 3 |
| 农场管理 | — | — | — | — | — | — | — | — | 3 | — |
| 农业经济 | — | — | — | — | — | — | — | — | 2 | 2 |
| 农田水利 | — | — | — | — | — | — | — | — | — | 2 |
| 农产制造 | — | — | — | — | — | — | — | 2 | 2 | — |

续表

| 学科 | 第一学年 | | 第二学年 | | 第三学年 | | 第四学年 | | 第五学年 | |
|---|---|---|---|---|---|---|---|---|---|---|
| | 第一学期 | 第二学期 | 第一学期 | 第二学期 | 第一学期 | 第二学期 | 第一学期 | 第二学期 | 第一学期 | 第二学期 |
| 农林社会 | — | — | — | — | — | — | — | — | — | 3 |
| 农村卫生 | — | — | — | — | — | — | — | — | — | 3 |
| 实习 | 18 | 18 | 18 | 18 | 24 | 24 | 24 | 24 | 24 | 24 |
| 合计 | 45 | 45 | 45 | 45 | 44 | 46 | 45 | 47 | 45 | 45 |

资料来源：《河北省立易县高级农业职业学校五年计划》，《河北省教育公报》1935年第4期。原表部分统计有误，已作更改，特此说明。

表5-3　易县高级农业职业学校五年计划园艺科课程表

单位：课时

| 学科 | 第一学年 | | 第二学年 | | 第三学年 | | 第四学年 | | 第五学年 | |
|---|---|---|---|---|---|---|---|---|---|---|
| | 第一学期 | 第二学期 | 第一学期 | 第二学期 | 第一学期 | 第二学期 | 第一学期 | 第二学期 | 第一学期 | 第二学期 |
| 纪念周 | 1 | 1 | 1 | 1 | 1 | 1 | 1 | 1 | 1 | 1 |
| 公民 | 1 | 1 | 1 | 1 | 1 | 1 | 1 | 1 | 1 | 1 |
| 国文 | 4 | 4 | 4 | 4 | 2 | 2 | 2 | 2 | 2 | 2 |
| 算术 | 3 | 3 | 3 | 3 | 2 | 2 | — | — | — | — |
| 英文 | 3 | 3 | 3 | 3 | 2 | 2 | — | — | — | — |
| 地理 | 2 | 2 | 2 | 2 | — | — | — | — | — | — |
| 历史 | 2 | 2 | 2 | 2 | — | — | — | — | — | — |
| 物理 | — | — | 2 | 2 | 2 | — | — | — | — | — |
| 化学 | 2 | 2 | 2 | 2 | — | — | — | — | — | — |
| 图书 | 2 | 2 | 1 | 1 | — | — | — | — | — | — |
| 体育 | 2 | 2 | 2 | 2 | — | — | — | — | — | — |
| 军事训练 | — | — | — | — | — | — | 3 | 3 | — | — |
| 生物学 | 3 | 3 | 2 | 2 | 2 | 2 | — | — | — | — |
| 植物生理学 | — | — | 2 | — | — | — | — | — | — | — |
| 园艺学 | 2 | 2 | 2 | — | — | — | — | — | — | — |

续表

| 学科 | 第一学年 | | 第二学年 | | 第三学年 | | 第四学年 | | 第五学年 | |
|---|---|---|---|---|---|---|---|---|---|---|
| | 第一学期 | 第二学期 | 第一学期 | 第二学期 | 第一学期 | 第二学期 | 第一学期 | 第二学期 | 第一学期 | 第二学期 |
| 果树园艺 | — | — | — | 2 | 2 | 2 | — | — | — | — |
| 蔬菜园艺 | — | — | — | — | 2 | 2 | 2 | — | — | — |
| 花卉园艺 | — | — | — | — | — | 2 | 2 | — | — | — |
| 温室园艺 | — | — | — | — | — | — | — | — | 3 | — |
| 造庭园艺 | — | — | — | — | — | — | — | — | — | 3 |
| 促成栽培 | — | — | — | — | — | — | — | 3 | — | — |
| 育种学 | — | — | — | — | — | — | 2 | 2 | — | — |
| 土壤学 | — | — | — | — | 2 | 2 | — | — | — | — |
| 肥料学 | — | — | 2 | 2 | — | — | — | — | — | — |
| 气象学 | — | — | 2 | 2 | — | — | — | — | — | — |
| 作物学 | — | — | 2 | — | — | — | — | — | — | — |
| 造学林 | — | — | — | — | 3 | — | — | — | — | — |
| 畜牧学 | — | — | — | — | — | — | 2 | — | — | — |
| 农产制造 | — | — | — | — | — | 2 | — | — | — | — |
| 农艺化学 | — | — | — | — | — | — | — | 2 | 2 | — |
| 农场管理 | — | — | — | — | — | — | — | — | — | 3 |
| 农业推广 | — | — | — | — | — | — | — | — | — | 3 |
| 农田合作 | — | — | — | — | — | — | — | — | — | 3 |
| 病害学 | — | — | — | — | — | — | 2 | 2 | — | — |
| 虫害学 | — | — | — | — | — | — | 2 | 2 | — | — |
| 测量学 | — | — | — | — | — | — | — | — | 3 | — |
| 实习 | 18 | 18 | 18 | 18 | 24 | 24 | 24 | 24 | 24 | 24 |
| 合计 | 45 | 45 | 53 | 49 | 45 | 44 | 43 | 42 | 36 | 40 |

资料来源:《河北省立易县高级农业职业学校五年计划》,《河北省教育公报》1935 年第 4 期。原表部分合计数据有误,已作更改,特此说明。

从表 5-2、表 5-3 可以看出，易县高级农业职业学校基础课和专业课的门类较为齐全，而且学时比重安排还是比较合理的，专业课所占的份额足量。更为可贵的是，该校非常注重实习课在各个学期的份额，基本占到总课时的一半，能够让学生得到更多实地锻炼的机会。

易县高级农业职业学校对硬件设施的发展，也有非常细致的规划，以便将来扩大办学规模。在校舍上，该校有中学生 4 个班，住在易县城内的校舍之中；高职学生两个班，住在梁格庄的行宫校舍，两校舍相距十五里地，校长与各教职员来往于两校舍十分不便，因此计划在 1935 年将初中班迁到行宫校舍，之后结束初中班，逐渐增加高职班，到 1938 年预计有高职 10 个班，一直以行宫为校舍。行宫一共有房舍 200 余间，在 1930 年接收前被人拆毁不少，在过去的数年间又修缮出 50 余间，曾于 1933 年作为职业补习班的教室、实验室、宿舍、饭堂及教职员的宿舍之用。现今既然合并校舍，需要将全部房屋予以修缮，不足之数目需要逐年建成。具体的划分上，行宫西院有旧房子 160 余间，修缮之后有 80 余间作为学生宿舍，勉强能够容纳 6 个班的学生，因此计划于 1934 年修理完整，大约需要用款 7800 元，同时还需要 300 元添置器具。计划在 1936 年和 1937 年两年内新建宿舍 30 间，大约用款 6000 元。

易县高级农业职业学校仅有两个教室，因此计划在 1934 年改造西院的旧房子，新添 3 个教室。同时要建设一个仪器室，大约用款 600 元，添置器具大约用款 300 元。1935 年建设 4 个新教室，1936 年、1937 年和 1938 年各建成 2 个教室，共计新建教室 10 个，大约用款 10000 元。等新教室建成，旧教室可以改成学生及教职员宿舍。实验室主要包含植物实验、作物考种、土壤肥料检查、化学分析及病虫研究等，计划于 1935—1937 年每种实验室各建一所，大约用款 3000 元。至于办公室及成绩陈列室，行宫的正院有一所大厅，面积巨大，内部宽敞，计划在 1934 年修理完整，先作为教室两个，等新教室建成，再充作联合办公室及成绩陈列室，并且划出两间充作仪器标本室，修理费大约需要 1000 元。因为学校校区处于偏僻的山间，因此教职员全部住校，现在教职员的宿舍及办公室仅有 10 间，不够使用，计划在 1934 年就原有的旧房子进行修理，整理出 14 间，大约用款 800 元。1937 年和 1938 年每年再新建立 5 间，大约用款 2000 元，此外，还计划建立教员参考室一间，约需 800 元的经费。易县高级农业职业学校当时有农具室、仓库及农畜室各 5 间，不够使用。计划在 1936 年建造农具室、仓库及农畜室各 5 间，大约用款 3000 元。农产制造必须有专门的房间，计划在 1937 年建筑农产制造室一座，大约用款 1500 元。浴室关乎学校师生卫生，必须建筑，因此计划在 1934 年新建浴室 5 间，以供学校师生洗浴，大约用款 1000 元。之前职业补习班的学生食堂已经被改成礼堂及合班教室，将来还要改作图书馆，因此学生食堂不得不新建，计划在当年 8 月将旧房子修理完整作为食堂，将来兼作礼堂使用，用款大约 350 元。厨房、茶炉、洗漱、饮茶、调养、理发、储存、警卫室及厕所等，必须在近期修理完毕，大约需要 1050 元。此外计划于 1934 年和 1935 年新建厕所 10 余间，大约需要大洋 600 元。举行各种集会及农产展览，急需要宽敞的礼堂，鉴于当时经费拮据，只能就教室或者食堂暂时将就使用，等将来学生人数增多，计划于 1938 年另行建设一新礼堂，用款约 6000 元。行宫中院的游廊之前被人拆毁了 17 间，为了节省经费起见，计划将食堂前的破败游廊拆除接补中院的游廊，大约用款 500 元，且西部院墙过低，加高修补大约需要 700 元。

在场地的添设上，首先要扩大校址。行宫总共分为中、东、西三个区域，易县高级农业职业学校在 1930 年接收了中西区，而东区则成了车马库、饽饽房及泛房等，归西陵委员会保管。1933 年该会将东区拆毁变卖，剩下 12 亩有余的空场。易县高级农业职业学校因为班级和学生数量逐年增加，仅仅中、西两个区域不够使用，而在行宫的东部建设新教室、实验室及大礼堂是非常合适的。易县高级农业职业学校与西陵委员会已经谈妥，实行租借，每年每亩地是 3 元。在地面平垫之后。逐年按计划建设各种建筑，计划在 1935 年建设围墙 110 丈，连带铲除破碎砖石，大约需要 1200 元。其次是添设农场，易县高级农业职业学校当时有普通作物实习场 200 亩，只能容纳 100 名左右的学生进行实习，因此计划在 1935—1937 年再添置 280 亩，大约用款 8400 元。总计有普通作物实习农场 480 亩，足够 8 个班的农艺科学生实习。易县高级农业职业学校除了果园有相当的基础外，还缺乏合适的菜园，为了方便园艺科的学生实习，计划 1936 年在学校的附近购买菜园 20 亩，大约用款 1000 元。易县高级农业职业学校的四周山水环绕，草木都非常茂盛，因此非常适合开办畜牧科，当时该校已经购置种鸡、种猪、种羊，但是没有牧场，还是不能够长远发展。计划在 1937 年添置一处牧场，连同建筑鸡舍、猪舍及羊舍，大约用款 3000 元。温室温床是园艺科学生研究蔬菜花卉必须的实习场所，因此该校计划于 1938 年建筑温室一座，温床 10 组，大约需要经费 1200 元。运动场是学生锻炼身体和军事训练的场所，需要面积宽大，但是当时该校的运动场只有两亩，根本不够。因此计划于 1935 年在该校附近买 10 亩地作为操场，大约用款 500 元。根据易县高级农业职业学校的地形来看，必须用井水才能灌溉，而且该校的田地还逐年增加，因此必须相应增加井眼。该校计划 1935—1938 年，按照每 50 亩地一眼井计算，一共需要添设 6 眼井，大约用款 840 元。拉车犁地还需要牲畜，该校当时有 4 匹马，随着土地的增加必须添置牲畜，因此计划 1935—1938 年共添 4 匹骡子，大约用款 480 元。第二林场原来是荒山，地质较为干燥，造林比较困难，所以栽种果树也缺少水源。但是此地有数条深沟，纵横蜿蜒，在西南面仅有两个狭长的口子，每次下雨沟中的雨水都从口子那里流走，实在可惜。如果设置一个坚固的闸坝，足可以储存丈高有余的雨水，长时间用储存的雨水灌溉，干燥的荒山就可以变为润泽，种植果树则收益不菲。这种工程需要的经费巨大，计划在 1937 年和 1938 年各用 1000 元来修筑堤坝，如果修建成功，既可以减少山洪的暴发，还能用于荒山的灌溉。

该校图书馆仪器及标本，一直以来是不够学生使用的，关于农业科的专门书籍和标本尤为缺乏，在 5 年内易县高级农业职业学校计划要购置如表 5-4 所列物品。

表 5-4　易县高级农业职业学校图书仪器标本购置五年计划表

| 品名 | 数量 | 价格（元） |
| --- | --- | --- |
| 高倍显微镜（架） | 1 | 500 |
| 扩大镜（个） | 40 | 40 |
| 切片机（具） | 1 | 600 |
| 解剖器（盒） | 40 | 200 |
| 植物生理测量器（套） | 1 | 150 |
| 照相器（组） | 1 | 100 |
| 气象仪器（台） | | 1000 |
| 玻璃器皿（套） | | 400 |
| 普通理化仪器（台） | | 1000 |

续表

| 品名 | 数量 | 价格（元） |
|------|------|-----------|
| 参考书（本） |  | 1500 |
| 显微镜（架） | 15 | 3000 |
| 定温箱（具） | 1 | 500 |
| 手切片刀（把） | 40 | 200 |
| 植物生长测量器（套） | 1 | 150 |
| 土壤仪器（台） |  | 1000 |
| 天平（架） | 14 | 1400 |
| 测量仪器（台） |  | 500 |
| 药品 |  | 400 |
| 昆虫植物标本各种挂画 |  | 500 |
| 合计 |  | 13140 |

资料来源：《河北省立易县高级农业职业学校五年计划》，《河北省教育公报》1935 年第 4 期。

农具及制造器械为学生实习的必须用具，只有达到人手一份普通农具，才能便于使用和保管，但是为了节省经费起见，易县高级农业职业学校暂时按两个人一份购买农具，交换使用。特殊的器具，以不耽误工作为原则，例如消防设备也是学校所必需的，5 年内应该添置的各项工具如表 5-5 所示。

表 5-5　易县高级农业职业学校农具及制造器械购置五年计划表

| 品名 | 数量 | 价格（元） |
|------|------|-----------|
| 锄（把） | 200 | 200 |
| 铁锹（把） | 200 | 160 |
| 铁耙（把） | 100 | 80 |
| 移植铲（把） | 50 | 25 |
| 耙（具） | 4 | 40 |
| 脱粒器（具） | 4 | 80 |
| 水车（架） | 6 | 800 |
| 剪枝剪（把） | 200 | 400 |
| 修树锯（把） | 20 | 20 |
| 手推车（辆） | 20 | 150 |
| 制造器械 |  | 1000 |
| 消防设备 |  | 1000 |

续表

| 品名 | 数量 | 价格（元） |
|------|------|-----------|
| 镰（把） | 200 | 60 |
| 镐（把） | 200 | 200 |
| 小锄（把） | 200 | 100 |
| 轧花机（具） | 4 | 150 |
| 喷雾器（具） | 4 | 200 |
| 接树刀（把） | 200 | 100 |
| 大车（辆） | 2 | 200 |
| 畜牧用具 | | 200 |
| 制造用具 | | 100 |
| 合计 | | 5265 |

资料来源：《河北省立易县高级农业职业学校五年计划》，《河北省教育公报》1935 年第 4 期。原表中合计数据有误，已作更改，特此说明。

关于添设班级及科目，各科的研究、经营与推广还需要逐年增加经常费才行，而充裕的开办费则可以确保校舍的及时修整增建，以及图书仪器农具的及时添置和场地的扩充。易县高级农业职业学校根据教育部职业学校规程的第 18 条规定，即职业学校各科的开办费，必须以具有相当建筑物及充分的设备为原则，中等农业职业学校的校舍建筑费大约为 50000 元，设备费是 30000 元，购置附属农场及林场还需要另行筹备购买费。易县高级农业职业学校的城内校舍距离农场太远，只能作为他用，行宫校舍因为遭到破坏也不够用，需要全部修缮并加盖新的房舍，图书仪器还需要添置，农场、菜园和牧场都处于缺乏的状态，前面所有的项目都计算起来，校舍的修理和建筑需要 50000 元左右，购买图书仪器和农具等需要 20000 元左右，扩大场地苗圃需要 15000 元左右，总计是 85000 元左右，这个数字包含了所有必需的款项，并且还是节俭计算后得出的结果。1934 年之后，还要添置桌椅、板凳、床铺、书架、仪器、标本、橱柜及实验桌等，都要从这个经费中拨出。增设其他科目，还需要另行制定计划。表 5-6 是 5 年内需要新建房舍及购置图书仪器的计划表。

表 5-6　易县高级农业职业学校新建房舍及购置图书仪器五年计划表

单位：元

| 1934 年 | | 1935 年 | | 1936 年 | | 1937 年 | | 1938 年 | | 总计 |
|---|---|---|---|---|---|---|---|---|---|---|
| 修理校舍 | 8600 | 建筑教室 | 4000 | 建筑教室 | 2000 | 建筑教室 | 2000 | 建筑教室 | 2000 | |
| 购买普通器具 | 600 | 建筑实验室 | 1000 | 建筑实验室 | 1000 | 建筑实验室 | 1000 | 建筑教员宿舍 | 1000 | |
| 建筑浴室 | 1000 | 建筑院墙 | 1200 | 建筑学生宿舍 | 3000 | 建筑学生宿舍 | 3000 | 建筑教员参考室 | 800 | |
| 接补游廊 | 500 | 建筑厕所 4 间 | 200 | 建筑农具室 | 1000 | 建筑教职员宿舍 | 1000 | 建筑大礼堂 | 6000 | |
| 接补院墙 | 700 | | | 建筑农畜室 | 1000 | 建筑农产制造市 | 1500 | 建筑牧场房舍 | 1000 | |
| 建筑厕所 | 400 | | | | | | | 建筑温室温床 | 1200 | |
| 合计 | 11800 | | 6400 | | 8000 | | 8500 | | 12000 | 46700 |
| | | 田地 | 3000 | 田地 | 3000 | 田地 | 2400 | 储水池 | 100 | |
| | | 运动场 | 500 | 菜园 | 1000 | 牧场 | 2000 | 井 | 280 | |
| | | 井 | 280 | 井 | 280 | 储水池 | 1000 | 骡 | 240 | |
| | | 骡 | 120 | 骡 | 120 | | | | | |
| 合计 | | | 3900 | | 4400 | | 5400 | | 620 | 14320 |
| 图书仪器 | 3500 | 图书仪器 | 4600 | 图书仪器 | 2000 | 图书仪器 | 1600 | 图书仪器 | 1440 | |
| 农具 | 500 | 农具 | 1200 | 农具 | 1000 | 农具 | 1000 | 农具 | 2010 | |
| 合计 | 4000 | | 5800 | | 3000 | | 2600 | | 3450 | 18850 |
| 总计 | 15800 | | 16100 | | 15400 | | 16500 | | 16070 | 79870 |

资料来源：《河北省立易县高级农业职业学校五年计划》，《河北省教育公报》1935 年第 4 期。原表部分统计数据有误，已作更改，特此说明。

　　根据表 5-6 可以看出，易县高级农业职业学校在设施上还有很多需要修补和填充之处，但经费短缺使它只能一步一步去解决上面的问题。根据几个列表来看，该校需要巨额的经费才能购置必需的教学器材并修缮校舍。但是根据当时的情况来看，不仅仅是易县，就是河北省也未必能划拨出如此多的经费去支持它。可以说，易县高级农业职业学校制订的计划很多地方都是应然的，但是实际经济条件的制约，会使其计划的实现大打折扣。

（二）河北省立易县高级农业职业学校的育种改良与推广

河北省立易县高级农业职业学校非常注重各种农产品种子的培育和改良，在经过多次试验后，取得成功的种子，发放给周边地区的农民并向社会销售，及时进行推广，以促进农业产品的更新。

先介绍一下该校农艺科的试验具体流程和效果。第一，该校对小麦进行育种，认为纯系育种是改良小麦的唯一途径，1934 年夏天该校分赴各处采集麦穗，经过分别归类，一共结出了 1880 穗，并且于秋天开始播种。育种程序是第一年单穗试验，第二年二秆试验，第三年五秆试验，第四年十秆试验，第五年高级试验，第六、第七年繁殖纯种，所得到的种子即行在农村进行推广。当年夏天，该校的职业补习班在易县各村庄采选小麦 2200 穗，经过脱粒归类之后，检查麦壳麦粒的形状和色泽，分成了 8 类，都属于普通小麦中的裸小麦，共选取了 1709 穗。当年秋季即行播种，每穗种植 1 行，以 10 行为一个单位进行观测，共种了 1880 行，用本地最优良的大头白小麦作为标准品种。根据到田间实地考察，麦秆不倒、穗形大、早熟和能够抗病虫害的，都已入选。当年共选了 700 个品系，二秆行试验材料，在秋天已经播种。

第二是粟的育种，因为粟是华北民众的主要粮食种类，如果粟种混杂会极大影响华北农产品的总产量，必须设法进行改良。根据研究，改良的唯一途径还是纯系育种，该校计划自 1935 年起向河北省各县征集优良的粟种子，先作为试验品种进行观察，凡是能够适应河北气候并生长良好的种子都选留下来，1936—1937 年，进行两次样品种子的试验，凡是属于丰产的种子就可以繁殖再予以推广。但是同一品种互相之间性质本不相同，产量上还是有高低的，所以该校拟于 1937 年在繁殖区内选几千粟穗子，进行纯系育种，育种的程序与小麦相同。1934 年该校谷子的培育采用了十秆行法，所采用的材料是从易县等 15 个县征集而来，一共 28 个品种，用易县齐头白谷作为标准品种，以比较其他品种的优劣。田间的排列是有规则的，每区一行，每隔四行置一标准，重复九次共种十次。运用洛夫氏修改法计算产量，改算因数为 0.5。生长期间，观察生产状况，并计算出米率，作为取舍的参考。试验的结果，与标准品种产量相差太大的有 5 种，直接淘汰。略低于标准品种产量的有 7 种，略高于标准品种产量的有 9 种，下一年均留在十秆行内进行试验。产量明显高于标准品种的有 7 种，次年直接进入高级试验。表 5-7 是优良品种的实验结果。

表 5-7 河北省立易县高级农业职业学校优良谷种试验结果

| 品种 | 原产地 | 每亩产量（市斤） | 增收百分比（%） | 出米率（%） | 米色 |
|------|--------|------------------|-----------------|-------------|------|
| 齐头白 | 易县 | 360 | 0 | 78 | 黄 |
| 棒谷 | 交河 | 383 | 6.4 | 80 | 黄 |
| 水牛腿 | 漕河第三场 | 418 | 16.5 | 77 | 黄 |
| 大黄毛山 | 易县 | 446 | 23.8 | 76 | 黄 |
| 黑谷 | 齐河 | 451 | 25.5 | 79 | 黄 |
| 龙爪谷 | 深县 | 462 | 28.5 | 76 | 黄 |
| 黄谷 | 吴桥 | 464 | 28.9 | 80 | 白 |
| 白米谷 | 易县 | 494 | 37.1 | 84 | 白 |

资料来源：《河北省立易县高级农业职业学校农林场民国二十四年工作概况》，《河北省教育公报》1936 年第 18 期。

该校虽然已经进行了谷子品种的比较试验，但是依然感到品种不够全面，恐怕有所遗漏，所以 1935 年的秋天除了向天津、邢台及沧县各省立农事机关委托代选谷穗外，还派人沿着平汉路分别前往获鹿、正定、定县、博野、安国、清苑、徐水、新城、涞水及易县采选优良的谷穗，并且向建设厅农产品评会领到遵化、临榆等 27 县的优良谷穗 50 种，总计 4000 余穗，以备来年再进行谷穗的试验。

第三，在美棉育种方面，该校于当年收获的美棉获得社会的好评，并且定于 1935 年春天以该校第三农场为中心，做第一次推广，然后对种子的品质进行考察。育种的程序首先是选取良种。该校于当年由山东引进 76 号脱籽棉，成绩还不错，算得上是良种。但是美棉因为变更了种植土壤而使得产量低下，故需要选择其中的优良部分来维持美棉固有的优点。选择的程序是于 1935 年在田间就所培育的选择其中较好的 2000 株，再经过细致筛选留下 1000 株。1936—1939 年进行四次选良繁殖，逐渐增加占地面积，最后将得到的种子发给农民，进行第二期的推广，同时将第一期的棉种再收回来。在纯系育种上，计划在 1935 年春天向国内各个农业部门征集优良的脱籽棉种子并分区种植，作为纯系育种的材料。具体程序是第一年进行株选，第二年对所选的棉株进行试验，第三年是五秆试验，第四年是十秆试验，第五年进行高级试验，第六年至第八年进行纯系繁殖，占地面积逐渐扩大，最后将所收获的棉种在农村广泛推广，同时将第二期推广的棉花种子收回。如此保持这种纯系育种的方式，则地方纯棉花种就能够长久维持下去了。1935 年，该校对美棉进行试验，目的是比较各种美棉的产量及品质，作为采种推广的根据。所用的材料为斯字第 4 号、临清脱字 76 号、齐东脱字 36 号及正定脱字棉 4 种，与本校脱字棉作比较，共计 5 种。用 5×5 拉丁方排列。计算产量时，采用变量分析法，室内考种，注重区分，织维长度及成熟期等项。试验的结果，以斯字 4 号美棉产量及品质均较为佳良。表 5-8 是棉种的试验结果。

**表 5-8 河北省立易县高级农业职业学校优良棉种试验结果**

| 项目 | 本校脱字 | 正定脱字 | 临清脱字 76 号 | 齐东脱字 36-2 号 | 南京斯字 4 号 |
|---|---|---|---|---|---|
| 每亩产量（市斤） | 215 | 193 | 177 | 189 | 223 |
| 衣分（%） | 50 | 29 | 27 | 31 | 33 |
| 织维长度（厘） | 26.4 | 25.9 | 26.7 | 26.1 | 31.9 |

资料来源：《河北省立易县高级农业职业学校农林场民国二十四年工作概况》，《河北省教育公报》1936 年第 18 期。

　　1935 年春在该校农场棉田内选取各种美棉 551 株，经过考种后，选留了 281 品系，包含脱字棉、斯字棉及对花棉三种。此项材料系来年株行试验用。秋天，学生在棉田内采取优良棉株单铃 4000 余朵，并作为第二年充铃的材料。美棉株的行距大小，对于棉花产量的影响甚大，虽然有不少的机关已经进行多次试验，但是因为品种和气候的关系，在产量上还是有非常大的出入，所以该校计划进行棉株距离的试验。行株的距离共分为六种，运用随机排列法，重复三次，共种了四次。采用变量分析法计算产量，结果行距二尺半株距一尺半的距离，产量是最高的。但是当年夏天大旱，棉株生长得不是很理想，所以当年的试验结果，恐不准确，因此计划在 1936 年再继续进行试验。表 5-9 是株距与棉花产量关系分析表。

表 5-9　河北省立易县高级农业职业学校株距与棉花产量关系分析表

| 试验项目 | 1/2 | 1.5/2 | 2/3 | 1/2.5 | 2.5/2.5 | 3/3.5 | 平均总数 |
|---|---|---|---|---|---|---|---|
| 每亩产量（市尺） | 79 | 62 | 70 | 78 | 86 | 72 | 74.5 |
| 平均数百分率（%） | 106 | 85 | 94 | 115 | 115 | 96 | 101.8 |

注：试验项目中 1/2，指株距 1 尺、行距 2 尺，以此类推。
资料来源：《河北省立易县高级农业职业学校农林场民国二十四年工作概况》，《河北省教育公报》1936 年第 18 期。原表部分统计数据有误，已作更改，特此说明。

此外，该校还进行了美棉摘心去杈试验，因为在华北栽培美棉，必须摘心去杈，但在育种试验上，却不能观察棉株的本来形态，因此其产量的统计也不够准确，所以要进行摘心去杈的试验，试验的品种为临清脱字 76 号，运用随机排列法，重复三次，采用变量分析法计算其产量，试验的结果表明不摘心去杈的产量较高，但是差异并非十分明显，加上当年大旱，因此试验结果并非完全可靠。美棉的栽培要注重经济性，该校使用 27 亩的土地，采用最经济的栽培方法，以计算其纯收益，试验结果表明每亩纯收益为七元一角。该校还有盐碱地一段，土味苦咸，曾经栽种过其他的作物，收成都不好。1935 年该校改变了整理土地的方法，即在耕地时每隔 2 丈设一排水沟，大约有 1 尺深，1尺宽，这样只要下雨，碱分自然融到雨水当中流走，作物自然就可以生长了。当年种植脱字美棉 13 亩，行距是 2 尺，株距 1.5 尺，除了摘心去梢的稍微晚点以外，一切管理事宜与普通棉田相同。试验结果是每亩收获 136 斤，售价15 元。

第四，除虫菊的栽培。因为除虫菊的花菜叶都有杀虫的效力，在农业中运用得较为广泛。但当时中国的除虫菊粉一概是由日本引进，可见这方面的技术中国还是十分落后的。鉴于这种情况，易县高级农业职业学校于 1934 年春天播除虫菊种并培育苗床，秋天移植到果树的中间，大约有 6 亩。完后，计划在 1935 年起采除虫菊的花制成药剂以便供给农民驱虫之用。同时，继续采种繁殖，并向社会上广泛推广。1934 年 4 月下旬开始播种，8 月上旬定种，行距是 0.5 尺，株距 1 尺，每小坑植苗 3~4 株，冬天用树叶和土进行覆盖。1935 年春天 4 月的时候除去覆盖物。除了一部分作为采种外，5 月中下旬取花，每亩取干花 60 斤，售给南京中央农业研究所及上海除虫菊粉公司，每斤价值 5 角，每亩收获 30 元。

下面再介绍下园艺科的试验及推广状况。因为该校限于财力，首先从果树入手，到 1936 年再逐渐扩充菜园、花园及温室等，以便园艺科的学生进行实习。园艺科五年计划的第一项是果树，该校的第二农场都是山坡地，如果栽植果树还是非常适宜的，并且在过去的两年间已经栽培苹果、葡萄、桃、杏、李子和梨等，共计 1900 余株。此后因班级增加还是不够学生进行实习之用，所以计划在 1935 年起对各种果树扩充至 3000 株，共计占地大约 150 亩。第一是苹果的培育，当时易县高级农业职业学校拥有红魁、黄魁、初笑、旭、红胶、香蕉、柳玉、华锦及国光等品种，共计 900 余株，占地 60 亩，专门进行经济试验。为了增加学生识别品种的能力，计划于 1935 年春天再搜集中外多种苹果种类，栽种一个区，对各种品种做试验和比较，预计五六年就可以看到效果。对于结果较多的品种，再行培植更多的树株，并对附近的农民进行推广。第二是葡萄的培植，当时易县高级农业职业学校有葡萄藤 600 余株，品种主要有玫瑰香、色葡萄、元帅、晚白、鸡心、晚黑等，共占地 10 亩。因为所在地势倾斜，一律采取双枝及水平整枝，在当年已经有结果的枝藤，并且效果非常好。因此易县高级农业职业学校计划在 1935 年的春天再种植 400 株葡萄藤，形成千株葡萄园，这样预计在三四年之后每株可以收获葡萄十余斤。第三是桃李杏梨的培植，易县高级农业职业学校当时有深州蜜桃、肥城桃、玉露扁桃及离核桃等，一共栽培 150 株；李子有黄李和红解；杏有金奎杏及缫丝红等，共计 150 余株，一律培养杯状树形。此后易县高级农业职业学校继续搜集优良的品种，将其进行扩充，进行试验。当地梨的品质不佳，所以让学生继续搜集国内上等梨种，并且开辟一等梨种区，在各个品种之间进行比较试验。等培育出优质的品种，再行大面积栽培。第四是关于柿子、胡桃及山楂的栽培，因为易县当地出产这三种作物较多，获利也较为丰厚，易县高级农业职业学校第二农场东北面有数条山沟可以栽培这几种作物。计划自 1935 年起根据沟壑的地势方向分别栽种，预计 4 年内可以栽植 200 株。1934 年冬天，检查已活的果苗大约有千株，除了 1935 年春天预定栽植于第二农场和出售的以外，其余的暂行嫁植。1935 年春夏两季仍实行各种果苗的嫁接和繁殖。有苹果苗 69 株，梨树苗 53 株，山楂 56 株，桃树 201 株，杏树 64 株，柿子树 24 株，核桃 55 株，栗子树 50 株，石榴 111 株，葡萄 200 株，共计 883 株。同时，该校还补栽了原来的果树区并开辟新果树区。已栽果树区内有不少的缺株，1935 年春天进行补栽，多数株苗已经成活。又在旧葡萄区的西边，开辟 5 亩的土地，栽植玫瑰香等葡萄 700 余株。之后，又增开 5 亩的苹果品种区。有苹果树 922 株，桃树 130 株，李子树 137 株，杏树 99 株，梨树 77 株，葡萄 1357 株，总计 2722 株。此外尚有山沟一处，已经栽满黑枣树 100 株，以备嫁接柿子树。同时，该校还积极进行防病虫害的工作。当时已经发现数种葡萄的病害。因此从 5 月起，每隔两三个星期，喷四斗式波尔多液一次，基本能杀除各种病害。但是有一种茎腐病，还没有得到有效的根除方法，因此还在研究当中。苹果、桃及杏树的蚜虫，经过杀除之后，用棉油乳剂及 1200 倍硫酸盐精水喷射，十分有效，以后将继续进行试验。

其次，在蔬菜的培植上，该校已经于第三农场内划出两亩地，使农艺科的学生可以进行蔬菜栽培的实习，将来添设园艺科时仅仅有两亩地可能是不够用的。因此计划在 1936 年添设一处 20 亩的菜园，先注重普通蔬菜作物的栽培，之后再进行促成栽培和软化栽培。普通作物以白菜、葫芦、胡瓜、茄子、南瓜及菜豆为主，促成栽培以胡瓜、菜豆、茄子及草莓为主，软化栽培以韭黄、葱白及石刁柏为主。各种栽培均非常注重经济效益，务必使学生熟练掌握栽培技术，以至于毕业后可以独立经营。该校的蔬菜园不是很充裕，仅在作物场开了 5 亩地，由学生栽植普通的蔬菜，以供学校自己使用。等有相当的地址后，再研究其栽培方法及品种改良。在花卉和庭院方面要先注重露天花卉，等温室建成之后，再注重温室花卉。因为易县高级农业职业学校的校舍是清代行宫改建而成，环境优美，地势宽大，因此可以根据固有的形式，按照庭院的技术进行点缀和布置，等一两年后就校前第一农场改作花园，重新建设。该校备有花卉百余种，除了供应教材试验以外，还可以观赏用。但是冬天无法保存，1935 年冬天建筑花窖 5 处，以便进行大规模的花卉试验。

易县高级农业职业学校的农园两科还有附属事业，就农艺科来看，以普通作物为主，园艺科则以园艺作物为主。但是根据农家的性质及该校的实际状况，还需要附带设置畜牧及造林等科目，畜牧范围较广，根据环境来看，畜牧在 5 年内的计划是先从鸡、猪、羊及蜜蜂入手，以这几种家禽作为推广农家副业的准备。第一是鸡的养育。河北省农家普遍都养鸡，但是鸡种特别杂，下蛋量很小，因此应该积极设法改良鸡种。根据研究，发现"白来航"鸡产蛋能力强。易县高级农业职业学校当时有纯种"白来航"鸡 6 对，经过一代杂交出变种 10 对，同时新置孵卵器一架，努力饲养繁殖，等有成效后就向社会推广。第二是猪的培养。猪也是河北省农家最为普遍的家畜，但是当时河北省的猪普遍体格偏小，长膘也慢，相对于改良的猪种缺点太多。易县高级农业职业学校当时有"巴克侠"公母猪各一头，除了维持纯种交配以外，并采用杂交的办法来改良本地固有的猪品种。第三是羊的繁殖。河北省养羊的农户也非常多，但都是粗毛羊种，不适合纺织，只有通过改良羊种才能得到细毛。易县高级农业职业学校在当年春天已经购买"美利奴"羊 3 对，之后又生产了 2 对，秋天又购买本地母羊 8 只。除了维持纯种外，该校特别注重与本地羊的杂交，以逐渐改良，等有成效之后再进行推广，使得优秀的羊种能够在河北省得到普及。第四是蜜蜂的养殖。养蜂也是当地的副产之一，如果有好的蜂种，必然会获利丰厚。该校当时有意大利蜂种 7 巢，在研究中除了分巢繁殖外，特别注重蜜蜂的采蜜量，以确定改良之后蜂种的优劣。

在造林方面，易县高级农业职业学校的第一林场约有 200 亩，均是河滩地，已经种 6000 余株的树木，此后除了补种树木之外，管理上基本不用费太多的精力。第二林场面积大约是 3 方里，都是荒山，两面临河，野草茂盛，非常适合造林，过去数年里已经种有榆树、杨树、刺槐及侧柏等，大约有 20000 株，生长情况良好。在育苗方面，该校第一农场专门注重育苗，将来还要改成花园。此外，随着造林扩大，需要的树苗日渐增多，必须要另设苗圃以扩大培植。因此该校计划尽快新开苗圃 20 亩，特别注重培养森林苗木，以松柏为主，继而是榆树、槐树、杨树及柳树。所有的苗树除了自己使用以外，剩下的分给附近的农民，转年春天由师生率领农民植树。关于造林，易县高级农业职业学校对于荒山造林实施两种计划：第一是禁止私人砍伐，以保护野生树木自然成林，第二是从山的西面分段栽植，以形成大规模的森林。之后，按照这个计划继续进行，预计每年栽 20000 棵树木，5 年内共计 100000 棵，山上一概种植松柏等针叶树，山下种植榆杨等阔叶树。该校为了适应学生荒山造林起见，在育苗上，侧重马尾松和侧柏的栽植。但是第一年马尾松的幼苗非常容易枯萎，可能是因为日照辐射的缘故。所以当时对于马尾松的育苗只是略加研究，幼苗出土后，在苗床七八寸高的时候，用厚薄草分床覆盖，保证不被日光所照射。薄草覆盖，有部分日光照射，但是树苗的死亡率还是达到了70%，苗的高度也只达到一寸左右。接受日光照射的，死亡率为40%，树苗高度能够达到一寸半，但是在过冬时还有树苗死亡。用厚草覆盖，与日光完全隔绝，死亡率只达到20%，苗高也都过寸，生长强壮。所以培育松树苗，必须要与日光隔绝。在荒山造林上，1935年春天由学生分组实行荒山造林，共栽植侧柏6000余株，成活的能够达到六成。前后共栽活侧柏13000余株，连同各场青杨柳榆、美国白杨胡桑等树共有23000余株。关于农艺、园艺、畜牧和森林等科目的研究和实践均由专科教员带领学生以实地劳作的方式进行。以上是易县高级农业职业学校各科的试验及推广情况，这种可贵的研究与实践，正是职业教育本土化的鲜明写照。

总而言之，职业教育是以劳动力培养、生产技术更新和经济管理水平提升为连接纽带的，其实抓职业教育就是在抓经济、抓生产力，强劲有力、适合社会的职业教育必定会推动经济的快速增长。中国近代职业教育本土化有其成功的经验，当然也有失败的教训。研究这段历史，不仅要描述史实或讲清楚相关问题，更要在此基础上提炼出可为当下职业教育改革借鉴的思路和方法。只有汲取成功的经验并反思失败的教训，构建中国特色现代职业教育体系的步伐才会更加迅捷、平稳、踏实。

# 结　语

　　职业教育自从近代引入中国后，人们便逐渐开始思考其本土化的问题了，国外的职业教育体系原封不动拿到中国，毕竟有诸多的类似"橘生淮北则为枳"之弊病，去职业教育异域化色彩、实现其本土化成为近代职业教育改革的重要主题。当下构建中国特色现代职业教育体系与实现职业教育本土化的内涵和本质是相同的，我们必须走中国特色的职业教育发展道路。至于这条路怎么走，笔者想从扎根中国、教产对接、服务区域和与时俱进这四个方面去阐述这个问题。

　　扎根中国，就是根据中国的国情，探索并建立创新性的职业教育体制和办学模式。中国从古至今就是一个独立、独特的国家，有着不同于其他国度的文化、历史和社会，学习其他国家职业教育时，必须选取对中国的经济、产业和市场有益处的成分和因素，但这种行为只是一种应时性的策略，最根本的是要根据我国的各方面实际建立极具中国特色的职业教育体系。当然，这种理想性的职业教育体系绝不是一朝一夕就可以建立起来的，但是我们朝着这个方向去努力，随着时间的不断沉淀，各个年龄段的人们会对职业教育制度有更加深入、全面的认识，同时随着这种本土化职业教育制度所带来的实惠和收益，人们对之会信心百倍。在这种大趋势下水到渠成，中国特色的职业教育体系自然就建立起来了。

　　教产对接，关于这个词汇，无论是读出来还是听上去都不是很流畅，但这里面却蕴含了如何摆正职业教育与产业二者关系的道理。职业教育与经济产业，不是让经济产业去适应职业教育，而是职业教育应该积极适应经济产业，主动与之对接。职业教育与产业对接的错位和断裂应该说是较为常见的一种现象，导致企业需求出现"人才短板"的同时，也会造成职业学校学生很难就业的矛盾现象。企业、公司及工厂要花费大力气去寻找合适的技术和管理人才，许多单位所需人才在短时期内根本无法寻觅，以致贻误了发展壮大的契机。而另一方面，职业学校学生难以就业，就是勉强就业，到单位里还要重新学习和锻炼，这种适应过程往往是漫长而痛苦的，无形中从业者和用人单位双方都损耗了大量不必要的成本。与其如此，莫不如职业教育紧跟经济、产业和市场的行情，及时关注其动态，根据其实际需求设置专业和培养学生，有的放矢式的办学理念才能让职业教育的本质得以回归。

服务区域，打造经济特区，壮大区域经济可以说是当下我国经济工作中的重中之重，我国南部地区的长江三角洲和珠江三角洲的城市群呈现出整体飞跃之趋势，各个特区的现代化程度之高也是有目共睹的。取得如此的成就，除了区域优势、党和国家的正确政策外，其职业教育的作用也不可小觑。在南方很早就有职业教育集团化办学的理念了，通过区域内各个相关职业学校和企业的合作，打造区域职业教育和产业高地，进而推动整个区域快速发展。然而相形之下北方的京津冀区域发展就相对缓慢，尤其是河北省，缺乏流通机制导致其资金、劳动力和技术等资源不断抽离至北京和天津，区域整体发展的设想未能很好实现。在这种情况下，中共中央、国务院于2017年4月1日印发通知，决定设立河北雄安新区。应该说这项历史性战略抉择，标志着以习近平同志为核心的党中央为中国未来的发展蓝图又增添了清晰、智慧、浓重的一笔。行不凡之举，建不世之功，成不朽之业。雄安新区的成立，体现出党中央及人民政府继往开来、革故鼎新、解放思想及与时俱进的改革魄力与建设精神。在该区域内，发展高新高端产业是需要大量人才的，但雄安本地高精尖人才的数量并不能满足未来产业的发展要求，所以只好从外地引进人才来弥补这种匮缺。然而从长远来看，着力发展雄安本地的现代教育和培训，尤其是高等教育和职业教育两项，以保证高素质人力资源的供给，这才是长久之策。

与时俱进，这应该是职业教育面临最大的挑战，时代在不断进步，国情在不断变化，与之相适应，职业教育也必须不断地创新、调整和变革，也可以说正是在紧扣国情的过程中职业教育的本土化不断得到增强，僵化停滞的办学方式只能面临失败。因此，职业教育的学制应该更加弹性化，专业设置对接经济产业，培养目标要盯紧市场需求，授课方式更加现代化，各个职业学校要狠抓教学质量，形成自己的特色品牌，这样的职业学校以及职业教育才富有新时代之风貌。

# 参考文献

## 一、档案资料

［1］河北省立保定工业职业学校学则［B］.河北省档案馆未刊资料，编号：617-2-318.

［2］河北省立北平女子职业学校组织规程［B］.河北省档案馆未刊资料，编号：617-2-318.

［3］天津公立商科职业学校校则［B］.天津市档案馆未刊资料，电子数据库索引号：
401206800-J0110-1-000063-001.

［4］1928年陕西省职业教育发展规划一览表［B］.1928.陕西省档案馆藏，资料号：8-1-
110.

［5］1934年陕西省教育之改进·职业教育之概况与改进［B］.1934.陕西省档案馆藏，资料
号：8-1-160.

［6］关于职业教育案·推广职业教育案［B］.1922.陕西省图书馆藏，资料号：02269/1.

［7］陕西各级学校实施推广教育暂行办法·职业教育［B］.1936.陕西省档案馆藏，资料
号：8-1-117.

［8］全国教育会议议决案总目·本厅提出全国教育会议之议案［B］.1928.陕西省档案馆
藏，资料号：8-1-109.

［9］陕西社会调查表·职业状况［B］.1928.陕西省档案馆藏，资料号：8-1-111.

## 二、官方文献汇编

［1］中华民国教育部.十年来之教育概述［G］.中华民国教育部编印，1939.

［2］中华民国江西省政府教育厅.中等教育法令汇编［G］.中华民国江西省政府教育厅编

印，1940.

［3］中华民国教育部.教育部民国十八年六月份工作报告表［G］.中华民国教育部编印，
1929.

［4］中华民国教育部中等教育司.职业教育法令汇编［G］.中华民国教育部教育司编印，
1942.

［5］中华民国教育部.教育报告［G］.中华民国教育部印，1938.

［6］中华民国教育部.教育部三十一年度工作计划［G］.中华民国教育部印，1942.

［7］中华民国教育部.全国职业教育概况［G］.中华民国教育部印，1935.

［8］中华民国教育部.教育部二十五年度预定行政计划［G］.中华民国教育部编印，1936.

［9］中华民国教育部教育方案编制委员会.改进全国教育方案［G］.中华民国教育部编印，
1930.

［10］中华民国教育部督学室.教育视导试行标准［G］.中华民国教育部编印，1945.

［11］中华民国直隶教育厅.直隶职业教育与地方物产［G］.中华民国直隶教育厅印，1935.

## 三、普通图书

［1］［美］E.L.Thorndike.教育学［M］.［美］L.Hodous，译.上海：上海广学会，1918.

［2］［美］F.P.Graves.近代教育史［M］.吴康，译.上海：商务印书馆，1922.

［3］［日］岛田正藏.现代新教育彻览［M］.雷通群，译.上海：商务印书馆，1936.

［4］陈礼江.陈礼江教育论文集［M］.南京：江苏省立教育学院出版部，1936.

［5］陈选善.职业教育之理论与实际［M］.上海：中华职业教育社，1933.

［6］付兴国.现代高等职业教育论［M］.北京：中国轻工业出版社，2014.

［7］顾明远，梁忠义.世界教育大系·职业教育［M］.长春：吉林教育出版社，2000.

［8］杭永宝.职业教育的经济发展贡献和成本收益问题研究［M］.南京：东南大学出版社，
2006.

［9］黄季陆.革命文献·抗战前教育概况与检讨［M］.台北："中央"文物供应社，1971.

［10］黄济，郭齐家.中国教育传统与教育现代化基本问题研究［M］.北京：北京师范大学
出版社，2003.

［11］纪芝信.职业技术教育学［M］.福州：福建教育出版社，1995.

［12］江恒源，沈光烈.职业教育［M］.南京：正中书局，1940.

［13］教育部中等教育司.中等教育概况［M］.无锡：民生印书馆，1949.

［14］李浩吾.新教育大纲［M］.上海：南强书店，1930.

［15］李五一，邢永富.入世背景下中国教育前沿问题研究［M］.太原：山西教育出版社，
2004.

［16］刘湛恩.刘湛恩文集［M］.上海：上海交通大学出版社，2011.

［17］罗家伦.文化教育与青年［M］.上海：商务印书馆，1943.

［18］吕达.陆费逵教育论著选［M］.北京：人民教育出版社，2000.

［19］米靖.现代职业教育论［M］.天津：天津大学出版社，2010.

［20］钱智修.实效教育论［M］.上海：商务印书馆，1917.

［21］璩鑫圭，唐良炎.中国近代教育史资料汇编·教育行政机构及教育团体［M］.上海：
上海教育出版社，1991.

［22］璩鑫圭，唐良炎.中国近代教育史资料汇编·实业教育师范教育［M］.上海：上海教
育出版社，1991.

［23］璩鑫圭，唐良炎.中国近代教育史资料汇编·学制演变［M］.上海：上海教育出版
社，1991.

［24］陕西省地方志编纂委员会.陕西省志·教育志（上册）［M］.西安：三秦出版社，
2008.

［25］沈云龙.近代中国史料丛刊·三编·第十辑［M］.台北：文海出版社，1986.

［26］沈云龙.近代中国史料丛刊·续编·第四十三辑［M］.台北：文海出版社，1984.

［27］谈松华.中国教育现代化的区域发展［M］.广州：广东教育出版社，2003.

［28］唐远苏.由企业看职业学校——职业教育管理新视角［M］.北京：北京大学出版社，
2007.

［29］陶行知.陶行知全集·第1卷［M］.成都：四川教育出版社，2005.

［30］田秀萍，等.职业教育资源论［M］.北京：光明日报出版社，2010.

［31］田正平.黄炎培教育论著选［M］.北京：人民教育出版社，1993.

［32］王世杰.第一次中国教育年鉴·丙篇·教育概况［M］.上海：开明书店，1934.

［33］魏心一.陶行知、黄炎培、徐特立、陈鹤琴教育文选［M］.合肥：安徽教育出版社，
1992.

［34］吴廷燮.北京市志稿·文教志（中）［M］.北京：北京燕山出版社，1998.

［35］谢长法.中国职业教育史［M］.太原：山西教育出版社，2011.

［36］许世建，张翌鸣，陶军明，等.职业教育预测与规划［M］.成都：巴蜀书社，2010.

［37］许中正.中国现代职业教育理论体系研究［M］.北京：人民出版社，2013.

［38］杨东莼.战时教育问题［M］.重庆：战时出版社，1938.

［39］殷梦霞，李强.民国教育公报汇编［M］.北京：国家图书馆出版社，2009.

［40］虞和平.中国现代化历程（第一卷）［M］.南京：江苏人民出版社，2007.

［41］詹先明."双师型"教师发展论［M］.合肥：合肥工业大学出版社，2010.

［42］张文昌.中等教育［M］.上海：中华书局，1938.

［43］张之洞.劝学篇·外篇·农工商第九［M］.李忠兴，评注.郑州：中州古籍出版社，
1998.

［44］章开沅，罗福惠.比较中的审视：中国早期现代化研究［M］.杭州：浙江人民出版
社，1993.

［45］中国第二历史档案馆.中华民国史档案资料汇编·第五辑·第一编·教育（一）［M］.
南京：江苏古籍出版社，1994.

［46］中国教育学会理事会编辑.中国教育学会年报［M］.上海：中华书局，1948.

［47］中华民国教育部国民教育司.国民教育师资短期训练班课程纲要［M］.上海：中华书
局，1944.

［48］中华民国教育部教育年鉴编纂委员会编.第二次中国教育年鉴·第八编·职业教育
［M］.上海：商务印书馆，1948.

［49］中华职业教育社.黄炎培教育文集［M］.北京：中国文史出版社，1994.

［50］中华职业教育社.黄炎培教育文选［M］.上海：上海教育出版社，1985.

［51］钟道赞，喻兆明.中学生教育与职业指导［M］.南京：正中书局，1946.

［52］周思真.中国教育及教育思想史简话［M］.上海：世界书局，1943.

［53］周予同.中国现代教育史［M］.福州：福建教育出版社，2007.

［54］朱经农.近代教育思潮七讲［M］.上海：商务印书馆，1941.

［55］朱有瓛.中国近代学制史料·第二辑·下册［M］.上海：华东师范大学出版社，
1989.

［56］朱有瓛.中国近代学制史料·第三辑·下册［M］.上海：华东师范大学出版社，

1992.

［57］朱有瓛.中国近代学制史料·第一辑·上册［M］.上海：华东师范大学出版社，
1983.

［58］朱有瓛.中国近代学制史料·第一辑·下册［M］.上海：华东师范大学出版社，
1986.

［59］庄泽宣.如何使新教育中国化［M］.上海：民智书局，1929.

［60］邹恩润.职业教育研究［M］.上海：商务印书馆，1923.

［61］邹鲁.我对教育之今昔意见［M］.上海：商务印书馆，1945.

## 四、期刊、报纸

［1］［美］U.J.Tallone.教育中国化刍议［J］.论语半月刊，1932（6）.

［2］鲍国梁.日本职业教育的设施［J］.中华教育界，1932（2）.

［3］察哈尔教育厅.察哈尔省立专科及中等学校十八十九两年度经费统计表［J］.察哈尔教
育公报，1931（5）.

［4］察哈尔教育厅.察哈尔省十九年度增加教育经费预算概数表［J］.察哈尔教育公报，
1930（22）.

［5］察哈尔教育厅.各省市推行职业教育程序［J］.察哈尔教育公报，1933（1）.

［6］察哈尔教育厅.十八年度省教育经费增加预算单［J］.察哈尔教育公报，1930（34）.

［7］陈序经.教育的中国化和现代化［J］.独立评论，1933（43）.

［8］陈选善.兴趣与职业指导［J］.教育与职业，1930（10）.

［9］陈选善.职业指导［J］.教育与职业，1930（9）.

［10］福建省教育厅.福建省职业教育设施之事实与计划［J］.教育周刊，1932（127）.

［11］甘肃省教育厅.甘肃省职业教育设施方案［J］.甘肃教育，1940（2）.

［12］顾树森.实施职业教育之入手办法［J］.中华教育界，1918（1）.

［13］郭秉文.中国现今教育问题之一职业之引导［J］.东方杂志，1915（1）.

［14］何清儒.学校与用人合理化［J］.教育与职业，1935（3）.

［15］河北省教育厅.本省各县应普设初级职业学校案［J］.河北省教育公报，1932（17）.

［16］河北省教育厅.中学校添设实验职业教育班次及另设实验职业教育专校案［J］.河北

省教育公报，1932（17）.

[17] 河北省立易县高级农业职业学校农林场民国二十四年工作概况［J］.河北省教育公报，1936（1）.

[18] 河北省立易县高级农业职业学校五年计划［J］.河北省教育公报，1935（4）.

[19] 黄炎培.职业教育机关唯一的生命是怎么［J］.教育与职业，1930（4）.

[20] 江恒源.江苏省职业教育之改进计划［J］.江苏教育，1933（4）.

[21] 江恒源.日本女子职业教育［J］.教育与职业，1931（3）.

[22] 江恒源.日本职业教育概观［J］.教育与职业，1931（3）.

[23] 金兵.民国时期中等学校职业指导的沿革［J］.中国职业技术教育，2010（30）.

[24] 考查职业学校办理成绩应注意要项［J］.教育公报，1936（5）.

[25] 李熙谋.欧洲的职业教育［J］.江西教育旬刊，1933（6-7）.

[26] 李熙谋.欧洲各国之职业教育［J］.江西教育旬刊，1933（8）.

[27] 李熙谋.欧洲各国职业教育之现状［J］.湖北教育月刊，1934（3）.

[28] 李霞.近代中国实业教育的历史考察［J］.湘潭大学学报·社会科学版，2005（3）.

[29] 连岑.漫谈教育中国化问题［J］.教战，1941（5-6）.

[30] 廖世承.中学校与职业教育［J］.教育与职业，1921（9）.

[31] 林苏.黄炎培大职业教育主义研究［J］.南京师大学报·社会科学版，2006（6）.

[32] 刘桂林.论中国近代职业教育思想［J］.华东师范大学学报·教育科学版，1996（4）.

[33] 刘湛恩.参观欧美职业学校与其专家讨论职业教育问题后之感想［J］.教育与职业，1929（9）.

[34] 刘湛恩.美国职业教育之原则［J］.教育与职业，1927（6）.

[35] 美国之职业教育与学徒制度［J］.国际劳工通讯，1939（10）.

[36] 莫大元，张典娉.日本职业教育之过去与现在［J］.福建教育，1936（1）.

[37] 彭干梓.中国职业教育从模仿到本土化的理论创新——乡村职业教育的几个理论问题（之一）［J］.职教论坛，2011（1）.

[38] 青岛市二十四年度职业教育改进方案［J］.青岛教育，1935（4）.

[39] 青岛市实施职业教育计划草案［J］.青岛教育，1935（9）.

[40] 任鸿隽.我国之实业教育问题［J］.教育与职业，1917（1）.

［41］陕西省教育厅.分期分区举办陕西实业教育计划书［J］.陕西教育月刊，1923（32）.

［42］陕西省教育厅.陕西实业教育计划书［J］.陕西教育月刊，1922（15）.

［43］实施中小学毕业生升学及职业指导之必要与其方法之说明［J］.教育公报，1935（154）.

［44］宋大鲁.四川职业教育改进之途径［J］.中等教育季刊，1940（1）.

［45］谭庶潜.日本的职业教育［J］.全国学术工作咨询处月刊，1935（12）.

［46］陶行知.生利主义之职业教育［J］.教育与职业，1918（3）.

［47］王达三.论中国需要何种职业教育［J］.教育与职业，1936（2）.

［48］王恩良.商业教育中调查问题实习问题之研究［J］.教育与职业，1921（3）.

［49］吴玉伦.清末实业教育兴办中的士绅参与［J］.广西社会科学，2005（8）.

［50］许崇清.教育方针草案［J］.中华基督教教育季刊，1926（2）.

［51］选录：教育部专员赴欧考察职业教育报告（续）［J］.江苏教育旬刊，1934（7-8）.

［52］袁昂.世界各国职业教育概观［J］.福建教育，1936（1）.

［53］张廉午.改进河南职业教育之意见及其计划［J］.教育与职业，1933（2）.

［54］张蔚禄.山西职业教育之检讨及其将来应取之途径［J］.新农村，1935（27-28）.

［55］章之汶.美国职业教育概况［J］.广西普及国民基础教育研究院日刊，1935（171）.

［56］中华职业教育社.中华民国十三年度调查全国职业教育报告［J］.教育与职业，1926（182）.

［57］钟道赞.日本之职业教育［J］.教育与职业，1932（Z1）.

［58］钟道赞.英法德美四国的职业教育（完）［J］.教育与职业，1932（2）.

［59］周厚枢.日本之中等职业教育［J］.江苏教育，1934（8）.

［60］朱有瓛.日本人口的动态与职业教育的发展［J］.教育与职业，1936（180）.

［61］邹恩润.初级中学之职业指导问题［J］.教育与职业，1922（12）.

［62］大公报［N］.天津：大公报报社，1904.

［63］益世报［N］.天津：益世报报社，1930—1936.

# 后　记

　　本书是笔者主持的 2017 年度教育部人文社会科学研究青年基金项目"中国近代职业教育本土化研究（1862—1937）"（项目批准号 17YJC880031）的最终成果。应该说经过几年的辛苦和努力，成果的问世让我心里稍感欣慰，然而欣慰之余又惴惴不安，因为对职业教育本土化专题的研究，无论是史料搜集与利用，还是理论探索与阐释，都还欠火候，还须下苦功夫加以深入研究。

　　对于职业教育本土化这个专题，我在很早接触职业教育史时就很感兴趣，因此在搜集职业教育史资料过程中非常注重对职业教育本土化相关内容的选取和整理。应该说当初只是从直觉上意识到这个专题非常重要，也有相当大的研究价值，然而等课题获批后，撰写成果过程中才发现这个专题对于我的科研能力来讲还是有相当大难度的。仅靠手头上的一点史料去撰写一部专著甚是吃力，因此成果撰写之前还是要老老实实地去搜集史料。

　　职业教育本土化这个专题，其史料由两部分构成，一个是论，一个是史。先说论这个部分，专门论述近代中国职业教育本土化的文献是非常少的，这个专题大多是诸位教育家与研究者在论述教育以及职业教育各方面问题的文章和专著中顺带提及，很少有学者专门系统地去论述职业教育本土化的这个问题，也就是说大家都知道职业教育必须要本土化，至于什么是本土化？如何本土化？本土化的效果怎么样？……这些实质性的部分阐述得就较少了，职业教育本土化理论的缺失，使得本课题所能搜集到的论证史料确实有限。再说史这个部分，即近代职业教育通史性的资料，这部分的资料倒是不少，但如何把这些分散的资料整合起来，进而廓清职业教育本土化的脉络，这确实考验理论与学术功底。打个比方，这些零散的通史性资料就是砖块和沙土，而职业教育本土化的脉络就是城墙，砖块与沙土可能易寻，但是城墙却难建筑。当然，即使再难，我想作为一名历史研究者应该竭尽自己所能去做这件事。正所谓"衣带渐宽终不悔，为伊消得人憔悴"，只有下了一番苦功夫，才有可能收获一二。吾辈治史者，当有鸿鹄之志，更要有蝼蚁之行。

韩 兵

2019 年 10 月

于河北廊坊